光与盐 第二卷

Salt and Light

MORE LIVES OF FAITH THAT SHAPED MODERN CHINA

[美]李可柔博士（Dr.Carol Lee Hamrin） 毕乐思（Stacey Bieler）编著

彭萃安 李亚丁 王文宗 杨海利 译

团结出版社

图书在版编目（CIP）数据

光与盐.第2卷/（美）李可柔（Lee,C.），（美）毕乐思（Bieler,S.）编著；彭萃安等译.——北京：团结出版社，2014.10

ISBN 978-7-5126-3208-0

Ⅰ.①光… Ⅱ.①李…②毕…③彭… Ⅲ.①人物－列传－中国－近代 Ⅳ.①K820.5

中国版本图书馆CIP数据核字（2014）第237864号

图字：01-2014-6013

Originally published in the USA under the title "Salt and Light, Volume 2 and Volume 3: More Lives of Faith That Shaped Modern China"
Copyright © 2010, 2011 by Carol Lee Hamrin
Published by Wipf and Stock Publishers
199 West 8th Avenue, Suite 3
Eugene, OR 97401

出　　版：团结出版社
　　　　　（北京市东城区东皇城根南街84号 邮编：100006）
电　　话：（010）65228880　65244790
网　　址：www.tjpress.com
E-mail：65244790@163.com
经　　销：全国新华书店
印　　刷：环球印刷（北京）有限公司

开　　本：16开
印　　张：21.5
字　　数：240千字
版　　次：2014年12月　第1版
印　　次：2014年12月　第1次印刷

书　　号：978-7-5126-3208-0
定　　价：42.00元
　　　　　（版权所属，盗版必究）

目 录

导论：光与盐人生 /1

第一章 东西方沟通的桥梁——颜永京、颜惠庆父子 /1
李可柔　Carol Lee Hamrin
颜永京是最早从美国高等院校毕业的中国人之一，曾协助创立上海圣约翰大学。他的儿子颜惠庆在动荡的民国初期先后担任过总理和外交部长。

第二章 教育改革先驱——马相伯 /31
魏扬波　Jean-Paul Wiest
马相伯出身于一个杰出且具影响力的天主教家庭，是复旦公学和辅仁大学的创始人，并参与中国科学院的创立。

第三章 胸怀愿景的革命家——黄乃裳 /53
黄碧瑶
黄乃裳在辛亥革命前，一直是中华民国创立者孙中山先生的重要支持者，清末创办在沙捞越（现马来西亚）的基督徒属地，后来成为记者，中华基督教青年会（YMCA）领袖，民国初期福建很有影响的政治家。

第四章 从苦力到教育家和慈善家——邝富灼 /77
张志伟
邝富灼出身贫苦，凭个人奋斗在国外获取高等教育学历。作为商务印书馆英文主编，他影响了几代中国的英文读者。他也是中国基督教青年会和扶轮社的奠基人之一。

第五章　黑暗中的光——尹任先 /99
王文宗

尹任先协助开创了中国纺织业，作为民国时期的高级财经官员，其廉洁闻名遐迩。二战后，他在苏州创办了圣光学校。

第六章　秉持基督精神，弘扬中华文化的教育家——曾宝荪 /121
毕乐思　Stacey Bieler

曾宝荪留学英国，回国后建立了一所女子学校，该校是首批由中国人主办的女子中学之一。她的远见卓识与交际能力，连同她显赫的家世，使其影响力遍及国内外。

第七章　牧者与学者——刘廷芳 /149
包克强　John Barwick

刘廷芳是燕京大学颇具影响力的教授，也是中国基督教杰出的教会领袖，曾经主编一份重要的基督教刊物，力图改革民国时期的教会和社会。

第八章　一生为大地耕耘者服务——张福良 /175
毕乐思　Stacey Bieler

张福良获得林业学和农业学硕士学位后，带领基督教会从事农村重建工作，二战期间领导救助中心工作，帮助成千上万难民逃往内地。后期在美国生活，面向世界各地推广先进的扶贫方法。

第九章　法官、天路客和诗人——吴经熊 /203
林仰嵩　John Lindblom

吴经熊成人后信仰天主教，是著名的国际法律学者和法官，曾协助起草民国宪法，也曾作为中国代表出使梵蒂冈。他翻译的《诗篇》和《新约》具有极高的文学水准，经受住了时间的考验。

第十章 电影教育的先驱——孙明经和吕锦瑗 /227
  朱影

  孙明经、吕锦瑗夫妇任教于南京金陵大学，教授电影制作与摄影。孙明经制作出中国第一部彩色电影；吕锦瑗制造出中国第一批感光胶片。金陵大学电影部即北京电影学院的前身。

第十一章 促进愿景的中国当代女性——王立明 /251
  包克强　John Barwick

  王立明是中国最有影响力的女性社会活动家之一，领导中华基督教妇女节制会长达30年之久，并成功地为妇女争得选举权。她和身为大学校长的丈夫刘湛恩共养育三个孩子。

本书人物大事年表/275

作者简介/280

注释/283

封面及正文图片资料来源/320

导论：光与盐人生

本书讲述了13个著名中国基督徒的故事，在1850年到1950年间的道德和社会改革中，这些人起到先驱者的作用。他们与众多仁人志士一起，经过一个世纪之久的努力，引入很多重要的创新举措，推动中国从传统社会向现代社会转变，以适应20世纪的世界。今日中国（甚至整个世界）应感谢他们所作出的贡献。本书内容是从英文版《光与盐》（Salt & Light）第二卷和第三卷中选取的，书后附录中的时间表有助于读者了解书中人物活动的时期和地域，以及他们在历史上的地位。

《光与盐》系列丛书

作为丛书编者，我们希望能够分享那些被人遗忘的见证，帮助人们正视近现代中国社会中基督教价值观和文化起到的积极作用。近几十年来，19世纪到20世纪宣教时代的一些积极贡献重新得到了肯定，部分原因也是因为一些宣教士传记陆续在中国得到出版。不管是为着个人生命的建造更新，还是社会的改革变化，他们的故事都会给我们带来帮助。

我们以《光与盐》命名这套丛书，是源于耶稣的登山宝训。耶稣要求门徒要有善行，要像世上的盐和世上的光。过去，中国基督徒群体好像盐一样，在经济紊乱、政府腐败的重压之下，被看做道德防腐剂；他们又像光，给许多在黑暗中艰难生活的民众带来希望。

中国体制化的教会，无论是由宣教士建立的还是本土化的分支，在很多方面都是近现代中国文明社会的重要组成部分。

各自独立的教会,通过宣讲《圣经》教导以及相互扶持,提供了一套伦理体系和领导经验,给更广泛的社会领域带来益处。不同的基督教宗派机构和教会相关的协会组织,比如全国基督教协进会(NCC),以及独立的基督教社会服务团体,比如基督教青年会(YMCA),都曾是私人社区服务、慈善事业和志愿者活动的楷模。

本丛书中的人物,多是这些以信仰为本的民间机构中的领袖,其中仅有少数人是正式被按立的教会领袖,但更多的是牧师的儿女,第一章颜氏家族的故事就是例子。在中国基督徒的帮助下,一些文化机构得以创立,而且至今仍发挥着影响,如商务印书馆(中国历史最悠久的出版社之一),国际著名的北京电影学院,中国著名的医学院校——北京协和医学院(现属清华大学),还有重新出现的基督教青年会和基督教女青年会,以及一些主要大学院校——南开大学、燕京大学(后并入北京大学)、金陵大学(现在的南京师范大学)、武汉大学等。

本书所讲述的这些近现代基督徒社会精英,属于不同的新教宗派,其中也有天主教徒。我们选择了那些视自己为耶稣基督的追随者、公开承认基督信仰、受洗的、对社会有贡献的人物。其中有些人,特别是那些在政府中任职的人,在那个不容许公开自己的信仰并时常出现反基督教风潮的环境中,则是将自己的信仰作为信念去恪守。这种信仰的影响贯穿他们人生始终。

这些精英大部分来自上海和北京,但他们在全国乃至国际上都有相当的影响。他们中间许多人互相认识,或至少因彼此的作品或工作而相互了解,还有些人在各样的社会或宗教事务中有过合作。这些专业人士工作范围甚广——最早在宗教界、教育界、医疗业、社会工作和外交界,后来逐渐扩展至媒体、艺术、文学、体育、军事、法律和政治领域。

我们选取的故事也能够表明在20世纪中国人的公共生活中妇女

导论：光与盐人生

所发挥的前所未有的影响，并且这种影响不断扩大；也有几处章节显示出夫妻、亲戚或者同事在一起合作的重要性；在中国的文化变革中，家庭生活形态并非小事，因为在传统儒学影响下的等级社会中，家族利益是中心。基督徒改革家在生活中寻求个人、家庭和社会的平衡，比如刘廷芳与其妻子（第七章），王立明与其丈夫（第十一章）。对他们来说，家庭成员之间有着基本的平等，每个人有自己的价值观，家庭的目的之一，就是使家人成为服务社会的有用人才。

本丛书将一些遗失分散的资料从那些现在已经绝版的传记、期刊、家庭访谈和未出版的论文中收集起来，以统一格式整理到一起。书中有些人有敬虔的家庭背景，大多数人在中国或美国接受了信仰教育。我们的选择突出了那些在美国受教育者，部分是因为资料的来源，因为在美国的学校里有比较全的档案收藏，这是数字时代以前很难得到的宝贵信息。《光与盐》系列是由弗吉尼亚夏洛特维尔的世华中国研究中心（Global China Center）负责、维普斯托克出版社（Wipf and Stock Publishers）出版的"中国基督教研究"系列（Chinese Christianity series）的一部分，为的是给这份失落的遗产当有的重视。[1]

本书中的优秀人物

本书更多地介绍中国早期的教育学家，而且大多数人物都和近现代教育有一些关系。颜永京（第一章）1861年从肯扬学院（Kenyon College）毕业，是最早从美国高等学府毕业的中国学生之一。他的职业生涯大部分在上海度过。作为一位牧师，他在1879年协助建立了上海的圣约翰大学，并按照美国传统，把现代科学教育、体育运动和基督教课外活动结合在一起。他的儿子颜惠庆（第一章）入读圣约翰大学，之后在那里教书6年；而张福良（第八章）和5个在圣约翰毕业的学生，成为第一批使用义和

团运动失败后中国向美国支付赔款中多余的部分形成的奖学金去美国学习的学生。

马相伯（第二章）更多地受到欧洲学术传统影响。他先在上海一所耶稣会学校圣依纳爵公学（St. Ignace College）学习，后来成为该校校长。1885 至 1887 年他在欧洲游学，这种影响得到强化。1902 年和 1912 年马相伯分别建立震旦学院和复旦大学，其特色是：效仿欧洲人对科学以及包括神学和哲学在内的人文学科进行整合研究。仅在 10 年后，他开始为后来的北平辅仁大学（现在台湾）制定明确的宗教信仰课程表。

这些学校的创始人在其他领域学到的重要技能，帮助他们在近现代学校的管理和行政工作上取得成功。颜永京在上海商界工作，而马相伯曾在不同层次的政府部门任职。

作为声名显赫的清朝重臣曾国藩的后人，曾宝荪和她的堂弟（第六章）在湖南长沙曾氏祠堂的地界上创办了最早的由中国人独立运行的女子中学。其中一些毕业生后来入读长沙或武汉的基督教大学，还有些人去海外读大学。通过写作、巡回讲座以及代表中国出席国际会议，曾宝荪的愿景和高尚的公众形象在国内外产生极大的影响。

刘廷芳（第七章）是被正式按立的牧师，曾在北京著名的燕京大学任宗教学院院长和心理学教授。在五四运动中，他协助创办了针对知识分子的杂志《真理与生命》，评论当时热议的文化改革问题，回应 1920 年代在中国思想界出现的强烈的反宗教偏见。

张福良（第八章）在湖南长沙雅礼学校将林学、农学的理论与实践相结合，组织教会为农村发展作贡献。对穷人的爱激励他为成千上万战时难民提供生活帮助。后来张福良在肯塔基州的伯里亚学院（Berea College）工作了将近 20 年，因为那个学校致力于在美国最贫穷的山区提供服务。除了教学，他也给国际访客做关于农村教育和扶贫新方法的介绍。

导论：光与盐人生

本书介绍的人物，与《光与盐》第一卷相比，涵盖了更多职业领域，比如牧师、外交官、政治家、经济官员、电影制作人和摄影家、法官等。牧师颜永京的儿子颜惠庆，就是与圣约翰大学有关联的基督徒外交前辈之一。他1907开始在外交界任职，以后的40年，在两次世界大战的漩涡中，他一直致力于在复杂的国际事务中保护中国的国家利益。1920年代，他不只做过外交部长，还做过总理，甚至短时期担任过总统。1949年，他作为民间领袖参与了和平谈判，那是他最后一次发挥影响。

政治家、新闻记者黄乃裳（第三章）是非同寻常的一位杰出人士，但他的人生故事被遗忘已久。黄乃裳精通儒学，又是福州的基督教巡回讲道人，还是记者。他赴京赶考期间，参与了1898年"百日维新"运动。"维新运动"承诺要带领中国进入现代社会，像日本明治维新那样建立成功的君主立宪政体。这个运动遭到慈禧太后镇压，黄乃裳悲观失望之余，开始为饱受贫困折磨的福建人民担忧。五十多岁时，他发起组织了几波向沙捞越（现马来西亚）诗巫移民的运动。

接下来的10年里，他秘密支持孙中山在南方的革命，在数次武装起义中有些人成为"革命烈士"。[2]1911年到1912年，即中华民国建立后，他重燃对家乡的希望，回国并在福建从事政治活动。黄乃裳的孙女，即这章传记的作者，在写作里也加入了一些个人和家族的回忆。

经济界也是中国基督徒参与贡献很多的领域。尹任先（第五章）1920年回到中国，要把他在哈佛大学及其商学院所学到的知识应用到开拓上海轻工业建设中。因着与某国民党高层家族的同学关系，他后来在20世纪40年代担任政府要职，先后负责省级和全国税务、金融。尽管遭受三个孩子早丧、政治混乱加剧、政府腐败等痛苦经历，他仍然坚持做一个有能力且声誉清廉的官员。

吴经熊法官（第十章）师从著名美国大法院法官奥利弗·温德

尔·霍姆斯（Oliver Wendell Holmes），学到实用主义的法学理论，并持守中立和公平原则，在腐败的上海展开应用，因此作为法学学者在国内外都享有盛誉。1933年，他为中华民国起草了后来称之为"吴氏宪草"的宪法草案——这是首次并且是最无偏见的版本。³ 幼年时，吴经熊在美以美会受洗成为基督徒，后来抛弃信仰，过了近二十年的放荡生活，直到加入天主教。这个归信的立志拯救了他的婚姻，激发他出色地翻译了《诗篇》和新约，也使他后来成为中华民国驻梵蒂冈的公使。

孙明经和妻子吕锦瑷（第十章）是电影制作与摄影界的先驱。抗战时期，金陵大学从南京撤退到西部地区，时局艰难，教学任务繁重，然而他们正是在这个时期制作出中国第一部彩色电影、第一批感光胶片。战后，他们的院系（金陵大学影音部）搬到北京，成为今天北京电影学院的基础。

本书也有两章记述了20世纪30、40年代对社会进步发挥重要影响的民间领袖。邝富灼（第四章）是中国著名出版社的英文编辑。在美国救世军工作的经历，激发他对中国的志愿者协会给予热情支持。他也因此赢得中国基督教青年会和扶轮社奠基人的称号。他担任基督教青年会全国及地区理事会成员数十年，并在去世前的最后十年里任主席，同时担任基督教青年会英文杂志的编辑。

第一次世界大战期间，邝富灼和其他中国基督教领袖协助支持国际基督教青年会在欧洲的志愿工作，这使中国基督徒与其他国家的基督徒们一起平等合作。这些早期的领导经历激发了他们心中推动中国参与国际基督教事工的责任感。

另一个出色的民间领袖就是王立明（第十一章），她领导中华基督教妇女节制会长达三十年之久，并将该会的事务从反对吸食鸦片、酗酒和纳妾，扩展到推广健康的婚姻模式、核心家庭、对贫穷妇女的社会解放等。王立明的丈夫是教育家、反日活动家，他们和三个孩子一起，树立了幸福家庭生活的典范。王立明在为中国妇女争得选举权、保证妇女权利的努力中成为一位杰出的领袖。

民国早期历史回顾

研究中国的历史学家不仅应重新审视以1911年和1949年这两个分界点为标志的政治发展，也应探索那些贯穿文化和社会层面变革的、经久发挥影响的深层因素。清朝末年，很多具有现代观念的人已经尝试进行系统改革了。他们和沿海商业领袖一起，努力夺回被西方列强占有的重要资源，为中国赢得国际上的尊重。这种趋势在1912年中华民国成立后更加迅猛发展，因为那时很多受过现代教育的中国人，带着强烈的爱国心，开始成为建造早期中国现代社会的中流砥柱，而他们中间有很多人是基督徒。

西方的宣教士和从国外读书回来的中国人，带来了很多新的想法和理想，相信基督教可以帮助国家变得繁荣富强。[4]很多在城市居住的中国人第一次有了这个现代化的设想，即通过教育、公民意识的培养和社会改革来改变国人，从而建立一个富强现代的政治邦国，他们希望将这样的愿景传播开来。

在新工业经济时代劳工阶级困难重重，洪涝灾害也经常侵袭农村地区。那时政府比较弱，于是，自发组织的社团纷纷兴起，来回应社会在教育、地方治理和社会服务方面的需要。成百上千各种各样的宗教、行业、慈善组织，如雨后春笋般地在大城市里兴起。

基督教和现代化

尽管中国的基督徒为数不多，但基督教和现代化之间有很深的联系。《光与盐》丛书中那些民间领袖的职业工作和他们的信仰之间的紧密联系，反映出更广的基督教新教主义和现代化之间的密切关系。数十年来，这种关系得到越来越多的关注，在中国学

者中也是如此。因为他们发现基督教价值观里有着现代化的根源，于是得出结论说，作为权威的全球化"意识形态"的现代主义，其进展为基督教的传播以及融入中国传统文化，带来了前所未有的机会。[5]

新教主义的核心价值，认为每一个信徒是神用来在这个世界成就其旨意的管道，来改变社会现实，以反映超越物质世界的真理。人类理性被放到比传统更重要的位置，这使人们更尊重科学、教育普及以及推动科学追求的自由探索精神。为了传播信仰，新教基督徒们要把《圣经》翻译为地方语言，由此导致大范围的扫盲运动以及大量使用印刷品。

新教对教会事务实行分散的会众制管理，这给民主思想和实践提供了重要的温床。对美善社会的追求推动了志愿化的社会慈善事业的发展，比如：勤勉、节俭的伦理道德和对世俗职业的肯定推动了现代资本主义的发展；自然法则和社会契约这类概念的产生，为宗教信仰和社会诚信提供了可行性关系模式。天主教也对现代化起到了很好的推动作用，但是天主教与现代化之间的相关性在历史上没有新教与现代化的相关性那样强。

天主教和新教的信念强调人类皆为上帝所造，各种族和阶级应当平等。这种信念成为提高妇女和穷人社会地位、推动公民权利运动和国际人道主义的重要因素，而这些发展，最后激发了全球发展和认同感的形成。[6]

基督教与近代中国社会

本丛书沿袭历史学家研究中国历史的大趋势，将重心从中国政治、军事、经济历史转向更广阔的对中国文化和社会的思考。事实上，如同其他学者的著作，本丛书中的学术性文章也努力辨别中西两种文化中相关联的因素，发现在许多方面这两种文化是相容和互补的。

但是，这不是简单地回到之前对宣教历史或中国教会领袖的研究。本书着眼于探索在不同职业领域中基督徒的人生怎样给社会和文化进步带来贡献。今天，随着中国社会的复兴和转变，人们想更多地了解从过去到现在中国基督徒在社会中的地位和作用。[7]

本丛书也强调中美之间社会和文化关系史的重要性，以及中国人在全球事务和世界基督教中的地位和作用。书中介绍的改革者生活在东方与西方、传统中国与现代中国的交接处，他们创造性地把自己在西方所学的知识和经验加以应用，来解决自己国家所面临的问题。他们拥有跨越太平洋的个人和职业的纽带，使他们可以接触到中国发展进步所需要的宝贵资源。在中美两国间不时发生的政治冲突中，非官方的社会和文化联系成了有益的缓冲剂。

一位研究1920年代历史的学者总结说，当时中国基督徒在人口中所占比例少于1%，但基督教的"文化遗产却在近现代中国占据永恒的位置"。整体上来说，宣教士在中国建立的机构、发起的社会改革项目在20世纪上半叶成为"国家文化机构的楷模"。[8]他们的改革范围之广令人赞叹。

道德、科学和体育教育：一些中国近代最早的教育机构现在都成为名列前茅的大学，这些学校就是由本书提到的主人公建立、领导或服务的。这些教育家以在海外学到的经验作为楷模，开展精神、心智和体质诸方面的全人整体教育。他们将道德教育作为首要关心的课题，而不是把它看做只是家庭或宗教机构的职责。体育训练和运动部分是为军事服务作预备的，但在培养中国新公民的重任中，建造品格和增强体能，与教授科技知识同样重要。

近代行业：1900年至1937年，在西方受过教育的学生和那些在中国就读于教会学校的人，不仅在教育界，而且在个人和公共领域都大受欢迎。最初，政府机关、军事、金融、贸易领域需要翻译人员、专家和咨询师的帮助，以便与外国人打交道。但逐渐地，这些人在各大主要城市中通过与他们相关的工作交往和协会

联络，帮助建立其他专业业务，包括工程、医学、新闻和艺术领域等。

社会服务：这是民间组织的种子。秉持"在行动中实践基督信仰"精神的国际基督教青年会和基督教女青年会运动影响了本书中的很多人物。有些人在美国首次参加这些青年运动，或在第一次世界大战期间帮助支持国际基督教青年会在欧洲的志愿工作，这些工作使中国基督徒和其他国家的基督徒平等相待，共同合作。这些早期的领导经历激励他们把人生投入到中国未来发展所需要的关键的道德和社会革新中，也让他们意识到，中国基督徒有责任加入国际基督教事工。

基督徒的身份意味着，他们有责任帮助社会边缘的人、城市和乡村中极为贫穷的人。针对这些问题，基督教青年会和基督教女青年会的领袖人物展开了全面性工作，他们的行动激发其他民间志愿者组织投身到识字教育、公共健康、农村发展和社区自治活动中。

妇女领袖：本丛书中的女性，是最早从国外高等学府或基督教信徒建立的中国女校获益的，比如在湖南创办艺芳女校的曾宝荪（第六章），以及在著名的南京金陵女子学院任院长的吴贻芳（参见《光与盐》第一卷）。这些先驱一直致力于为女性提供教育，在公共演讲和教会领导方面都堪为表率。曾宝荪、吴贻芳和王立明，在妇女很少接受教育的那个时代，都建议政府在这些方面有所作为。

本土教会领袖：许多教会领袖有着双重身份，对社会影响很大。刘廷芳领导着中国一所重要的新教神学院，还创办了一份很有影响力的基督教刊物。华人基督教会（China Christian Church）和全国基督教协会（National Christian Council）的领袖们代表中国参加国际会议，其中包括刘廷芳和邝富灼，还有吴贻芳和韦卓民（第一卷）。

搭建国际交流的桥梁:本丛书介绍的这些在国际上代表中国教会的人,以及其他中国基督徒,是"国际性的民族主义者"(cosmopolitan nationalists),他们对在华的帝国主义特权持批评态度,但对外国文化和慈善机构心存感激。[9]他们在国外生活、旅行过,熟悉多种语言,和外国人有过合作。基督教信仰激励他们在普世的"上帝之家"中以基督徒的身份对自己的祖国忠心耿耿。

有些人在外交领域任职,如唐国安(第一卷)、马相伯、颜惠庆和吴经熊,他们运用自己在国际文化、政治上的知识和经验,努力使中国成为在国际上受尊重的强国。他们实用的国际主义理念成为后来中国外交人员效法的榜样。[10]

西方教会和宣教机构的组织结构表现出一种不太为人所熟知的世界性民族主义。该结构将本地教会、分支机构融入广大而复杂的全球网络,跨越不同民族和文化界线,交换想法和人事资源,这一过程给宣教士和本土归信者都锻造出跨国界的身份。[11]

本书中一些人物,通过非正式的"民间外交"在中外紧张关系中进行斡旋调停,这种外交今日称为"第二轨道"外交("track two" diplomacy),指民间领袖与官员私下进行非正式的交流。他们中的几位曾作为中国代表参加太平洋关系学会的会议,该学会是基督教青年会运动的一个分支,旨在推动跨太平洋地区的互相理解。晏阳初和其他一些基督徒作为政府代表团成员也曾被派到美国,为中国的抗日战争争取国际支持。1949年2月,已经退休的颜惠庆带领一个由民间领袖组成的和平使团由上海前往华北,会见共产党领导人毛泽东和周恩来,寻求上海未来和平的保证。

光与盐:满有美德和信心的生命

中国近现代基督徒在社会各个层面中都撒下个人品格和公共责任的种子。本丛书中介绍的这些人物在国家遭受外国侵略之际,

致力于维护中国社会,对基督的信仰使他们怀着盼望,坚忍地回应时代挑战。他们的价值观和他们所服务的机构,为重建中国社会以促进战后中国复兴于世界民族之林作出了贡献。

这些委身于灵性复兴、道德重建、社会进步的"光与盐"的影响是持续不断的。今天的中国置身于以通讯技术日新月异为基础的全球化运动中,国家的计划中也包括了积累人力资本以应对全球经济竞争。但很多中国评论家认识到,20世纪90年代和21世纪的最初10年里,建立诚信所必要的社会美德和文化操守,与知识和技术一样,是保持经济发展、更新社会秩序不可或缺的重要条件。

本丛书介绍的这些人士不仅以自己的言语和行动,更以他们的人格品德改变了历史。这些改革家都有一种为了服务他人宁愿自我牺牲的激情,他们不愿为私利图谋权力和财富。我们希望,他们的事迹能够对今天的人们有所启发和激励。

鸣谢

我们要感谢对本丛书的完成给予宝贵支持的许多人士;感谢本书各章作者出色的研究和愉快合作;感谢美国俄勒冈州瓦普斯托克出版社和北京 ZDL 公司的职员们迅速高效的编辑、校对、设计及市场发行工作。感谢"世华中国研究中心"主任怀特·道尔(G. Wright Doyle)及其工作人员给予的鼓励和行政支持,特别是李亚丁博士和彭萃安博士慷慨且重要的建议及翻译上的帮助。我们还要感谢汤姆·比勒(Tom Bieler)和鲍勃·哈姆林(Bob Hamrin),他们投入了大量时间对本书提供编校和技术支持。还要特别感谢王文宗先生、杨海利女士对本书翻译工作提供的帮助。

李可柔　毕乐思
2013 年 5 月

第一章

东西方沟通的桥梁——颜永京、颜惠庆父子

李可柔

颜永京和颜惠庆,以及其家族成员,是最早居住于中国沿海城市的新型「国际化民族主义者」,在19世纪和20世纪之交,成为连接东西文化的桥梁。颜氏父子的精神遗产,多年来透过家族其他成员、教会众以及大学生所作的贡献,继续不断地产生影响,造福中国。这些人之所以成才,无不得益于父子俩的言传身教。

第一章 东西方沟通的桥梁——颜永京、颜惠庆父子
Yan Yongjing and Yan Huiqing: Father and Son Bridging East and West

> 亲爱的孩子们：你们要坚持不懈地阅读，以便为将来作好准备。因为若非博览群书，便不能算受过良好的教育。……就目前而言，我推荐你们读读英国史，一个是大卫·休谟（David Hume）写的，另一个是麦考利（T. B. Macaulay）写的。别忘了，我要考察你们的阅读情况。此外，一定要养成良好的阅读习惯，一个爱阅读的人从不会感到寂寞。永远爱你们的父亲。[1]

> 对儿女来说，他的确是个模范父亲。念及他的嘉言懿行，莫过于他对孩子的爱，那不是盲目溺爱，而是一种心智和道德上的教育，是他留给我们最好、最高尚的遗产……他不只是父亲，更是我们的良师益友。[2]

这些不拘礼节的通信，显示出上海一个都市化家族（颜氏家族），其家人之间享有的那种温馨的相互支持关系。这些信函也显明，一位最早从美国获得学士学位的父亲，对后来担任中华民国外交总长和总理的儿子，产生了多么强烈的积极影响。父亲颜永京协助创建了上海圣约翰大学，使该校成为全国首屈一指的现代院校。儿子颜惠庆则在那里度过美好的童年时光，后来成为该院的教授。1880年至1950年的70年间，父子二人对中国社会产生了深远影响，他们增强了民间组织的力量，并且扩大了中国在国际上的影响。

都市家庭生活

在颜惠庆的记忆中，19世纪80年代他在圣约翰大学校园里的童年生活几乎像田园诗般美好。他的父亲是个爱家的人，常和孩子们玩跳棋、放风筝。

（父亲）希望自己的孩子尽可能了解所有的现代发明和科技创造，他曾经带我们登上美国和中国的战舰，还去参观早期的造纸厂以及上海自来水公司。但凡有马戏团进城表演，我们都会前往观赏，而且不放过欣赏每一出英语戏剧表演的机会。

两个从美国留学归来的哥哥和几位美国教师将棒球和吉他带进校园生活。他们也是上海市民中第一批骑自行车的人。圣约翰校园内的各种节庆活动也包括圣诞节和其他西方节日。[3]

颜永京喜欢散步和阅读，他还收藏图书，并且建立起一个很好的小型英文图书馆，订阅了好几份美国报刊。他保留着许多在美国养成的习惯，并传给了家人，包括使用西药、喜欢西餐和西式家居陈设等。

颜氏家庭的家风严谨、谦恭而节俭。颜太太教孩子们初级英语和中文，也教佣人们罗马注音中文。佣人平时都参加他们的家庭祷告会。后来，尽管收入微薄，夫妇俩仍努力确保他们的孩子，不管男孩还是女孩，都能受到现代科学教育，包括到海外求学。颜永京给每个孩子都起了英文名字，以纪念那些曾经帮助他获得教育的人。[4] 教育在其心目中的重要性，由此可见一斑。

此外，颜永京也喜欢中国传统装束，却加以适当修改（将长袖截短等），以满足他讲究实用的个性。他欣赏传统中国艺术，鼓励孩子们表演传统木偶剧，阅读中国古典名著。他还送两个年纪小的儿子进私塾，师从一位年轻儒学家，学习儒家经典。

为追根溯源，颜永京带着儿子们寻访了福建厦门附近的祖居地（其父辈为避太平天国之乱，从那里逃到上海），孩子们也有机会随父沿长江及东南沿海一带游历。

4

第一章 东西方沟通的桥梁——颜永京、颜惠庆父子
Yan Yongjing and Yan Huiqing: Father and Son Bridging East and West

早期留学美国

1854年，颜永京从上海美国圣公会的寄宿学校毕业，随即和他的一位老师同赴美国。在纽约市救主升天堂（Church of the Ascension）和该教会牧师格里高利·贝德尔（Gregory Beddell）及夫人朱莉娅（Julia）的资助下，颜永京进入哥伦比亚大学预备学校读书。⁵ 这对无子女的夫妇成了少年颜永京的代理父母。当他们搬往俄亥俄州的甘比尔市时，颜永京也和他们同往，并开始在肯扬学院（Kenyon College）接受教育。他一向开朗、热情，赢得了不少朋友。他喜欢打棒球、滑雪和游泳，还在辩论俱乐部里获得了"幽默诙谐"的美誉。1861年，颜永京以美国大学优等生荣誉学会（Phi Beta Kappa）优等生的身份从大学毕业，后来又在肯扬学院获得硕士学位。[6]

图1-1　1861年，颜永京在美国。

1861年颜永京回中国时，适逢美国南北战争导致经济大萧条，宣教会没有资金支持他的工作。他只好就业，以担负身为长子的家庭责任。幸运的是，因为同时精通中英文（这在当时是少见的），他找到了很好的工作，分别在英国领事馆、基督教文字出版社及上海市政府充当翻译。他把贫困的父母接来同住，替他们还清债务，赎回被卖做丫头的妹妹，并送弟弟到肯扬学院去读书。[7]

工作期间，颜永京积极参与当地教会的侍奉——教主日学，主持教会慈善工作，并且为宣教事工预备自己。自1870年被按立牧职之日起，直到1879年，他都与新任主教韦廉臣（Channing M. Williams）一起工作，在湖北武昌创立一个新教区和一所男生寄宿学校，该校是华中大学的前身。后来他给儿子取名字"惠庆·韦廉"（Huiqing Williams），可见他对韦廉臣主教的尊敬和爱戴。

颜永京的夫人原是上海浦东郊区一个农民的女儿，曾就读于教会女子学校。订婚后，颜永京资助她到香港学习一年。这为她日后在教会和福音团契中侍奉，以及教孩子们初级中英文，打下了良好基础。她对西洋音乐有极大兴趣，曾教最小的三个孩子弹钢琴。

颜太太和女儿颜庆莲（Julia）为中国妇女走向社会开辟了道路。在1890年召开的全国宣教大会上，妇女宣教士第一次获准发言，报告妇女工作。颜太太是唯一的中国妇女代表，与丈夫一起出席了这次会议。颜庆莲留美回国后，成为全国基督教女青年会早期的职员。[8]

圣约翰大学

1879年1月，颜永京成为圣约翰书院的奠基人之一。他的行

第一章 东西方沟通的桥梁——颜永京、颜惠庆父子
Yan Yongjing and Yan Huiqing: Father and Son Bridging East and West

政管理经验,以及他与当地商界和各国驻华使节的关系,使他众望所归地成为首任校长,负责规划、购地、建设新校园等重任。鉴于时任院长的主教经常不在,颜永京实际代行常务院长和教务长双重职务,照管着 62 个住宿男生的学习生活。他还兼任教学工作,教授数学、物理、化学和天文学。

在圣约翰的 10 年期间,为帮助教学,颜永京还翻译了一些重要的西方书籍,包括第一本中文心理学(那时称为"心灵学")著作,斯宾塞(Herbert Spencer)的《论教育》,以及赫胥黎(Thomas Huxley)的《生理学》(这是对一个已存译本作出重大修订的版本);他还翻译了一些医学书籍,作为同仁医院(St. Luke's Hospital)学生的教材。[9] 他紧跟当代科学发展趋势,经常在租界内一个科学研究所举办公开讲座。他晚年举办讲座时,配上自己从英国到美国为期一年的旅行中所拍摄的彩色幻灯片,吸引了许多听众。

1881 年,大清幼童出洋肄业局(Chinese Educational Mission)的工作突然中止,那些被召回的年轻留美学生很难找到合适的工作。颜永京向他们施以援手,聘用一些人到圣约翰教学,同时也帮助其他人在别处谋职。因此,这些学生将颜永京视为自己的引路人和导师。

为公义而战

颜永京从小就有很强的正义感。成年后,他努力寻求各种途径维护受害者和被压迫者的权益。他痛斥警察滥用职权,并经常在上海当地英文报纸上撰文,在上海文学辩论社(Literary and

Debating Society of Shanghai）辩论公共事务，他是社里唯一的中国人。19世纪90年代，长江沿岸诸城中爆发反基督教暴乱。当一个人匿名在《字林西报》（North China Daily News，原名《北华捷报》，1850年在上海创办的英文报纸）上发表文章攻击宣教士时，颜永京撰文为宣教士和中国基督徒辩护。他还写了一封信和一篇文章，强烈谴责美国的种族主义（特别体现在1882年排华法案中），发表在纽约的媒体上。[10]

在生命的最后几年里，尽管健康状况日下，他仍四处游说，主张在管治租界的市议会里应该有中国人，因为租界里大多数的居民是中国人。他也抗议把中国纳税人排斥于租界的公园和外滩以外。公园建成后，当中国人只能站在街道对面从远处眺望时，颜永京仍然坚持原则，拒绝参加在外滩举行的公开活动。[11]

反鸦片斗士

自1890年在上海召开全国宣教大会之后，西方差会和中国教会领袖一起致力于反对鸦片贸易。当时，颜永京收到英国禁止鸦片贸易协会（British Society for the Suppression of the Opium Trade）的邀请，亲赴伦敦，在刚成立的皇家鸦片问题委员会（Royal Opium Commission）面前作证。当时，中国内地会伦敦主管海班明（Benjamin Broomhall）是反鸦片贸易的领军人物，他让颜永京住在他家，并安排他到英格兰和苏格兰52个主要城市巡回演讲，以唤醒公众意识，反对鸦片贸易。[12]

1894年2月18日，颜永京到达英国后，首先在皇家鸦片问题委员会作证。在随后的7个月里，除了有一次去了巴黎，并因身

8

第一章 东西方沟通的桥梁——颜永京、颜惠庆父子
Yan Yongjing and Yan Huiqing: Father and Son Bridging East and West

体不适中断10天外,他先后在内地会年会以及其他公开集会上演讲超过一百次。在一次告别集会上,许多政要人物赞扬颜永京通过演讲所作的见证,说它既热情洋溢又清楚有力,是对英国反鸦片运动必要而又及时的推动。刚从中国旅行回来的约瑟·亚历山大(Joseph Alexander)说,他所见到的中国人,从教会领袖到外交部官员,到总督李鸿章和张之洞,和颜永京的观点都是一样的。为了进一步支持此事,中国内地会杂志《亿万华民》(China's Millions)刊登了一份由最为资深的在华宣教士联名签署的反鸦片贸易请愿书,递交给皇家鸦片问题委员会。该文宣称代表几乎每一位在华宣教士,以及整个中国基督教会的意见和主张。

图1-2 1894年,颜永京牧师。

当轮到颜永京告别演说时,他致谢说,在来英国的旅途中,他向神祷告,求神使前来听他演讲的人既有同情心又能够听得进他的话,如今这个祷告不但蒙神垂听,而且超过了所求所想。他感谢每个人的热情欢迎,有些听众和他握手,他甚至都"感到有些酸痛,因为他们握得太热烈了"。看到那么多基督徒朋友如此关

心一个遥远的国家，以至不惜反对自己政府的贸易制度，他深受感动。他表示在回国途经美国时，将继续推行自己的理念。那里的人民因英国媒体反对在南方所发生的野蛮私刑，如今已经觉醒。现在，他希望轮到美国媒体来唤醒英国人民，起来反对邪恶的鸦片贸易。¹³

一回到中国，颜永京就加入了新成立的"反鸦片联盟执行委员会"。临终前他正协助出版和发行一项重要的医疗调查结果，该结果有助于扭转中英两国的公众舆论。他所做的一切努力有助于重燃公众舆论之火，从而产生积极的影响：1906年，中国反对鸦片使用和贸易的法令出台；1909至1913年，外交谈判终结鸦片贸易。他的儿子颜惠庆后来也参与其事，此乃后话。

服侍教会

在圣约翰大学教学的同时，颜永京还每星期前往拥挤的老虹口租界区，在救主堂上午的主日崇拜中讲道。该堂的母会是美国基督教圣公会。1886年，差会负责人分配他从学院转到该教会当牧师，接替去世的黄光彩牧师。黄光彩牧师是美国圣公会的第一个华人信徒，也是圣公会第一位华人牧师。¹⁴ 在随后10年里，颜牧师和师母不仅忙于教会内各项事工，还向教会外的非信徒传福音。颜师母在当地妇科医院里看护病人，在关怀病人的同时，教导他们基督教信仰。

在侍奉的早期，颜师母不但成为美国女宣教士的知心同伴，还是身边中国基督徒和家中佣人的知己。他们的女儿后来回忆：

第一章 东西方沟通的桥梁——颜永京、颜惠庆父子
Yan Yongjing and Yan Huiqing: Father and Son Bridging East and West

> 最令人高兴的是每星期六的妇女聚会。所有从基督堂、救主堂和临近教堂结束敬拜的妇女，都到布道所来查经、喝茶。王太太常带着她两个活泼的小女儿一起来……颜太太是她们的领袖。[15]

颜牧师的英国之行从1894年9月起，至1895年3月结束，然后颜牧师代表在中国的美国圣公会访问美国，筹集资金和招募宣教士。所到之处，他强烈表达了自己的愿望：要在新城市中，包括在江苏无锡开拓宣教工作，推进福音的传播。这些都反映出他长期以来对福音工作的热衷与委身。在乘火车从东岸到西岸的旅途中，颜永京先后在东部和中西部十几个城市逗留访问。最后从西岸乘轮船回到上海。[16]

这是他在30年后第一次返回美国。他访问了肯扬学院，见到了许多老朋友，包括贝德尔的遗孀。贝德尔夫人是他少年时的"第二个母亲"，也是他成年后坚定的支持者。在访问弗吉尼亚神学院时，他为其三子颜惠庆的前途作了安排——送他到该神学院附近的圣公会中学读书。回国以后的几个月里，他就帮助孩子作好准备，动身前往弗吉尼亚。

在荣誉中，父亲心中的痛

晚年的颜永京，已是上海留美回归者中公认的领袖、中国教会的资深教牧、政界领袖、宣教士，同时还是家中佣人的顾问和导师。

颜氏家族成员大多使颜永京荣上加荣。他的长子是总督李鸿章的得力顾问，而最小的三个孩子在国外也学习得很好。其他有

才华的家族成员都受益于颜永京的关心与照顾，成为他活的财富。[17] 他的兄弟颜儒松（音译）在他的资助下就读肯扬学院，尚未毕业就回国做了牧师，1888年死于早期伤寒症，留下妻子和5个孩子。颜永京担负起抚养他们的责任，至少有两个男孩得以进入圣约翰学院读书。其中一子名叫颜福庆，后来从耶鲁大学获得医学博士（MD）学位，回国后协助创立了长沙湘雅医学院，并任校长。再后来，颜福庆在上海出任中国红十字会总医院主任和中央医学院院长。

颜永京的妹妹嫁给苏州教会曹子实牧师，当时他在一所美南卫理公会医院里自修医学。他留美期间曾用马歇尔（Marshall）这个名字，并应征加入美国南部联军。他们的儿子曹云祥毕业于圣约翰大学，后留学美国，在哈佛大学获得工商管理硕士，曾任中国驻伦敦总领事。在曹云祥任职清华大学校长期间（1922—1928），该校扩展成为一所综合性大学。

19世纪的最后10年，由于在教会中超负荷工作，以及在海外旅行演讲之辛苦，颜永京的身体状况日渐衰落，他患有高血压和周期性抑郁症。但最沉重的压力来自其二儿子的严重瘾癖（属家庭隐私）和由此导致的失业及负债累累。尽管他获有著名法学院的学位，还是难以保住翻译的差事。1897年下半年，医生对他施行强制性治疗，他曾处于半昏迷状态达两周之久。父亲写信给身在弗吉尼亚州的两个小儿子，说："哀痛笼罩……结果我连圣诞节都不准备过了。多少次失望打击，以致我一想到将来就不寒而栗。想不到我的儿子当中有一个竟变成这样，简直比吸食鸦片更糟，实在令人伤痛！"[18]

1898年1月适逢颜永京六十大寿，在中国传统中这是个大日

第一章 东西方沟通的桥梁——颜永京、颜惠庆父子
Yan Yongjing and Yan Huiqing: Father and Son Bridging East and West

子,通常会有特别的庆祝。其长子为此精心安排了宴席。面对寿宴,颜永京牧师和师母觉得苦乐参半,提早离席。他给弗吉尼亚的两个儿子写信说:在三个儿子缺席的情况下,我怎么有心情欢庆呢?

得知自己患了不治之症几个月后,颜永京去世了。在遗嘱里,他首先为自己"任何不仁慈的言行"请求宽恕。他为其有限的积蓄作了安排,支付孩子们的教育费用和结婚费用,并要求葬礼从简。他要求孩子们:"善待你们的母亲,世上没有,也不可能有比她更好的母亲了。"[19] 一年后,他的遗孀也去世了。

唁电、唁信从远近纷至沓来。一对最早与颜永京同在圣约翰任教的宣教士夫妇说:

> 我们对早期中国基督徒的品格了解得太少了,他们有伟大的心灵,却真正谦卑,为教会努力工作。……颜先生的智慧才能,结合其诚挚、无瑕的基督徒品格,使他成为本地基督徒伟大的领袖之一。[20]

在《教务杂志》(*The Chinese Recorder*)上也载有另一篇悼词:

> 虽然也有其他在美国留学的中国人,回到自己的故土与其人民劳动、生活在一起,但颜先生只有一位。……他的话被尊重、被倾听,他的思想观念颇受重视。……工作不懈,忠告睿智,谦虚谨慎,朴实无华;在忙碌的生活中仍保持谦恭有礼。他的死使中国失去了一个最为宝贵的公仆,教会团体失去了一位令人喜爱与尊敬的弟兄。[21]

追随父亲的足迹

1895年,颜永京夫妇与其将要远赴海外留学的三儿子告别。颜惠庆在父亲赴美留学40年后,追随父亲的脚踪,但他并不知道与父母这一别竟成了永诀。他曾在上海教会学校读完预科,在父亲指导下学习了数学和拉丁文。他先随同中国内地会成员乘船到伦敦,然后他们为他寻得另一个同伴一起前往纽约。颜惠庆在弗吉尼亚州亚历山大的圣公会预备中学读了两年,取得英文作文和辩论荣誉奖,而且每次考试成绩都很优秀。[22]

1897年9月,他搬到夏洛茨维尔(Charlottesville)就读弗吉尼亚大学,主修道德哲学(包括伦理学、逻辑学和心理学)。除了人文科学和自然科学,他还修读了经济学和地质学。[23] 他觉得同学们对他有所保留且保持一定距离,但他很欣赏主日崇拜中的讲道,喜欢到乡村教会作短暂的逗留并教主日学。翌年,颜惠庆的弟弟在同一圣公会中学完成学业后,也来到弗大与他同住一室。兄弟俩一同经历了1898年丧父与1899年丧母的悲伤。

颜惠庆从弗吉尼亚大学毕业(后来在1909年成为美国大学优等生荣誉学会的优等生),于1900年8月回到上海,在圣约翰执教英语达6年之久。虽然父亲希望把他们培养成教会领袖,但颜惠庆和他的胞弟一样,出国留学是为了将来能够找到一个好的世俗职业,而不是做教会工作。为什么会如此,原因尚未可知。但在相对民主的颜家,或许孩子们的选择恰恰反映了他们的个性和喜好。他们显然并未违抗父母的意愿。颜永京在给弗吉尼亚两个儿子的信中建议惠庆去读医学,并建议他弟弟转到一个工程学更强的学校去。

不过,孩子们并未放弃自己家庭的基督教价值观。当惠庆还

第一章 东西方沟通的桥梁——颜永京、颜惠庆父子
Yan Yongjing and Yan Huiqing: Father and Son Bridging East and West

是个孩子时，就在教会和祷告会上弹钢琴和风琴。后来回顾往事时，他说，虽然强制性参加教会崇拜会使小孩子感到沉闷，然而他们也因此养成了好习惯。"后来在国外，这习惯连同好奇心驱使我们数百次走进教堂，参观其建筑艺术，或花上一个小时安静地聆听音乐。"数年后，颜惠庆曾表示，他很厌恶在基督教里面注入民族主义情绪，并举例说，有一次他听到一篇慷慨激昂的讲道，其中声称上帝站在德国人一边。这是他在海外作外交官时经常遇到的事。在他看来，"将全能者拖入人类的争吵中，等于以自私的方式把宗教信仰为己所用，从而贬低了宗教信仰"。[24]

1904年，颜惠庆可能参加了为纪念他父亲新建的思颜堂，连同一个大演讲厅和图书馆的敬献典礼。到这时，圣约翰大学的重心已由原来为教会事工培养人才，转移到为社会培养专职人才，而英语能力可以使毕业生在商界和外交界大派用场。颜惠庆可说是该校办学宗旨的具体体现。据一位校友后来回忆，在一次学生为校园中某些问题闹学潮时，颜惠庆"对学生们的谈话使那天的局势化险为夷"，由于他曾留学海外，故此在学生中享有很高的威望。[25]

颜惠庆博士教过数百名学生，后来都成为中国社会杰出的领袖人才——政府首脑、外交官、教育家。他的学生包括圣约翰07级成员，该班是圣约翰大学在美国注册一年后，中国大学中第一个获得美国认可的学士班。该校校友会成立于1900年，这在中国尚属首次。校友会使校友之间保持联络、沟通，并使学生毕业后继续保持身份认同感。在1919年圣约翰40年校庆时，颜惠庆虽然不是校友，却和好几位身为外交官或大学校长的杰出校友一起获得荣誉学位。[26]

颜惠庆后来做了校友会顾问团顾问、圣约翰董事会董事。1946

年10月，作为董事会主席，他和那时"中国先进的政治家老前辈……在社交厅举行一次盛大的茶话会。许多社会名流，包括上海市长、英美驻华领事等，以及所有圣约翰的董事和官员皆应邀到场。这次聚会堪称盛会，老朋友们济济一堂，更有许多美味佳肴助兴"。27

力促改革事业

父亲的政治遗产也在颜惠庆身上得以传承。1900至1906年在圣约翰教学期间，他和其他教授一起，引介西方激进改革家的著述，认同他们所主张的君主立宪制，视之为能使中国富强、现代化以抵抗帝国主义的良好制度。他常常在青年会主办的辩论会或演讲会上，为著名的来访讲员充当翻译，这些演讲内容与社会改革有关。著名学者、翻译家严复，以及在中国发起反对缠足运动的英国宣教士，都曾受邀到会。1905年，颜惠庆出任环球中国学生会（World Chinese Students Federation）董事会的首任主席，该联盟发起人是耶鲁毕业的基督徒李登辉。同年，李登辉在动员学生抵制美国货、反对美国限制华人移民劳工法案中起了重要的作用。1913年李登辉成为复旦公学校长；1917年复旦公学变为复旦大学时，李为首任校长。28

颜惠庆是唐国安的亲密朋友。唐国安是最早的留美学生之一，曾是个商人，也是青年会的董事，在改革圈里十分活跃。唐国安崇拜颜父（颜永京），十分仰慕他的改革精神、道德操守和教会领导能力。1903年9月，在一次中外青年会定期交流的辩论会上，这两个年轻人成为一对搭档，与两名西方对手辩论。他们辩称，在现有

第一章 东西方沟通的桥梁——颜永京、颜惠庆父子
Yan Yongjing and Yan Huiqing: Father and Son Bridging East and West

的、基本上由西方列强控制的通商口岸的基础上开放整个中国,将对中国不利。尽管暗示了完整的主权当归还中国,他们还是赢得了辩论会的裁判员——当地著名的英国大律师——的肯定。[29]

翌年,两人为基督教青年会新近创刊的全国性双语报纸英文版部分撰写文章。他们很快受到新创报纸《南方报》(South China Daily)的邀请,为该报开创英语版部分,从而开始了国人所办报纸与外国人所办英文报《字林西报》(North China Daily News)之间的竞争。作为编辑,颜惠庆和唐国安努力寻求利用中国公众舆论,在关系日益紧张时影响在华外国人的行动。

两人轮流撰写编者按,他们大胆的言论主张几乎被租界当局查禁。一页的版面虽然只有一篇短评和几则新闻,但它们在英文读者中却产生了相当大的影响。外国的报刊上也开始出现有关中国人观点的栏目。通过这样的努力,两人在国人中获得改革先声之美誉。颜惠庆后来回忆说:"这是国人以自己所办的外文报纸,捍卫自己权力与利益的最初尝试,虽然该报发行时间不长(1906—1907),却为后继者树立了楷模。"[30]

1906年,颜惠庆和弟弟颜德庆与那些谋求官职的人一起,参加中国政府首次为欧美留学归国人才举行的考试。考官有著名学者严复和政府要员唐绍仪(前赴美留学幼童之一)。在所有获得最高荣誉——博士(进士)学位——的考生中,颜惠庆名列第二,他弟弟第四。颜惠庆以其文学学士学位获任教育部长。但他要求延缓就任,以便能够完成上海商务印书馆新编《英华大辞典》的编辑工作。

颜德庆毕业于理海大学(Lehigh University),主修工程学,获博士学位。他奉派率领一个使团到国外为清政府考察铁路问题。后来在国民政府交通部担任铁路总长。他多次以技术顾问或代表

身份出使国外或参加国际会议,比如1921至1922年的华盛顿会议,以及1932至1933年的国际联盟李顿调查团活动。1946年去世之前,他是许多专业组织和社会组织的成员,其中包括国际扶轮社(Rotary International)。31

东西方的桥梁:从政于危难时期

颜惠庆知道,父亲虽然公开批评中国和西方的政治,却刻意保持距离,不直接参与。例如,1898年春,时值"百日维新",有人来与颜永京洽谈,请他前往北京做年轻皇帝的英语教师。他曾被许多人推荐到宫廷,但他谢绝了进入如此高层政界的机会。虽然可以用身体不佳做理由,但他还是对家人解释说,他不能离开教会的侍奉;他认为皇帝学英语现在还不是时候。从民主观念考量,他害怕皇宫里的生活,如果无论何时见到皇上都必须三跪九叩,那是他不堪忍受的。

然而,父亲害怕去的地方,儿子却急于要去——颜惠庆对外交的兴趣,以及与高层政界的接触往来与日俱增。他年少时就做过总督李鸿章孙子的家庭教师,男孩的父亲对这个青年人很友善。1896年李鸿章访美,在靠近首府华盛顿的弗吉尼亚北部,中国公使馆曾请颜惠庆做李鸿章随行人员的翻译。在此期间,颜惠庆的哥哥接替他的位置在李家做家庭教师,也为其家族中的开明人士出谋划策,帮助其中一人从美国密尔瓦基(Milwaukee)购买机器,建立中国第一家面粉厂。

1907年底,颜惠庆成功申请到二等秘书的位置,任职于华盛顿的中国公使馆,负责英语方面的工作。在此期间,他到乔治

第一章　东西方沟通的桥梁——颜永京、颜惠庆父子
Yan Yongjing and Yan Huiqing: Father and Son Bridging East and West

华盛顿大学法学院进修一年，并通过朋友罗伯特·兰辛（Robert Lansing）的介绍成为美国国际法协会的终身会员。兰辛是国际法方面的专家，后来做了美国的国务卿。颜惠庆回忆说，有一次兰辛邀请他去办公室吃午餐，他看到兰辛在书桌旁随便地与他分享一份三明治和一个苹果，感到既吃惊，又很欣赏。

1908年秋，中国特使唐绍仪访问美国，颜惠庆作为助手从旁协助他，包括出席许多正式会议，还在圣诞节期间接见了100位在华盛顿的中国留学生。在美国总统签署退还庚子赔款意见书的仪式上，唐绍仪、颜惠庆和众留学生见到了总统罗斯福（Theodore Roosevelt），明确该款项退款后，用来资助官派留美学生。尽管当时所有人都在为11月先后去世的皇帝和慈禧太后服丧，颜惠庆还是形容此举为一座"跨越太平洋的桥梁"，把美国文化、观念、制度和发明传递到中国。[32] 由于工作出色，他在1909年晋升为一级参赞。

不久，颜惠庆被调回北京负责设立外交部新闻局。当他起程回北京时，美国《中国学生月报》编者写道："我们特别感谢他一直对我们怀着浓厚的兴趣，理解我们；感谢他不时给我们慷慨捐助；感谢他给予我们的宝贵忠告。"[33]

总督李鸿章的儿子此时已经从上海迁居北京。颜惠庆回到北京时，再一次受到他的关照。因颜惠庆已经年过三十，李家首先要做的就是为他安排一桩美好的婚姻。女方是时任山东督抚（省长）孙宝琦的妹妹。孙宝琦曾作为清政府的使臣，先后出使巴黎和柏林，她随哥哥住在巴黎时，曾在那里读书。[34]

她的父亲是已故皇帝的老师；她的兄弟因婚姻的缘故与许多高官（包括袁世凯）攀上关系。颜惠庆后来在1913年成为外交部

长，1924年出任国务总理。她由于家庭的影响还会说法语，时常被邀请在有外交使节和夫人参加的会议上担任翻译。

按照习俗，颜惠庆在结婚前不能见新娘，他能看到的仅是她的照片，听到的只是他妹妹在参加李家的茶会后对她的赞扬。虽然新娘尚未受洗，他们在上海举办传统式婚礼的同时，也在颜家举办了基督教式婚礼。婚后，他们共育有三女三子。

起初，生活在北京对他们是个挑战。颜惠庆和其他年轻的外交官不得不做额外的工作，以贴补他们微薄的薪金。他曾在严复家里做英语家教。他们还苦于应付官场要求的昂贵的着装费用，而且北京的官僚气氛令人感到沉闷压抑，官员们的眼睛紧盯着官阶和身份。这种情况与现代化的上海反差很大。

早在1911年，因为在国际法方面的学识，颜惠庆成为外事办公室一名年轻的法律顾问。早期他所做的一件事，是与英国谈判，以限制其对中国的鸦片进口——如果父亲在世，一定会以此为荣的。同时，他也被享有声望的翰林院认可（清廷翰林院专司文职，是政府高级官员人才的储备库）。

1911年发生的辛亥革命，使颜惠庆和其他受过西方教育并具有进步观念的年轻官员进入快速晋升轨道。1912年中华民国成立，3月，袁世凯成为临时大总统。

颜惠庆擢升为副部长和参赞。由于外交部长健康不佳，每天早晨给袁世凯简报，并陪同他会见外交使节，都成了颜惠庆的责任。随着时间的推移，颜惠庆对袁世凯的看法渐佳，认为他是中国最伟大的政治家和领袖之一，尽管袁世凯在晚年放弃了共和原则。

颜惠庆与其上海来的同仁——"圣约翰大学派"——是归国留学生组成的"青年中国"团体中的重要成员。唐绍仪总理把他

第一章 东西方沟通的桥梁——颜永京、颜惠庆父子
Yan Yongjing and Yan Huiqing: Father and Son Bridging East and West

们带进新内阁。其中与颜惠庆最为亲密的有施肇基博士。年轻时，无论是在圣约翰还是在美国，他们就已是好朋友。另一位是顾维钧，他是颜惠庆在圣约翰的学生。施、顾两人皆与唐绍仪有姻亲关系。

此后，颜惠庆在新成立的中华民国开始了杰出的外交和政治生涯。一切都在改变，从国旗、国歌到个人的衣着、发型。他后来曾述及他与其他在海外留学过的年轻的副部长们如何迅速成立一个晚餐俱乐部，每星期聚会一次，讨论当时所面临的种种问题。他们探讨中国的国家利益，以及限制由19世纪不平等条约赋予外国人在中国的特惠权等，这时颜惠庆的国际法知识发挥了作用。他们以温和而坚韧的态度，解释各条约中的含糊之处，以阻止外国的要求，减少他们在中国遇到各类事件时得寸进尺的收益。他们在国际上运用外交手段，力证那些被迫签下的不平等条约的非法性。

近年来，人们重新审视与评估颜惠庆那个群体，更多人对他们取得的成就予以肯定。20世纪20至40年代，这些人顶着持续动乱以及日益高涨的民族主义的巨大压力，维护了国家独立，并成功界定了中国大部分疆界。他们把中国带入一个平等国际大家庭的国际主义和实用主义精神，被大家当做模范。正如一位学者指出："民国时期中国的外交成就，是在一个不被看好的弱国位置上所取得的诸多惊人成就之一。"[35]

在国外任外交官时，颜惠庆是驻柏林的中方代表。他在中国加入协约国对抗德国后搬到哥本哈根。当第一次世界大战结束时，他从那里直接到巴黎，作为中国代表团成员参加和平大会。代表团里还有他两位亲密同仁——出使英国的施肇基和出

使美国的顾维钧。颜惠庆的老朋友,美国国务卿兰辛则是美国代表团团长。

中国代表团的诉求是中国以战胜国的身份,在新的多极国际体系中成为一个博弈者,把自己摆在更好的位置上,以推动一己目标。他们希望得到美国的支持,结束西方列强在中国的租界、驻军和治外法权,并保证将山东省(战争期间日本从德国手中夺取)归还中国管辖。没想到那些亲日的中国政客竟漠视中国和美国代表的存在,已暗中签署了有利于日本的和约(中国和美国的代表均被忽略)。此事经公开披露后,破坏了整个策略计划。结果,巴黎和会推延了中方所提议案,于是,中国代表不顾中国政府的命令(要他们签字的命令),拒绝在最后的凡尔赛条约上签字,以示抗议。这一事件引发中国的抗议浪潮,矛头直指中美两国官员的"卖国"行为。北京学生的抗议示威最终导致闻名中外的1919年五四运动。翌年,当颜惠庆成为外交部长时,他继续追求完整的主权,调整与俄国和德国的关系以赢取他们的支持。接着,1921至1922年间,9个在东亚和太平洋地区拥有利益的国家参加美国主办的华盛顿海军会议,颜惠庆在这次会议上寻求在国际联盟之外能够有收获。由顾维钧率领的代表团取得了重大的突破,所使用的策略是突出中国对国际规范的承诺,同时指出针对中国的非对等外交关系违反了这些规范。在一份涉及中日的条款中,决定将从前德国在山东的领土和财产归还中国,包括在那里的日本铁路和矿业也一并归还。《九国公约》概括出多项原则,使中国与其他国家的关系更加平等,允许中国修改过去受不平等条约制约的关税制度,以制衡西方列国和日本,并且逐步废弃其他国家在中国的治外法权。[36]

第一章 东西方沟通的桥梁——颜永京、颜惠庆父子
Yan Yongjing and Yan Huiqing: Father and Son Bridging East and West

图1-3 1920年，颜惠庆博士，外交部部长。

1920至1926年间，颜惠庆从未加入任何政党，但服务于数个交替执政于北京的文官政府或军政府，出任总理和外长各五次，有时是同时兼任的。他也在其岳父的内阁中担任过农商部长。[37] 他清楚地看到自己和其他效力于北京政府的"南方人"（长江以南）在北方保守派中，就像"酵母"的功用一样，起积极、催化的作用。颜惠庆深为军阀主义的蔓延而忧虑，在一次与军事领袖一起参加的国宴上，当他应邀讲述其在德国的经历时，他谈到了德皇威廉——当时最大的独裁者，也是全欧洲的"军阀"——在可耻的流亡中结束了自己的生涯（意指独裁者、穷兵黩武者皆没有好下场）。

颜惠庆时常不情愿地——部分出于对国家的责任感，部分出于义务——借用他的声望去帮助那些在政界中的同僚，为他们增加助力。例如，1924年他之所以同意接受一个临时任命出任总理，仅仅是因为当时争取恢复中国关税自治的外交努力处于停滞状

态,当时整个国家正处在"无政府时期——无论是宪政的、专制的还是临时政府,或其他什么形式的政府。而且好像也没有什么直接的办法可以创立一个新政府,合法的或者别的什么形式的政府。……启动后一个月,我就辞职了"。[38]

中国政治的懦弱损害了其国际利益,这种情况令人气馁。不过,忆及当年,还是有几件令颜惠庆满意的成就,那就是协助赈灾,改组政府主要部门,以及建立国家图书馆。

但也有一件事令他歉疚不已,那就是为了巩固政府债券,他批准了一项金融措施,结果导致数百万美元的损失,并且使许多无辜的买主和投机商破产。

1926年北伐之后,蒋介石一统中国,国都从北京迁到了南京。颜惠庆离开了政界,直到1931年,在中国满洲危急时又被召回外交界,以助唤起国际支持,对抗日本统治"满洲国"的企图。颜惠庆出任驻美大使,并在日内瓦国际联盟中任中国代表。

颜惠庆政治生涯的一个高峰是,当1933年初日本攻击上海后,他通过外交手段得到国联对日本侵略的正式谴责。此举导致日本退出国联。但中国为重新从日本收回对东北三省的统治权所作的全球性外交努力却失败了,由此显示出国联的软弱。但通过外交努力,的确否定了"满洲国"的合理性,并产生出"不承认说"这一政治实践准则。[39] 颜大使谈及他的经验时说:"参加国联的中国代表至少能感觉到他们的良心不受责备,因为他们已尽了最大的努力警告,如果对侵略不采取任何行动的话,那么人们所面临的,将是一个具有极大危险的虚假与无情的世界。"[40]

在日内瓦时,颜惠庆也为使中苏关系正常化而与苏方代表谈判,希望获得莫斯科的合作以对付东京。因此,他被调任为民国

第一章 东西方沟通的桥梁——颜永京、颜惠庆父子
Yan Yongjing and Yan Huiqing: Father and Son Bridging East and West

驻苏联第一任大使。但不久，因为新疆边界地区的冲突，以及对"满洲"问题的意见分歧，两国关系恶化，颜惠庆的健康也在此时垮掉，以至在回国途中不得不要求在柏林逗留数月。1936年底抵达中国后，他又休养了两个月。

民间领袖

在离开政界那些年（1926—1931），颜惠庆投身于天津商界（工业和金融），并服务于多个全国性的民间组织，包括基督教青年会、医院和救灾机构、职业者协会，以及平民教育运动（Mass Education Movement），并在"平教运动"中担任理事和财务委员会主席，他的女儿后来在该组织服务了55年。[41] 早在1913年，他曾参与创立欧美同学会（Western Returned Scholars Association），在离开政界那些年，他积极为该会在北京的总部募款。他还在好几所著名的大学中担任董事会成员，其中包括圣约翰大学、北京协和医学院、南开大学、清华大学和燕京大学。

1936年，颜惠庆出于健康考虑，打算完全退休，但很快又被召回到公众生活中，以民间领袖身份，在1937至1945年日本侵华时期，尽一己之力。他恢复、重组了中国红十字会，救助从沦陷区涌来的大批难民，以及拥挤在上海弹丸之地——国际中立区——中的20万上海难民。

1941年，颜惠庆第四次访问美国，率领一个非政府代表团参加太平洋关系学会的会议，并且受到总统罗斯福的接见。颜惠庆第一次故地重游，重访弗吉尼亚母校，在紧张的行程中还作了一次公开演讲，这给他带来更多的荣誉和嘉奖。在他应弗吉尼亚大

学校友办公室要求寄去的个人简历资料中，有一栏问及曾获得过多少奖项以及什么样的奖项，他只是极简单地列出："（获得过）许多中国一流的奖章，还有来自法国、葡萄牙、丹麦、瑞典、秘鲁和梵蒂冈的奖章。"[42]

晚年作为和平使者报效国家

1939 至 1942 年间，为安全起见，颜惠庆一家与来自内地的许多人一起移居香港，而且住在香港也便于他参加国际会议和旅行。日军于 1941 年 12 月 8 日偷袭珍珠港，又侵袭马尼拉和新加坡，之后很快进占香港。刚刚旅行回到香港的颜惠庆被日军羁押数日，所幸他可以如实道出，他已长久与中国政府没有接触，故对其计划一无所知。

图 1-4　20 世纪 40 年代的颜惠庆。

20 世纪 40 年代末，颜惠庆效力于上海市政府顾问委员会。

第一章 东西方沟通的桥梁——颜永京、颜惠庆父子
Yan Yongjing and Yan Huiqing: Father and Son Bridging East and West

1949 年 2 月,当解放军接近南京、上海时,颜惠庆率领一个由上海民间领袖组成的非官方和平代表团,赴华北拜会毛泽东和周恩来。由于心脏状况很不好,他的私人医生随同前往,这是在解放军渡江之前,颜老为和平所做的最后尝试。

颜惠庆在与中共领导人会谈时,提出很多关注的问题,包括是否会继续实行宗教信仰自由,以及对工业家和金融家的产权保护等问题。他们的回答是令人欣慰的。颜惠庆也表达了上海市民对可能在上海市内爆发战争的担忧。中共领导人强调,毛泽东和周恩来清楚上海的重要性,并且希望上海市政官员继续维持社会秩序,直至政治结果明朗化为止。[43]

颜惠庆回到上海后,于 5 月初当面拒绝了蒋介石父子要他去台湾的邀请,并解释说,他的身体日益见衰,不允许这样的迁移。颜惠庆还劝告他的朋友和圣约翰的领导人,谨慎行动并"观察等待",表示他期待共产党军队会相对和平地占领上海,而在 5 月 24 日,事情果然如此成就。显然,他的华北之行增强了他对共产党的信心,尽管他在 20 世纪 30 年代出使前苏联时,对其持批判性观点。此行也使他对国民党的看法进一步恶化,他在自传中表明,这看法早在 1941 年就已经很明显了。

1949 年 10 月,中华人民共和国成立,看到发表在《解放日报》上新的"共同纲领"后,颜惠庆赞许地写道:

> 上海有些市民对共产主义纲要的性质不很明确,但看了这些文件后,我真觉得他们是符合中国人民的感情的。所以大家可以放心,不用担忧。我上次去北方,与共产党人接触后,我感到他们的政策是说什么就做什么,而国民党却只是说些空话。在这一点上我的印象非常深刻。[44]

此后不到一年，颜惠庆于 1950 年 5 月 24 日在上海逝世，享年 74 岁。葬礼在与颜氏家族渊源甚深的教会——救主堂——举行。颜惠庆随后被安葬于静安寺路公墓他父母的墓旁。身后留下其遗孀，以及三个女儿和三个儿子。⁴⁵

家庭精神遗产

颜永京和颜惠庆，连同其家族成员，是最早居住于中国沿海城市的新型"国际化民族主义者"，他们在 19 世纪和 20 世纪之交，成为连接东西文化的桥梁。他们是活跃的民间领袖，既批评帝国主义在中国领土上的特权，旅居海外时又喜欢外国的文化与制度。他们会流利讲说一种或多种外语，而且或是自幼成为基督徒，或是成年之后接受了基督教信仰。⁴⁶ 颜氏父子的精神遗产，多年来透过家族其他成员、教会会众以及大学生所作的贡献，继续不断地产生影响，造福中国。这些人之所以成才，无不得益于父子俩的言传身教。

颜永京牧师的精神领袖力量，在一个大舞台上充分发挥出来，改变了宣教士的态度、英国的公众舆论以及中国的大众文化。颜惠庆博士以其政治领导力以及与那个时代主要国际势力打交道的第一手经验，很好地为国效力。他追求以基督教道德观和爱国热忱，推动中国"强大、富裕、幸福的目标"，正如他在自传前言中所表达的那样。在同仁眼中，"他的成功，是因为他对事情有敏锐的分析能力，对民意有合理的判断力，并懂得如何付诸应对。颜惠庆以洁身自好、对文化和艺术兴趣浓厚、哲学思辨精准以及富有幽默感而闻名"。⁴⁷

第一章 东西方沟通的桥梁——颜永京、颜惠庆父子
Yan Yongjing and Yan Huiqing: Father and Son Bridging East and West

图1-5 1946年，颜家团圆。从左到右：表兄弟颜明庆，颜惠庆和小弟颜德庆，表兄弟曹云祥，颜福庆，颜连庆。

无论哪个政党执政，也不管如何失望，颜氏父子始终忠贞不渝地服务于自己的国家。1941年，颜惠庆在其自传的后记中写道：

> 父亲大约六十岁的时候曾对我们说："孩子们，我很遗憾在我有生之年不能看到国家的富强，但你们年轻一代比我幸运，应该能看到新中国的诞生。"差不多五十年过去了，而我们仍不无悲哀地对我们的孩子重复着父亲对我们所说的话。但是，若以此推断说我们没有取得进步，或者认为我国社会生活各方面整体上没有变得更好、更有益，那就完全错了。[48]

在日本侵占中国最黑暗的时刻，颜惠庆写下自传，表达了他对未来的希望。他提到现代教育和出版、大众扫盲、交通和运输，以及扩大对外贸易等方面所带来的收益，并预测了战后重建和在外国援助下的工业化。然而，他警告说，这一切是必要的，但这

不足以带来一个美好未来,若忽视中国广大贫困农村的状况,未来会更不被看好。

自传也反映了他在1941年学得的经验教训,他认为,建立并维持一个民主议会制度,要比喊口号更难。正如他所说:"脸面可能被洗净,但心也必须要改变。"他憧憬着这样一个未来——无论是中国的政治家还是中国人民,都能够在道德和政治上得以重建。

鸣谢

为毕乐思(Stacey Bieler)女士所提供的有关颜惠庆的研究材料,为戴德理博士(Dr. G. Wright Doyle)所提供的有关颜永京在英国巡回演讲的材料(来自英国博物馆),为邢福增博士(Dr. Fuk-tsang Ying)所提供的有关颜惠庆1949年和平之旅的材料,致以诚挚的谢意!我还要感谢肯扬学院特藏室主任艾米·巴德斯科(Amy Badertscher),弗吉尼亚神学院的档案管理员茱莉亚·兰德尔(Julia Randle),以及弗州亚历山大市圣公会中学的档案管理员劳拉·维特尔(Laura Vetter)等人为我提供的帮助。

第二章
教育改革先驱——马相伯

魏扬波

也许衡量一个人的生命有多大意义或许不在于他完成了什么,而在于他为未来开创了什么。马相伯的一生,其思想与奋斗,在许多方面(特别是教育方面)可以被认为是先驱。他去世后很久,他的教育理念仍激励着其他人继续从事改革,完善中国教育制度。直到今天,其思想依然鼓舞着人们努力奋斗。

第二章 教育改革先驱——马相伯
Ma Xiangbo: Pioneer of Educational Reform

马相伯于1939年去世时，整100岁。在漫长的人生中，他历经了五朝皇帝，亲眼目睹许多重大而且往往是悲剧性的事件，其中包括最后一个王朝的覆亡，中华民国的诞生，以及西方列强和日本帝国主义的侵略。马相伯决不是一个回避政治、远离社会、躲在象牙塔里的学者，而是一个力图通过现代教育重建自己祖国的先锋，并成为激发后进的榜样。

"在中国，时机显然已经成熟，我们应当抓住机会。当竭尽全力教育教内外的青年人，联合教内外的力量共同努力。这比任何条约所产生的保证更有效一万倍。"[1] 这段话出自马相伯1912年写给教皇的信，显示出他生命中的三个动力源：忠诚的天主教徒，爱国者和教育家。

马相伯是将中国带入现代化时代的新型教育体制的早期设计者和推动者。他认为这个体制是政治和社会改革不可缺少的基础。天主教信仰与爱国热情增强了他对教育事业的专注。

磨砺岁月

"利玛窦来到中国后不久，我的祖辈就归信了天主教。我的外祖父外祖母也是信徒。"[2] 马相伯1840年4月17日出生在江苏丹徒县一个富裕的天主教家庭。明末时期，耶稣会在中国好些地方设立了天主教教区，丹徒县是其中之一。马相伯刚满月就受了洗，取教名若瑟。他父母谨遵天主教的教规抚养他长大。父亲是一介儒生，又是个有名的中医，同时经营染坊和米店。他把四个儿子都送到宗祠私塾学习儒家经典。相伯行三，5岁入塾，从此开始学习中国传统文化知识，穷其一生勤学不辍，其深厚的国学功底令

同辈人钦羡不已。³

但少年马相伯并不完全满足于这种传统教育。12岁那年,他到上海探望新近嫁给当地颇有名望的天主教朱氏家族的姐姐时,请求入读法国耶稣会新开办的圣依纳爵公学(Collège St. Ignace,后称徐汇公学——译注)。⁴这是他在耶稣会西式教育的漫长道路上迈出的第一步。到1870年被祝圣为神父时,他已通晓法文、拉丁文和希腊文,并对西方文学有深厚的鉴赏力。同时他也精通几门其他的西方学科,比如数学、心理学,以及一些新兴的社会科学,还有伦理学、音乐、哲学和神学等。⁵正是在这些年间,马相伯与他导师中一位意大利耶稣会士晁德莅(Angelo Zottoli)成为莫逆之交。晁德莅鼓励他深入研究中国经典,效法利玛窦寻求中西文化的共同点。当马相伯发现利玛窦对中国文化与哲学理解得如此深透,以至于在《天主实义》(*The True Meaning of the Lord of Heaven*)中能够自如地用中文阐释天主教教义时,其欣喜之情可想而知。⁶那么,马相伯是否自那时起即感受到呼召,去从事利玛窦未竟之业?对此他从未提及。但可以肯定的是,到30岁时,他已知识渊博,学贯中西。这成为他探索与实施一种新型教育体制的资源,这种新型教育体制,将结合中西方文化的精华,将中国带进现代化时代。

马相伯祝圣神父两年后,受任为圣依纳爵公学校长,由此开始尝试他设想已久的新型教育。⁷他一方面照着导师晁德莅的做法,要求学生在学习西方学科之前先要谙熟中国经典;另一方面,他努力使西学能够更容易为中国学生理解和接受。他开始着手一项翻译欧洲科学书籍的计划,撰文比较中西方对不同科学领域分别作出的贡献,并写出一部《数理大全》(*Compendium of*

Mathematics）。但马相伯所做这一切并未得到上级的认可。他被调离岗位，并且他的论著也一再被拒绝出版。耶稣会同仁的这种态度使他越来越觉得受挫。[8]

图2-1 耶稣会1850年建立的徐汇公学中院落里马相伯纪念雕像，马相伯是学校最初的学生之一，后来也曾担任过校长。

在见习期间，马相伯多次体验到存在于天主教价值观和他从耶稣会学到的民主思想，与耶稣会内某些上级那种居高临下、有时甚至是歧视性的态度之间的差距。但他坚持下来，期盼在祝圣之后情况会有所改变。然而，这再度受到的屈辱，加上被上级斥责未能遵循安贫誓约，深深地伤害了马相伯。这时，马相伯的两个兄弟劝他说，既然他的才能在耶稣会得不到赏识，不如转用到中国政府推行的现代化事业上。

从政生涯

从少年时代开始，马相伯和弟弟马建忠就深受上海及其周边地区政治气氛的影响。1854年至1864年的十年间，南京掌握在

太平军手中，上海到处是难民。马氏兄弟作为上海青年知识分子圈内人士，设法阻止国家快速走向瓦解。马建忠加入到越来越多的议政学者行列中，谏言政府进行彻底的制度改革，采纳西方先进的科学技术。马相伯起初以为他可以以一个耶稣会会士的身份，为祖国的现代化作出贡献。然而，当意识到耶稣会已成为他实现理想的障碍时，他便于1876年离开了耶稣会神职。⁹

马相伯的哥哥马建勋与商界和政界联系广泛，弟弟马建忠是直隶总督李鸿章的幕僚，凭借他们的影响力，马相伯不愁找不到工作。他从此开始了在商界的事业和在洋务运动中的外交生涯，长达20年之久。由于他精通中国经典，又具有西方科学的广博知识，且通晓多种语言，故深得各方之赏识。但他从未提升到很高的位置，这可能与他没有正式学位（不论是西方的还是中国的）以及先前的天主教背景有关。

他首先成为山东省布政使（主管行政和财务）的助手，接着在日本神户短期担任过中国总领事。然后，他又被李鸿章招为幕僚。李鸿章时为北洋通商大臣，是洋务运动最热心的支持者之一。他委以马相伯多种责任，其中包括做广州和台湾现代化企业的顾问。总而言之，马相伯有许多好主张，然而被他上司采纳的并不多。比如，他曾建议另一洋务派领军人物张之洞从香港岛殖民地对面的九龙修一条铁路直达广州，将九龙辟为商埠，但这个提案完全被忽视。马相伯也先后做过中国驻朝鲜外交官、中国轮船招商局的谈判代表，并被派往美国为中国海军的现代化建设筹款。

在最后这项使命中，马相伯成功地获得总价值5亿两白银的贷款支持。但令他沮丧的是，李鸿章发电报给他，竟要他拒绝所提供的这笔贷款援助。实际上，这是因李鸿章在处理安南（清代

第二章 教育改革先驱——马相伯
Ma Xiangbo: Pioneer of Educational Reform

对越南的称谓）问题上，于1885年与法国签署停战协议而招致尖锐批评的一个间接结果。美国一行徒劳无功，马相伯决定前往西欧。他先后游历伦敦、巴黎和罗马，走访了久负盛名的牛津大学、剑桥大学和索邦学院，重新燃起促进中国教育改革的愿望。他深信西方的成功与繁荣归因于欧美大学卓越的教育制度。他特别注意到英、法高等教育重视古典语言和文化，而美国大学则侧重科学，他从中受到很大启发，进一步形成自己的愿景：中国新型的高等教育应当是这两个方面的整合。

1887年从欧洲回国之后，马相伯对清政府将中国带进现代化国家之列的能力逐渐失去信心。随着中国惨败于日本，以及签订丧权辱国的《马关条约》（1895年），李鸿章因此而降职，马相伯决定完全退出政界。

这个决定一部分是与折磨他多年的个人精神危机有关。19世纪80年代，马相伯在山东与王玛丽结婚，生一子马君远和一女马宗文。表面上看来，他的事业和人生都很美满，但他内心深处仍然对离开天主教会感到不安。1886年，在罗马觐见教皇利奥十三世，标志着他对自己人生考问的开始：在人生中首先应该做的是什么？1894年，身怀第三胎的妻子去山东探亲时，因船难而身亡。次年，他十分依恋的母亲也去世了。母亲至死也没有原谅他离开神职之举。这些事情的发生使马相伯深受震动，于是他离开北京回到上海，隐退一个月之久，反思生命的意义。结果他决定，待两个孩子稍微长大，便重返以前的宗教生活。对政治的失望，使他更容易跨出这一步。[10]

1898年，马相伯将子女送到天主教学校就读。他为自己先前所违反的天主教教会认为十分严重的罪行忏悔，并许诺重新开始

独身生活。此后,耶稣会欢迎他回归,然而没有准允恢复他的神职。马相伯在天主教一所孤儿院里过着独身生活,享有在知识领域探索的自由。[11] 那时他没有意识到返回教会、返回上海乃标志着他人生第三个重要阶段的开始,这也是他未来在高等教育领域有所建树的开始。

对洋务派和早期革命党人的影响

1896 年,上海租界再次成为中国年轻的异议人士和洋务派的避难所。他们谴责朝廷的软弱无能,其中最直言不讳者当属 23 岁的举人、具有杰出文学才干的政论家梁启超。他创办《时务报》周刊,倡导政治改革,仅几个月发行量即超过一万份。

梁启超仰慕马相伯的学识,向他请教基础拉丁文。这私人辅导课只持续几个月便因梁启超迁往长沙而中断。但在这位 57 岁老先生的小书房里,梁启超学到的却不仅仅是西方古典语言的入门课。两人花了不少时间共同探讨教育改革,以及如何将中国带入现代化国家行列之方略。从这初次的接触开始,他们建立了持续终身的友谊,并且在许多项目中共同合作。1898 年"百日维新"期间,梁启超请求耶稣会允许马相伯指导一所翻译局的工作,让中国年轻学者在局里学习西方科学知识,将西方著作之精华翻译或编译成中文。可惜同年 9 月"维新运动"失败,这个计划也就搁置起来了。但是由此开始,梁启超、马相伯已经将注意力重新集中于意义深远的中国教育改革。[12]

三年后,马相伯初次与著名学者蔡元培相见。蔡元培是出自中国传统教育的精英,其资历无可挑剔:身为进士,15 年来一直

第二章 教育改革先驱——马相伯
Ma Xiangbo: Pioneer of Educational Reform

是翰林院编修。翰林院是为科考制度设置标准的机构。蔡元培与马相伯一样,长期以来一直坚信教育改革是中国走向现代化的关键。1898年"百日维新"失败后,朝廷统治者废除了康有为的改革方案,蔡元培愤然辞职,以示抗议。1901年,他到上海南洋公学(Nanyang Institute)任教,很快就与比他年长27岁的马相伯结为好友。这是另一个关乎民族大业的终身友谊的开始。[13]

蔡元培非常钦佩这位精通中西方教育的耶稣会老师,并十分看重他开明的教育观。和梁启超一样,蔡元培请马相伯教他拉丁文。不久,他将自己的24位学生全部带来,一同受教于这位大师。仅数月之内,教学内容又增设了法语、数学和哲学等课程。[14]

蔡元培与上海地区许多反清人士来往频繁,并且结交革命党人。对此马相伯并不反对,尽管自少年时起,他内里一直是个温和的改革派。两人都对朝廷彻底失望,因此可以推测这是他们之间经常谈论的话题。他们似乎一致认为,除非改朝换代以及实施新的教育体制,否则中国的现代化将遥遥无期。

1902年上海发生的事,证明了他们的看法不无道理。[15]9月,南洋公学保守的行政部门和教职员,与日益激进的学生团体之间的紧张局势已达白热化。"墨水瓶事件"爆发,该事件系因三个学生被指控蓄意讥讽地清空了一位教师的墨水瓶,被校方开除,从而引发了一场大抗议。结果,大约二百余名学生和三位同情学生的教授(包括蔡元培)愤然走出校门。蔡元培随即开办"爱国学社"为激进的学生提供场所,供他们继续进行政治活动,为推翻满清王朝而努力。

马相伯这时也开办了一所文科高等院校予以支持。这是一所为新型教育设置标准的高校,以实现他们建立"一所能与西方高

等教育并驾齐驱的新型中国学术院校"的共同理想。¹⁶ 蔡元培建议那些已经在马相伯特设课程班里上课的学生，到这所学校注册。蔡、马二人彼此心照不宣，分工合作非常契合。蔡元培为革命事业从事政治活动多年之后，才转到教育改革上。在这同一时期，马相伯默默地支持革命，将他全部的注意力放在发展有益于中国现代化的教育事业上。

上海的耶稣会意识到马相伯所做之事大有发展前景，故热心地为他提供几位教授和教学设备。他们在评估风险后，做出如是决定。虽然这些耶稣会士仍然对这位前神父自由、开放的教育方法存有疑问，但还是从他的提案里看到一个独特的机会——实现他们梦寐以求的、在上海创办一所高等院校的机会。他们急于尽快开办这样一所高校的原因有两点：其一，这所学校会成为收入来源，法国政府自1898年反对教会势力兴起后对教会的补贴日减；其二，他们长期以来一直在寻求一种途径，来抗衡美国圣公会所办的圣约翰大学与日俱增的影响。¹⁷

愿景实现：震旦学院

为了表示这所新型学院深深植根于中国文化，马相伯命名它为"震旦学院"。古文"震"字常用以指东方，而"旦"字则表示太阳从地平线升起。在马相伯看来，这个名字象征着中国光明前景的开始，犹如东方的晨光，预告一个新的黎明到来。为了体现这所学院是中西方教育模式的结合体，马相伯依照中文"黎明"的意思，也给学院起了个贴切的西洋名字，法文是"奥罗尔"（L'Aurore），英文则是"奥罗拉"（Aurora）。¹⁸

第二章 教育改革先驱——马相伯
Ma Xiangbo: Pioneer of Educational Reform

该校章程刊登在上海《翻译世界》杂志1902年12月这一期上。章程开宗明义公告学院旨在培养翻译人才。这似乎狭窄的目标实际上是马相伯现代化中国之愿景的基石。因为中国的现代化是那么依赖于获取西方知识，故此他相信最迫切的需要是培养能够将西方重要的书籍准确地翻译成中文的语言学家。自19世纪60年代新学之风兴起以来，翻译局非常时兴，但马相伯心目中的震旦学院决不仅仅是这样的一个翻译局而已。对他，以及对少数知识分子如梁启超、蔡元培和严复等人来说，翻译西方书籍比带进新技术和现代科学更有意义。因它们将向中国展开新的世界观、新的理念，以及新的价值观。不过，在这些知识分子中间，马相伯最为执著地相信，要使中国现代化，吸收西方文化的精髓势在必行。

马相伯倡导的现代化教育理念，比许多同代人放胆想象的更为深刻，更具改革性。此等教育理念在上海那些年轻的洋务派和革命者中间赢得了许多听众。马相伯常常论及他的教育理念，或许他早期的一位学生回忆他所说的一段话，最能体现其意："欲革命救国，必自研究近代科学始；欲研究近代科学，必自通其语言文字始。有欲通外国语言文字，以研究近代科学而为革命救国准备者，请归我。"[19]

马相伯起初希望按照西方大学模式开办大学，但1903年后，他的观念发生改变。他看到中国更需要的是另一种类型的学院，这种学院如果不能领先于其他大学，至少应当与大学的发展同步，并在更高的层次上发挥作用。其进深教育将专注于翻译西方书籍，以应实现中国现代化之所需，以及编订中国大学所需要的理科与文科的教科书。

此教育方法的核心有两个模式：一是可以追溯到唐代中国观念中的"书院"；一是法国观念中庄严的"学院"（académies）。马相伯在1886至1887年访问法国期间，就对这些学术团体特别感兴趣。"学院"不像大学那样被设定好的教程所束缚，它专注于更高的目标，鼓励求知欲，激发独立研究，并奖励学术研究。这些学术中心使他想起中国传统的学堂，中国学者在那里可以觅得奋发之境，从事研究和思想交流。这正是马相伯理想中的震旦的模式：一个既适合中国学术传统，又适合当前中国处境的西式院校。该校中文名字采用"学院"，既避免了时下外国人办学所乐于采用的"大学"一词，也避免了容易让人联想到中国旧时代的"书院"一词。[20]

马相伯倾向于招收那些已经投身于祖国现代化建设，并且在国学上已经得到认可的成熟的学生。这样的选择主要是基于这些学生具有的三个重要品质：

1. 掌握经典著作和精湛的语言技能，将更能够优雅、准确地翻译；
2. 博览中文书籍，熟知天下大事，将有助于选择中国最需要的西方著作，将它们翻译成中文。
3. 必须具备良好的学习习惯，以应对密集课程和从事大量的独立研究。[21]

1903年3月1日，春节过后不久，震旦学院就开始上课了，注册学生共有24名。开学典礼早在2月27日即已举行。激进派报纸《江苏日报》以《教育界的变革》为题，予以长篇报导。梁启超也针对这一重要事件撰文，登载于他的《新民丛报》上。他

第二章　教育改革先驱——马相伯
Ma Xiangbo: Pioneer of Educational Reform

既赞扬了奠基人的学识，也褒扬了卓越的教育方案。马相伯在震旦开学前只是选择性地登过一些广告，万没想到这么受人欢迎，但这并不阻碍他原有的目标（保持最高的学术水平）。一年后，在106名学生的名册上，有8名国家级学者和20名省级学者。[22]

学院提供两年制课程，要求学生深入研习拉丁文，并且专修一门欧洲语言——法语、英语、德语或意大利语。所有的语言课都强调阅读古典或现代西方文学名著。学生毕业的要求之一就是能将这些原著流利地翻译成中文。通过在教授指导下独立的学习，学生要在文学领域之外扩展他们的专长。他们有两种选择：选文科，要求学生专注翻译所有哲学分支学科的著作，同时也要学习翻译历史、地理、政治、社会、经济和国际法等领域的著作；选理科，学生则着重于学习翻译物理学、化学、数学、天文学和自然科学等领域的著作。[23]

尽管马相伯依赖耶稣会提供教学设备和师资，但从一开始他就明确规定，在震旦学院，有关宗教教义的探讨不作为课程的一部分。虽然马相伯对这个问题的看法会随着时间的推移有所改变，但直到晚年，他仍然乐于强调文科理科并重，连同其反对开设宗教课或传教的政策，构成了震旦学院的三项基本办学方针。[24]

马相伯反映在教学法上的一个学术观念当归功于法国哲学家笛卡尔，即主张学生应当学会独立思考。他认为，那些已经受过良好教育的年轻人不应当屈从于类似多数大学和翻译中心里的那种密集强化班。上课不外乎介绍基本原理和规则，也就是被他称之为"理论"的每一学科的核心。一等到理论基础建立起来，马相伯就自视为导师，引导学生将理论应用在更为复杂的研究课题

中，直到他们能够继续独立完成。²⁵

在震旦学院，马相伯总是展示出一种个人的、不拘礼节的教学风格。他的个人取向和他的教学方法自然使师生关系亲密。学生们也很珍惜这样的关系。马相伯就像传统"书院"的师尊，学生是其年轻门生，聚其膝下向他求教。虽然课程不同，但均保留了那种传统的、在十分融洽的小组里向老师学习的方式。这种浓厚的"家庭精神"被看做是震旦的特色。²⁶

马相伯认为，震旦毕业生的特点应当具有概念性分析的技能和独立思考的能力。为了进一步激励学生，学校每星期天都安排一个集会，会上由一名学生按事先指定的题目——通常是时事——发表演说。然后与会者对演讲内容发表或赞同或反对的意见，要以雄辩提出各自论点。这种公开的辩论会很受学生欢迎。²⁷

如此看来，震旦远非只是中、法两种教育制度的结合。马相伯在其中加进了其他的特色，使其更具独创性。震旦与洋务派和革命派皆有深厚的关系，这也是其显著的特色之一。由于激进媒体的义务宣传，震旦收到了许多年轻自由主义者的入学申请，他们都在寻求一所无论在形式上还是在课程上，比其他大多数现有院校都不那么僵化的学校。对马相伯来说，只要不妨碍学习进度，学生的宗教信仰和政治倾向都无关紧要。所以，他不担心招收那些具有革命思想的青年学者，而且他确信这些人日后在中国政治改革和现代化方面必将发挥重要作用。他的学生中最有名也最具争议的当属于右任。当时于右任因冒杀头危险出版了一本诗集，尖锐抨击政府而受到通缉。马相伯明知此事，但仍以化名招收了他。²⁸

除了每周讨论时事外，震旦学院的另外两个特征也使其颇似一所革命学校：一是每周三次军训；另一是学生积极参与行政管

理工作。然而,这些特征并非马相伯刻意仿效其他院校,而是真实反映出他整个现代化救国的教育理念:

  1. 辩论时事有助于学生将书本所学的东西应用于解决中国当前的问题。
  2. 进行军事训练,可使在校学生作好准备,将来要为实现现代化中国的理想而战斗、牺牲。
  3. 分担行政之责可教导学生自治,预备他们在更大的社会中,将同样的民主价值观应用在更重要的任务上。

  如此,马相伯没有将学院的日常行政工作交给耶稣会的教师,而是委派给学生。每个学期,学生自己决定要做什么事以及由谁来负责。到1905年3月,除了行政主管和会计二职仍由项微尘和郑子渔分别连任,最初的24位学生将所有的职务都担任了一遍。项微尘和郑子渔可说是震旦的共同创始人,因为他们协助马相伯一起创办学校,并一直是他最亲密的合作伙伴。[29]
  在这种非同寻常、充满活力的氛围中,学生奋发向上的精神引起某些耶稣会士的关注。这些耶稣会士是早期震旦的见证人,诚如他们回忆中所述:

  (我们)记得这班学子彬彬有礼,勤奋好学,意气风发。他们就像生活在一个大家庭里,年长的负责执行纪律。他们那时已经采用一些议会制方式,现在(1928年)在中国学校中很流行。他们讨论、投票、贴出学校各项规定,但常常不遵守。[30]

  然而,其他一些耶稣会士对马相伯的办学方式与风格越发感

到不安,甚至认为学校风气一团糟。1904年9月初,他们强加给马相伯一位新的副院长兼教务长——南从周神父(Father François Perrin)。此人对如何办好震旦持有相当不同的见解。他想建立一所纯粹的法国式"大学",要求领导具有权威,有明确的学习课程,学生整齐一致、听话。南从周责备马相伯缺乏强有力的权威,指责学生的自治组织干涉学校的办学方向,并分散学生的学习精力。他还认为学校课程设置太好高骛远。南从周强烈反对震旦学生参与反政府活动,怪罪马相伯将校园作为革命分子的避风港。他认为学校的声誉已经受到损害,弥补的方法为招收更年轻、更具可塑性、少有政治头脑的学生。[31]

1905年春季学期,就在马相伯因病不在场的时候,南从周废除了学生自治组织,并削减课程。学生们曾试图寻找一个折衷的办法,但协商无门,最后只好投票表决,以130票对2票决定离开震旦。在医院病房中,马相伯流泪告诉学生:他没有背弃,也决不会背弃他们。为此,他痛心地辞去了震旦学院院长的职位(日后校友称此学院为第一震旦)。于是,他与学生们另觅新址,开办了一所新校,起名"复旦",深含"光复震旦"之意。[32]

复旦大学和函夏考文苑奠基人

马相伯于1905年秋开办新学校时,其校名清楚地显明他的意愿:要继续努力他在震旦所要达到的目标。但他心目中的教育方案却始终没能付诸实施,因为他的注意力再次转向了政治。

马相伯决定用自己的才能帮助梁启超的宪政运动,该运动旨在将专制制度转变为君主立宪制。当这一运动在长江沿岸几个省

第二章 教育改革先驱——马相伯
Ma Xiangbo: Pioneer of Educational Reform

份蓬勃开展之时，马相伯很快卷入其中，奔赴各地演讲。虽然此类活动为他筹措到复旦的资金，但遗憾的是，也占去了他树立理想的学校风气以及设置理想课程的时间。当他意识到这点时，要扭转趋势为时已晚。于是，一年后，他还未能落实已设想好的教育方案就辞职了。

复旦大学的师资，除了毕业于耶鲁大学的教务长李登辉之外，其他多属平凡之辈。课程设置很随意。过去在震旦学习语言课，是将语言作为引介西方文化的工具；而在复旦学习语言却仅仅为了装备知识，以便将来能够进入外国公司工作或去国外大学深造。[33]

虽然马相伯仍与复旦大学保持联系，甚至再度短期出任校长，但他的主要精力仍然放在参与宪政改革的准备工作上。因对封闭保守的朝廷完全失去信心，马相伯投身于1911年的国民革命事业。他甚至短期担任江苏省代理省长和南京市市长。袁世凯1912年3月成为中华民国临时大总统时，召马相伯进京任资深顾问。于是马相伯再度迁居首都。[34]

民国建政后不久，马相伯向三位颇有影响力的友人提出建议，要成立一所中国国家人文科学研究院（Chinese Academy of Arts and Sciences），取名为"函夏考文苑"。第一个词"函夏"是"中国"一词的古文；第二个词"考文苑"意指"研究最高学问之处"。他们共同制订出一项计划，该计划在很大程度上受法国国家科学院的启发。根据马相伯的意思，函夏考文苑的职责是建立和监督学术标准——其他所有院校都必须遵循的学术标准。40名苑士则根据他们在文、理科各方面的学识加以遴选。1912年末，马相伯以民国总统资深顾问的身份，推动该项计划得到政府批准，并获得资金的保证。[35]

如果将马相伯所写关于建立震旦和复旦的文章，与关于创设函夏考文苑的文章加以比较，就会发现后者的内容更注重于文化和道德价值的持守。在马相伯看来，新学院的使命不只是推介中国现代化所需的新知，其作用也在于促进对国家存亡不可或缺的道德风范的转变。这所学院的一个重要任务，应当是出版和发行书籍，鼓励个人以及社会追求道德价值。[36] 马相伯写道："道德风尚是我们国家的灵魂"，"衡量一个国家文明的水准不只是看其知识的积累，还要体现出人民的道德标准"。[37]

但是，当1913年冬，袁世凯立孔教为国教，而且越来越多的迹象显示出其称帝野心时，马相伯和其他创始人拒绝将考文苑放在政府的监管之下。该项办学计划，因缺少其他可供选择的资金来源，而不得不宣告流产。马相伯遂辞去职务，回到上海。袁世凯1916年过世，之后的10年，时局仍然动荡不安，该办学计划也无法恢复。

此外，那一时期的许多知识分子似乎并不理解函夏考文苑的创意，仅仅把它看做是翰林院的翻版，或看做是世纪之交洋务派的帝国大学。仅10年后的1928年，马相伯的朋友蔡元培使这项计划起死回生。蔡元培在国外学习、游历后回国，当时已是著名的北京大学校长。他赋予考文苑新生命，名之为"中央研究院"。[38]

追求梦想：从复旦到辅仁

1907至1913年间，随着理性和灵性上的成熟，加上政治经验，马相伯更加坚定地相信：教育、民族主义和道德价值之间有着共生的关系。虽然仍是坚定的民族主义者，他却已经意识到，

第二章 教育改革先驱——马相伯
Ma Xiangbo: Pioneer of Educational Reform

那种缺少精神价值的民族主义不会为一个现代化国家奠定坚实的基础。此时,"天主教精神"已成为他为中国的现代化而发展教育事业的道德柱石。[39] 或许马相伯离开复旦的主要原因,是意识到复旦,甚至之前的震旦,都是定位在使之走入死胡同的纯世俗价值观上面。马相伯重新思考教育事业,认为该事业应当在道德、甚至在天主教处境里培育。这一思想在他创设函夏考文苑的计划里逐渐显出端倪,并且在他建立辅仁天主教大学的角色里达到高峰。

兴办一所天主教大学,并非马相伯最初教育计划中的一部分,而是在他几个朋友的敦促下逐渐形成的想法。马相伯鼓励英敛之通过研读利玛窦和其他明朝耶稣会士的著作来研究基督教,结果英敛之1895年29岁时归信天主教,此后他们成为多年的朋友。英敛之是天津著名报纸《大公报》的创刊人和编辑,他热切希望展现基督教的正面形象。他也极力提倡用白话文取代文言文,而且是一个民主思想的倡导者。[40]

马相伯和英敛之都是比利时宣教士雷鸣远(Vincent Lebbe)的朋友,他们有着共同的目标,努力使天主教中国化,以至于"天主教精神"能够成为建设现代中国的柱石之一。[41] 到1911年,他们达成一个共识:一个现代化的强大中国的产生,当赖其教育制度而定,该制度应当回应时代的需要;而一所提供天主教教育环境与精神的中国大学应当是其中一部分。

1912年,当马相伯心中仍在筹划考文苑之时,他和英敛之致函教皇庇护十世,请求其批准在北京创办一所中国天主教大学。在诉求中,这两位学者哀叹早期中国耶稣会的学术传统已经丢失。天主教宣教士所办的大多是小学,放弃了利玛窦自上而下的宣教方式,让位给了基督教新教宣教士。中国急切需要受过良好教育

的精英人才,而基督教新教宣教士正在他们的大学里培养这种人才。过去是天主教会开始"创一大学,广收教内外之学生,以树通国中之模范,庶使教中可因学问辅持社会,教外可因学问迎受真光"。⁴² 这封信中没有提到耶稣会士在上海所办的震旦大学,因为在他们眼里,其教学方式及其与法国政府的紧密关系,已经将震旦变成一所在中国土地上的法国大学。

尽管这封写给教皇的信从未得到答复,两位学者还是开始为新学校做准备。英敛之搬到北京,开办了一所研究中心,称之为"辅仁社"(Furen Society)。其模式与早先的震旦学院相仿,但附加一特别目的,即培养天主教青年人才。该社家庭气氛浓厚,课程要求学习中国古典文学,以及早期中国耶稣会士的著作。入门课程保持最小量,学生们要在其所选的专业方面做深入的研究。⁴³

虽然马相伯1913年离开北京回到上海,但他与英敛之的这个小社团仍保持着紧密联系,并与辅仁的学生合著了几本书,论中国早期耶稣会和蒙元时期的中国基督教。⁴⁴ 经过多年的努力,他们的理想在美国本笃会的支持下得以实现。1925年,辅仁大学终于在北京开学了。⁴⁵

次年,在一份马相伯所写(可能是其最后一份)关于天主教教育的文件中,这位老学者委婉地批评了上海的耶稣会士。他赞扬本笃会办学,校址设在中国土地上,没有为外国人所控制或为外国利益培养人才。在同一份公文里,他也概述了他所推荐的学习计划。神学和哲学是核心科目,然后是文学、自然科学、社会学和历史,最后是工程学和矿冶学。他认为,此类教育规划"将会创造出一个中、西文化相遇的氛围;将会确保建设现代中国的精神基础"。⁴⁶ 但到1939年马相伯去世时,此规划在北京辅仁大学

第二章 教育改革先驱——马相伯
Ma Xiangbo: Pioneer of Educational Reform

仍远未实现。

持久的精神财富

也许可以说，马相伯是一个有愿景但从未实现的人。作为天主教徒，他脱离神职，而且与耶稣会士和教会的关系总体来说一向不很平顺。作为一个爱国者，他为救国而生发的改革理念被人忽视、滥用或拒绝；而且在日本入侵中国后，他于1939年避难他邦，殁于越南。作为教育家，他没有看到任何努力的最终成果。

图 2-2 马相伯和于斌主教，摄于 1937 年。

然而事实上，马相伯在这三方面都走在了他那个时代的前头。只是他所憧憬的东西，需要时间来达成。

马相伯的改革愿景在那扰攘动乱的时代似乎遥不可及，但它促成了三所高等院校的创立，这三所高校至今仍然存在。衡量一个人的生命有多大意义或许不在于他完成了什么，而在于他为未

来开创了什么。马相伯的一生,其思想与奋斗,在许多方面(特别是教育方面)可以被认为是先驱。他去世后很久,他的教育理念仍激励着其他人继续从事改革,完善中国教育制度。直到今天,其思想依然鼓舞着人们努力奋斗。

鸣谢

节选自魏扬波《马相伯:中国教育改革的先驱》(香港宗教和中国社会研究中心,论文编号:9,崇基学院,香港中文大学,2002),感谢版权方允许在这里使用。

第三章
胸怀愿景的革命家——黄乃裳

黄碧瑶

黄乃裳一生致力于公益事业，其所作所为泽被了福建与马来西亚数以万计的后人。他的慈善行为和致力于提高同乡生活水准的利他主义做法，不仅在其所处时代意义非凡，而且在实现福建现代化、塑造和发展一个繁荣的海外华人社区方面，也成为至关重要的组成部分。

第三章　胸怀愿景的革命家——黄乃裳
Huang Naishang: Revolutionary with a Vision for a Christian China

作为社会改革家和政治活动家，黄乃裳见过许多公众人物。他所钦佩的人，首推中华民国创始人孙中山先生。1900年7月6–12日，他们在新加坡首次相见，孙中山给黄乃裳留下了深刻的印象。当时，他们俩都因反清活动被迫流亡海外。孙中山从其日本（反清）基地到新加坡短暂访问期间，因鼓动反满情绪，主张民主思想，并试图利用新加坡为基地在中国南方发动起义，遭到驱逐，并限5年内不许入境。当时黄乃裳正借看望女儿之机，在东南亚为其福建乡亲寻觅可以移民垦殖之地。他久仰孙中山大名，急于通过他女婿林文庆博士的引见与孙中山会面。

黄乃裳记述了他与孙中山的四次会面，以及由此所建立的牢固关系。虽然黄乃裳没有细述孙中山的革命计划及其激进主张对自己思想的确切影响，但记下了他们之间的互动与交流：

> 孙博士问："负责翻译《美国史略》的就是你吗？"我回答："是的，是我。"于是他从座位上起身、鞠躬，并表示愿和我建立长久的友谊。我们边喝边谈，两心相契。他离开前，严肃地说："凡欲为国家社会谋幸福喜乐者，须自愿从始至终承受悲哀痛苦之责。"我本能地回答："你所说的与基督教的拯救之道完全一致。"孙博士低头回道："实不敢当。"似乎是我过奖了，其实他的话大大地激励了我，我感到自己追求公德的心愿被升华了，同时对追求公德事业的价值，也有了更大的把握。此次会面，作为一个基督徒，我感到受益匪浅。[1]

从二人相遇的那一刻起，他们的友谊就因着对美国建国之父乔治·华盛顿的共同敬仰而瞬间凝成。孙中山对华盛顿深怀敬佩，他们的谈话就从孙中山首先询问黄乃裳对华盛顿的看法开始。黄

乃裳早在1898年翻译蔚利高（Myron C Wilcox）所著《美国史略》时，就对华盛顿从英国殖民统治下赢得美国独立和自由的英雄壮举，产生了深深的崇敬。黄乃裳视华盛顿为民族救星，他带领美国走出了殖民主义的黑暗时期。黄乃裳希望，有一天能够出现一位"中国的华盛顿"，领导中国走向富强。黄乃裳的愿望在这次会面的11年后实现了。1911年12月27日辛亥革命最终胜利时，他致电孙中山："你的老朋友黄乃裳欢迎你、祝贺你！在此激励你，并将你视为中国的第一位华盛顿！"

黄、孙二人皆认为自强不息、坚韧不拔、为他人谋福利的观念同属基督教之行为准则，从致力于公共服务和基督教事业中，二人清楚地找到了彼此之间的共同点。黄乃裳认为付出代价、牺牲自我、为他人谋福利，是基督教信仰的本质，因此他的身上自然体现出基督教价值观和民族主义精神之融合。黄乃裳后来在其所著12部题为《宗教观》系列丛书里，扩展了对公德之共同原则的观点。该书出版于辛亥革命期间，他在书中清楚地提出："公德"作为变革中国的力量，可提高民众觉悟和民族精神。这与他所处时代的知识分子思潮一致，所不同的是，他的"公德"观念根植于基督教的价值观。[2]

黄乃裳的信仰经历与文学成就

黄乃裳出生在福建农村，父亲黄庆波是个木匠，因家境贫寒，其家人还要以农耕自养。[3]

黄乃裳17岁时，薛承恩（Nathan Sites）和谢锡恩两位牧师到他家乡传福音，他第一次有机会接触到基督教教义。黄乃裳全然

第三章 胸怀愿景的革命家——黄乃裳
Huang Naishang: Revolutionary with a Vision for a Christian China

接受了基督教的拯救之道，同时还发现基督教的创世论回答并解释了他一直寻求的人与自然及创造者之间关系等问题。后来他写道，在归信基督时，他从儒家经典里找不到这些有关形而上学问题的答案，而基督教提供了人生在世的意义。[4] 1866年12月16日，黄乃裳受洗成为基督徒。

当许扬美牧师到省内各地讲道时，黄乃裳随同前往。两年之后，黄乃裳获得见习传道人证书。1869年，他被任命为福州市东大街教堂的牧师。次年，他因身体健康原因辞职，但仍陪同许牧师沿闽江各地讲道。[5]

1872至1895年的二十多年中，黄乃裳一直参与文字宣教，协助多位宣教士将宗教著作翻译成中文。接触西学的经历为他日后从事出版与教育事业铺设了道路。他帮助武林吉博士（Frank Ohlinger）创办了卫理宗（Methodist）在福建的第一份期刊《郇山使者》。[6] 一位学者敏锐地观察到："全职的写作和研究经历，使他最终成为地区乃至全国著名的记者、编辑、政论家和革命活动家。"[7]

黄乃裳更清楚地看到了中国文化和社会所存在的问题和缺点。他被称为"沿海改革者"，该称谓专指那些住在通商口岸，如上海、广州、福州和厦门等地，积极参与引进各种创新变革的人们。[8] 他是新思想的先驱，19世纪70至80年代期间，他从事过报业、翻译、宣教等工作，并涉足多种社会活动，比如尝试人寿保险，宣传公共健康，提倡妇女解放，发起反缠足运动，等等。

"沿海改革者"中，只有少数几人参加过传统科举考试，黄乃裳是其中之一。他信主后，看到教会中缺少有重大社会影响力的文人学士，便决定走传统的科举道路，试图通过科举仕途来扩大

基督教的影响,提高教会地位。1877年,黄乃裳获得乡试生员资格,以第2名考中秀才。后来又在1894年参加省试,在134名考生中以第30名中举。⁹人们因此常称他为"儒生"。不过,最有趣的描述来自一位与他同龄的美国人,他称黄乃裳为"全省最有口才的人,他的神情举止,很容易让人联想到格莱斯顿(William Ewart Gladstone,英国自由派政治家)"。¹⁰

图3-1 黄乃裳与长子育东,19世纪80年代早期于福建。

1895年,正当黄乃裳进京参加每三年一次的全国进士考试时,中日甲午战争爆发。日本击败了中国最先进的海军北洋水师,国内一时群情激愤。1300多位参加会试的各省举人,很可能也包括黄乃裳在内,签署了一份请愿书,递交皇帝,史称"公车上书"。该上书提出4项重要的变革主张:拒绝与日本议和(拒和);迁都于内地(迁都);训练新军(练兵);实行政治体制改革(变法)。这最后一项因为对政府的根本结构提出了挑战,显得最为激进。该请愿书被认为是"第一个由中国知识分子领导的群体性民族主

第三章　胸怀愿景的革命家——黄乃裳
Huang Naishang: Revolutionary with a Vision for a Christian China

义运动"。[11] 这些提议均被清廷拒绝。

面对危机

目睹了政府的冷漠反应后,黄乃裳陷入了困境。他意识到,作为一个中国基督徒和改革者,他必须重新定义自己在面对国家危亡之际所当扮演的角色。

> 回想37至47岁（1886-1896）之间的那些年,我亲眼目睹了外敌入侵,国势屡弱,官员腐败,社会颓废堕落……我强烈渴望献身国家,并为此倾尽全力。至于宗教,我的态度正如《启示录》3章15节所说的,不冷不热……但我在20岁时发过誓,不论何时,我都要向人们传讲福音,至死方休。[12]

这段引言的第一部分曾被某些人误解,以为黄乃裳有过对基督教忠诚减弱的迹象。[13] 但他接着又重申了传福音的誓言。很显然,他有过彷徨。在其晚年撰写的自传中,他宣告基督教为其终身之信仰;在其公开发表的文章作品中,他也一直坚定地宣扬基督教信仰。所说的"不冷不热"的态度,只可能意味着他对卫理宗教会而不是基督教本身,失去了信心。[14]

黄乃裳为什么会对30年哺育他灵命成长的教会宣告一种"不冷不热"的态度?因为在1881年,福州美以美会宣教士中,两种思潮产生了激烈的冲突。武林吉博士在黄乃裳的坚定支持下,认为教授英语非常重要,因为它能使学生们通晓一门语言。而反对者则指责教授英语是属世的事。这个冲突无疑导致黄乃裳对教会

失望，并与教会疏远。[15]

1896年，黄乃裳第一次离开教会工作，寻求用新的方式报效国家和传扬福音。他试图通过改革社会政治和教育机构，来实现其"基督化中国"的愿景。他试图将基督教推行为一种社会宗教，不受教会权威和势力的控制。此后，黄乃裳大胆涉入政界、新闻界、出版业，并投建学校、兴修水利、修造铁路。

国家主义和国际主义

黄乃裳着手从事的第一件事就是创办福建第一份现代报纸《福报》。这份两页的世俗报纸由黄乃裳自筹资金创办，每周两期。首版于1896年4月28日问世。[16]除了《福报》和《郇山使者》，黄乃裳在后来的几十年里还编辑发行过多种出版物。[17]奇怪的是，黄乃裳为振兴国家所创作的文字中，很少带有基督教色彩，六份报纸中除两份含有具体的宗教内容外，其他几份皆为世俗报纸。其实，这不难理解，因为在黄乃裳看来，对国家富强与民族道德、伦理之文明的追求，都源于基督教教义并与之息息相关。在他的世界观中，并无"圣"与"俗"之分。

用黄乃裳自己的话说："基督教必须用以振兴我们的国家。基督教教义适用于建立宪政制度；增强爱国心、正义感、自强意识、群体之凝聚力；建立国际关系、反战意识、实用工业以及政治艺术的各个层面。基督教对治理和维护世界秩序具有超然的能力。事实上，基督教具有充足有余且至高无上的能力，来规箴和维系所有这些领域。"[18]

《福报》所传播的思想成为当时促进福建民智转变最为显著的

第三章　胸怀愿景的革命家——黄乃裳
Huang Naishang: Revolutionary with a Vision for a Christian China

动力之一，为日益增长的国家意识播撒下种子。在传统思维模式里，中国是世界的中心，"中国"即"居中心地位之国"的意思，是文明的摇篮，中国人民是"天子"的子民。黄乃裳则提倡一种国际化的世界观，在这个观念中，中国是国际大家庭中的一员，中国人民是这个大家庭中平等的公民。他推崇世界其他国家先进的科学、技术、现代出版、政体以及平民教育，认为它们都可成为中国学习的榜样。此外，他还敦促人们通过读报关心国家大事和国际时事，并勇于为自己国家的命运承担责任。

黄乃裳力图改变的另一思想是，中国普通百姓不但要了解他们与国家的关系，而且也要了解他们彼此之间的关系。他否定了传统观念中，儒家学者在社会中作为关键的中介所承担的特殊角色和责任。他以公民之间相互责任的横向关系，取代了自上而下，即从皇上通过士大夫至平民百姓的纵向的权威关系。

《福报》仅发行了大约一年即告停印，黄乃裳再也无力负担发行费用。他亏损了2800美元，负债累累难以持续。但无论如何，19世纪90年代末期，这份报纸在文化与思潮方面，对知识分子精英、客商，以及福州的广大读者产生了实质性的影响。[19]

百日维新

1898年初，黄乃裳再次进京参加三年一次的全国进士会考。在那里，通过与百日维新运动领袖们的交往，他意识到自己已身处另一个历史事件之中。在8个月时间里，黄乃裳8次上书，其中4次得到光绪皇帝朱批，但只有一次付诸行动。[20]黄乃裳的奏折之一《请行切音新字折》，于1898年9月7日由高官林络存（1880—1919）

呈上,两天后送达皇上。对请愿书中建议的汉字拼音化和简体化的说明,皇上要求进一步考查(朱批"详加考验具奏")。

黄乃裳认为罗马拼音是加速中文学习的一个工具,会使人民大众——包括妇女和孩童都更容易学会读书写字。在奏折中他写道:"妇孺皆能知书文字,因而大启,是即合四海为一心,联万方为一气也。"他辩称欧美国家十人中有八九人会识字,因此容易受教;而中国的比率是十之一二。因为能够付代价,肯吃苦去学习如此艰难之语言的人毕竟不多。[21] 日后,一位中国学者评论光绪皇帝的朱批是汉字拼音发展第一阶段(1896 — 1919)的重头戏,并导致了后来1919年五四运动中对白话文和汉语拼音的推动。[22]

"戊戌变法"被慈禧太后镇压后,以"六君子"著称的主要领袖惨遭捕杀,光绪皇帝也被囚禁。在汉字拼音化谕令尚未颁发之前,保守派于9月21日发动了政变。保守派攻击黄乃裳的奏折要"摧毁汉字"。[23] 由于其激进主张与活动,黄乃裳成为官方通缉名单中的第11人。所幸的是,他逃到上海,并辗转回到福建。

新福州

黄乃裳回到自己家乡后,情绪深受"六君子"殉难的影响,哀叹他们的努力都归于徒劳和无望。"呜呼,三十年之热肠渴望,一旦飘荡于罡风!"在深感受挫之时,他构想出了一个移民计划。

> 回到福建之后,我嗒然若丧,不知当为何事,可以少纾利他主义。因决往南洋群岛,觅一地旷人稀之处,可容数百万人为业农者,为桑梓穷无聊赖之同胞辟一生活路径,不至槁饿而死。且以远女主之淫威,与夫专制之虐毒。[24]

第三章 胸怀愿景的革命家——黄乃裳
Huang Naishang: Revolutionary with a Vision for a Christian China

黄乃裳意欲找到一个东道国,既无徒劳无益的专制管理,也可避免经常发生的洪水、台风、地震、冰雹和瘟疫的危险。[25](某些早期的移民讲到1900年的旱灾也是促使他们移民的原因。)[26] 他与沙捞越国王布鲁克谈判达成协议,于1901年在沙捞越(马来西亚)的诗巫创立了海外华人社区,称为"新福州"。随后几年里,他组织了一千多人移民到这里。

首批移民中有三分之二是基督徒。当他们于1901年3月16日登陆诗巫时,大家一起祷告、唱诗赞美上帝。此后他们定期聚会、听道,有新加坡卫理公会的宣教士应邀前来探访与讲道。垦殖场在农作物种植与拓展等方面均取得可观的成就,但直到1906年种植橡胶后,早期移民的贫困生活才得以改善。1901至1904年间,黄乃裳忙于行政管理:为新移民提供食宿,为农场选择农作物(最初是稻米,然后是胡椒、甘蔗和橡胶),照顾病人,处理诉讼,以及牧养关怀等。1902年,他回到中国带来更多移民,他多次访问新加坡,考察甘蔗种植业的远景,并与马来西亚卫理公会大会建立起关系。

至于他1904年离开诗巫并返回中国的原因,既复杂且颇具争议。传统说法有两个主要原因:中文资料来源称,黄乃裳因拒绝销售鸦片或经营赌场及妓院而被迫离开。换句话说,他没有参与通常一个港口城市所有的敲诈盘剥,因而减少了政府利益。所以,沙捞越国王对他这种只讲道德却无利益的经营垦殖场方式感到不耐烦。而英文资料来源却称,黄乃裳经营垦殖场不力,侵占移民利益,中饱私囊,所以他"无力"偿还国王借贷给他用于招募和安置移民的启动金。因此,国王要求他离开。两方面的理由似乎都讲得通,但经仔细查考现有的中英主要资料后,就可清楚看到,两方面

的解释都不足以阐释当时社会、政治和宗教局势的复杂性。[27]

如今,在诗巫和福建两地每年都举行活动,人们通过以黄乃裳的名字给街道、大楼、公园、纪念馆和学校命名的方式,来纪念这位"新福州"的创立者和先祖,并举办座谈会,讲述他的生平事迹。自移民垦殖场约一百年后,诗巫已成为沙捞越第二大城市,而今天的"福州人",也被公认为沙捞越最大、最具活力的华人群体。[28]

黄乃裳的民族主义

中国民族主义在民国革命的第一阶段有三个主要目标:反清、振兴现代中央集权的民族国家,以及排外。[29]黄乃裳对前两项目标清楚地表示了赞同,但他对西方帝国主义的看法却与许多其他进步思想家不同。他虽然也主张从西方列强手中收回治外法权和商业权,但内心却保留着对美国文化的赞赏,他相信这是基督教价值观的结果。黄乃裳认为基督教是使美国成为一个强大和富有国家的推进剂。"美国人民自由、强大并且幸福,这应归功于基督教。"[30]

从黄乃裳1899年撰写的一篇文章里,可以瞥见他早期民族(国家)主义思想的发展。他呼吁海外华人放弃各自效忠本省的乡土观念,团结起来。[31]他强调大中华民族团结的重要性,主张成立省际之间商贸协会。

黄乃裳的演讲——"一个国家的种族"充分体现了他的这一观点。他显然受到了当时社会达尔文主义的影响。达尔文将内部竞争描述为"适者生存"的斗争。黄乃裳强调"种族和谐"的重要性,提醒他的读者"种族灭绝"的潜在可能,并提出"群体凝聚力"是"种族生存"的保证。

然而，在黄乃裳和其他中国思想家之间还有一些重要的不同点。其一，虽然黄乃裳指出白种人的优越成就，但他并没有对有色人种表示任何藐视。他呼吁中国读者团结起来，集大家的智慧与能力，追求共同的经济成就。其二，虽然当时人们普遍接受进化论，摒除亚当作为人类的唯一祖先，但中国的基督徒和宣教士们却仍然保持着人类起源于亚当夏娃的信仰。[32] 黄乃裳在他的自传里重申了创世论：

> 基督死而复活前几千年，有一个天地受造时期。这个世界并不完全，这不完全直到基督死在十字架，又从坟墓里复活，一个人真正的品质才得以恢复，亚当原初的天性才能复原。[33]

似乎只要有可能，黄乃裳就致力于争取中国的国家利益，而每当现实与基督教教义相冲突时，他都会以基督教观点看问题，但又不与国家主义运动相悖。

1905 年的抵制美货运动

1904 年，黄乃裳回到厦门，在那里创办了《福建日日新闻》，并投入到 1905 年抵制美货的运动中，努力阻止续延不平等的美国"排华法案"，该法案禁止中国劳工合法进入美国。在这些法规之下，华人在美国遭受到严重的歧视，非法居留的华人移民被长期拘禁。

1905 年 5 月 10 日，上海商会会员集会，投票反对美国该法案。

他们致电 22 个通商口岸的各地方协会和行会，告之他们抵制美货之意图。于是，福建的商贸组织召开集会，决定加入此抗议行动。其他通商口岸连同世界各地海外华人社团也很快热烈响应。[34]

全国各地的报纸刊登了有关这次抵制运动的报道与文章，并配以美国人欺辱华人的漫画。黄乃裳发表《论抵制美货运动》一文，与上海领袖发出的爱国怒吼和正义之声交相呼应。他呼吁地方民众拒买美货，不任用美籍员工，不搭乘美国的车船。

黄乃裳呼吁平等与自由，他如此写道："他们是人，我们也是人。他们来我们的国家，我们保护他们；而我们去他们的国家，他们却禁止我们；他们的工人可自由来我国，赚我们的钱，我们还是尽力保护他们。……过去几十年强加在我们身上的压力和束缚现在应该停止了！……如果他们拒绝我们入境，我们也可拒绝他们入境；如果他们因保护自己的劳务人员禁止我们入境，我们也可以因保护我们的劳务人员而禁止他们入境。……只有这样才是平等，只有这样才是自由。"[35] 由此可见，他没有采用侮辱性语言或鼓动排外情绪，而是要唤起一种"亲华的热情"，以及国民之间的相互保护和关照之情。

1905 年的抵制运动被"普遍认为是第一次现代的抵制外货运动，而不仅仅是一个地方的民众之举"，因此，这次运动可说是中华民族主义发展的第一步。[36] 由于黄乃裳身处厦门抵制运动的中心，可以说，他再次促进了福建早期民族主义的形成与发展。

投身辛亥革命

百日维新被镇压之后，黄乃裳在五年多时间里，慢慢地从一

第三章 胸怀愿景的革命家——黄乃裳
Huang Naishang: Revolutionary with a Vision for a Christian China

个改革者过渡为一个革命者。他在诗巫集中精力搞开拓时，曾对自己是否决定公开反清立场，重新投身政治活动，有过一场激烈的内心挣扎。黄乃裳游移于改革与革命的两极之间，他需要基督教思想来指导自己作出正确的选择。

1904年，黄乃裳从沙捞越返回福建老家时，参与了他生平第一次重大的革命行动。他冒着生命危险，从新加坡将革命宣传品违法偷运回中国。或许出于良心不安和害怕，他求教于著名基督徒、上海中文《万国公报》的编辑林乐知（Young J. Allen）。林乐知向他吐露说，几十年来，他一直通过《万国公报》暗示中国需要一场革命，但这些暗示至今未被中国读者察觉。黄乃裳先是为林乐知所透露的事感到惊讶，后又四次拜访这位导师，与之详细讨论携带宣传品的事。林乐知向他建言说：“除了以革命的方式扫除清政府的腐败与堕落外，别无他法以救中国。”这与黄乃裳自己的观点产生了强烈的共鸣。显然，这也是黄乃裳对其革命正确与否的最后一次确认，从那之后，再未发现有此类私下探讨的记载。[37]

与林乐知商讨后，黄乃裳开始散发他带进来的革命传单。那些具有改革思想的学者迅速地将这些传单沿着中国南海岸在他们中间传播。中国历史学家日后宣称，正是由于这一宣传活动，革命思想与激情才得以在这片地区广泛传扬。

由此，黄乃裳因其在福建培育民国革命种子而成为具有影响力的人物。他是福建与孙中山的新加坡代表之间的联络管道，随时报告福建地区各种革命活动和组织的情况。孙中山在日本东京总部收到的许多消息都来自黄乃裳的情报。[38] 因此黄乃裳常常被说成是"新加坡和马来西亚重要的革命积极分子之一……就其对新加坡华人知识分子精英的影响力而言，他的确是个领军人物"。[39]

1906年，黄乃裳已被公认为重要的革命家之一。当年6月孙中山邀请他加入同盟会，当时二人都在新加坡。黄乃裳因为在福建和广东交界地区作过详细考察，所以建议将黄冈作为一个革命的战略点。孙中山采纳了他的建议，并要他继续进行策划。不久后，同盟会福建支会成立，黄乃裳正式成为福建、广东和东南亚之间的联络员，而这一带正是众所周知的中国东南方武装起义的策源地。1907年2月流产的黄冈起义中，一位重要人物就曾是黄乃裳的亲密跟随者；同年5月黄冈起义的领袖中，有3人是在黄乃裳的影响和带领下加入同盟会的。实际上，黄花岗72烈士中，有一半是黄乃裳的门生。[40]

这些起义失败后，黄乃裳沉寂数年，从事地方性事务。1911年初，黄乃裳又参与了武装起义的筹备工作。这次起义终于在第二年推翻了清政府在福建的统治。作为地方美以美会英华书院的教务长，黄乃裳审慎地在学生中间鼓动革命热情。同时，他还组织了"福州桥南体育会"，在福建同盟会秘密指导下招募并培训年轻人，为革命锻炼好身体。随后，许多学生加入桥南体育会，并组成学生炸弹队，1911年11月9—10日，当福建同盟会与清军对峙时，他们奋起为福州而战。据黄乃裳记载，当时有30多名美以美会学校的学生从他家集合出发，为推翻统治当局发起了声势浩大的进攻。[41]

1911年11月11日，民国革命在福建取得胜利，黄乃裳骄傲地率领着欢庆胜利的游行队伍，高举着民国早期十八星红底方形军旗，沿着福州的主要街道游行。在描述这令人兴奋的经历时，他写道："这是我一生中最满足的时刻……如果我现在就死去，也当死而无憾了。"[42]

第三章 胸怀愿景的革命家——黄乃裳
Huang Naishang: Revolutionary with a Vision for a Christian China

教育改革和公职服务

1907 年至 1911 年间，黄乃裳从事秘密的革命活动，其公开的工作是参与建立闽江南岸 17 个地区的 34 所华人中学。他负责修改课程和教育制度，以西学武装学生，并培养他们的民族主义理念。用黄乃裳自己的话说就是："教育不仅旨在激发学生向上，而且也要使其生发国家种族之观念"。[43]

图 3-2　1912 年，黄乃裳在福州。

1909 年，黄乃裳被选为新成立的福建省福建省咨议局议员。行政改革开创了这个公开论坛，公开讨论的话题关系到社会各阶层人士，包括最底层、最贫穷的农民。[44] 黄乃裳倡导改革以提高对农业和林业的保护，主张河道治安管理，反对粮食贸易中的腐败现象。他拥护反赌博、反鸦片策略，推广汉字拼音化，并提出议案以保护各地社区中归国华侨的利益。他还负责对茶叶贸易、大米商贾和交易保护协会的调查，调停木材贸易中引起的争端；负责港口修建，地方行政事务自治以及刑事制度等。尤为重要的是，他以自己曾是当地贫苦青年的人生经历去体会那些弱势群体，为

他们说话。⁴⁵

福建咨议局1909至1910年的会议记录显示，黄乃裳的提案"既详尽又具有深远意义"。黄乃裳多年的朋友和同事武林吉写道："（他）是所有来访者密切关注的人物，因为他是这一组织中最为有名的议员。每次他为议会准备的议案一印发出来，其独到、透彻的见解和精彩的文辞，就成为大众品论的话题。"⁴⁶

孙中山就职成为民国临时大总统后，于1911年11月任命黄乃裳为福建临时军政府的交通部部长，负责邮政、电信、海军服务和公共基础设施等，同时兼任筹饷局总办，为多种公益项目筹划与募款。黄乃裳还同时负责船舶的管理与注册。他在福州修筑铁路并延伸到了周边许多城镇，这使福建成了邻省重要的贸易伙伴，也使福建本省主要的运输业和矿业得到了发展。不过，在孙中山与其全国的追随者遭到袁世凯北方派系的驱逐后，黄乃裳的政治生涯也于1912年9月戛然中止。⁴⁷

在孙中山讨袁运动期间（1912-1916），黄乃裳退居老家，专心公共事业、造福桑梓，筑造地方水坝、兴修水利灌溉，改进地方学校教育，并参与了社会福利等工作。直到1916年，他才应福建革命派之请，开办生平最后一份报纸，宣扬民主共和之信念。

从1917年到1924年去世，黄乃裳常因病感到疲惫不堪。在此期间，他除了修整堤坝和撰写自传之外，还受到孙中山的邀请，于1921年奔赴广东，担任民国政府高等顾问。1923年，黄乃裳接任福建省公署高等顾问，为华侨事务、工业发展和教育问题出谋划策。不幸的是，因为身体原因，他担任这些职务的时间都不长。

第三章　胸怀愿景的革命家——黄乃裳
Huang Naishang: Revolutionary with a Vision for a Christian China

图 3-3　1911 年革命同仁，左二为黄乃裳，摄于 1922 年，杭州西湖。

黄乃裳的"新国家主义"——基督化的中国

福建基督教青年会在接受国家主义和灵性委身方面与黄乃裳颇为相似，其基本的基督教实用主义与黄乃裳自己的实用改良主义也颇为一致。由此，黄乃裳担任青年会会长达 4 年之久，他鼓励福州慈善家和社会精英捐款 45000 美元，建造青年会新会所。[48]1912 年，黄乃裳作了题为"新国家主义"的重要讲话，公开、清楚地表明了他对中国的愿景和终身之理想。

我成为基督徒已经 40 年，致力于传扬真理，教化人民，但我从不敢奢望看到我们今天在这里所看到的——聚集在新民国的旗帜之下。……我甚至可以相信 10 年之内

中国将会成为一个基督教国家（加强语调）。我的头发白了，我的力气小了，但我相信我能够活到那一天……我们国旗上的5道宽条代表着我们国家的5个民族。我相信它们也可以象征着联结世界共和的5大洲（掌声大作）。我们聚集之地，即在新的民国旗帜下，我们被确保享有集会自由，言论自由，出版自由，信仰自由……使四万万人民能够摆脱压迫的枷锁，并建立一个自由的人民政府，而且这政府务必是由基督教会的福音而产生的。⁴⁹

黄乃裳表达了他最深切的愿望和终身的愿景：一个基督化的中国，这是他委身的国家主义与他1896年首次发出的传福音誓愿的最终整合。这篇讲话也标志着"基督教新教在福州的全盛时期"。那时，这些早期的国家主义者们已经认识到了基督教和国家复兴之间的紧密联系。⁵⁰ 黄乃裳之所以能目标坚定，毫不动摇，正是因为他坚信基督教的改变和教化能力既能带来物质生活的提升，又能带来灵魂的拯救，而这正是中国极需要的。他相信，一旦基督教成为国教，"国家就能富强而文明"。⁵¹ 他这种"以国家为目标的实用主义"其实并不否定其信仰的完整性，或者也不否定他虔信基督教对个人的内在价值。确切地说，这正是他作为基督徒对其周围世界的反应，也是他在晚清帝国遭遇国家危机时出于宗教观念的反应。

利他主义的一生

爆竹声引发了我的思绪，一种感觉从我内心油然而生。我深深意识到我这一生已走过了69个年头。虽然我坚持依照基督教利他主义的教义，但基本上我对这个世界没有多大贡献。[52]

1918年春节，黄乃裳写下了这些对人生的思考与谦逊之词，证实了基督教信仰对其一生担负的各种角色所赋予的意义和先后顺序。黄乃裳称贯穿他整个生涯的人生哲学，是"利他主义"。[53] 这一理念，使他的人生观不同于与他同时代的大多数儒家学者或世俗同行。那些人相信达尔文的进化论、自由主义、国家主义、欧洲不可知论、日本无神论或美国的物质主义等思想学说。[54] 那些学者或许也肯定利他主义（尽管那时中文术语"利他主义"尚不很流行），但他们没有将"利他主义"与基督教价值观特别联系起来……

在其公开发表的著述中，黄乃裳为了务实，倾向于使用更为广泛接受的"公德"一词，但保留"利他主义"一词作为其个人的特色，用以描述所有那些对他个人来说具有基督教意义的事情。由于"公德"一词含有功利和公共的概念，当黄乃裳描述自己献身社会之行为时，诸如率众移民沙捞越、办报，以及公益事业中的兴修水利、调解地方争端等项时，"公德"一词就显出了不足，缺少"利他主义"所高度赞赏的那种个人的和宗教的涵义。如此看来，利他主义不是黄乃裳之所言，乃是他之所行。

私人的与公众的遗产

黄乃裳在其人生的最后几天里，曾要求妻子举起一幅基督的画像，使他可以从病床上看到它，并且要求妻子，在他去世后将这幅画像放在他的胸前。[55] 他的葬礼按基督教仪式举行，简单而隆

重,恰当而不奢华,如同他的一生,也反映出他希望自己如何被人们所纪念。葬礼上有唱诗,有祷告。黄乃裳曾写过,基督教是一种精神力量,使他能够超越这个世界的局限。"我把宗教(基督教)视为首要。……我不在乎生与死。"[56] 或许正是由于这一信仰,1924年9月22日,他去世时显得十分安详。

黄乃裳与第一个妻子谢氏生有两个儿子和两个女儿,都是基督徒。1895年谢氏去世后,他娶了第二个妻子钱氏,生了五个儿子,两个女儿,但却无一接受基督教信仰。[57] 当黄乃裳行走在水稻田之间,向陌生人传福音,带领无数人进入神的国度时,其家中却有人还没接受基督为救主。这样一位领着大多数是基督徒的群体移民他国的历史人物,这样一位被当做传奇的精神领袖,这样一位被当做"中国的摩西"来颂扬的人,最终却发现,作为一名父亲,他对自己孩子灵性上的影响十分有限。

黄乃裳最小的女儿黄伍琼对父亲有着甜美的回忆,她说,父亲常用自己喜欢的福州拌面喂孩子们。她回忆说,虽然父亲既严厉又严肃,笑容不多,总是让人敬而远之,但却从不对任何一个孩子高声说话。他是个虔诚的人,饭前必要感恩,睡前必要祷告。他寡言少语,但他相信,自己为孩子们树立的好榜样以及他因遵循基督教导而养成的良好品格,都会自然地传到孩子们身上。[58]

黄乃裳的第二个妻子生动地见证了他是如何行出所传之道的。20世纪60年代,钱氏会经常抚摸着自己的脚,向人讲述她18岁嫁给黄乃裳的时候,黄如何叫她松开已被缠裹疼痛的双脚。"他是个好人,好人呐,他叫我解下裹脚布。"她一边说,一边比划着解开层层裹脚布的样子。黄太太自豪地说,她那个时代的其他妇女,忍受因裹脚带来的疼痛和行动不便,但她却能比同时代的其他女

第三章 胸怀愿景的革命家——黄乃裳
Huang Naishang: Revolutionary with a Vision for a Christian China

性走得更快、更远。当她述说这些改变她人生的事件时,眼里闪烁着喜悦的光芒。[59]

黄乃裳的第五个儿子黄育儇常说,黄乃裳是一位恪守道德原则的人。他讲述有一次父亲谈到了"信"这个字的意思:汉字"信"是由"人"字旁和"言"字组成,意为要赢得信任,一个人说话必须兑现。育儇说,他一直努力遵行着父亲的这个教诲。

育儇还记得黄乃裳是个沉静的人,他似乎认为这种父爱沟通(更确切地说是缺少父爱沟通)风格,在黄乃裳那个时代被认为是适宜且合乎体统的。家长在家中威严而令人生畏,所有的家庭成员必须长幼有序,行为得体。育儇后来效仿父亲的风格,对其子女而言,也是个冷峻、严格、讲原则的父亲。他的儿子斯蒂文(笔者的父亲)证实说,育儇的确是个坚定、沉稳而坚强的父亲,他总与人保持一定的距离,彬彬有礼,信守诺言,以维护其尊荣。

不过,在笔者自己的记忆中,育儇是个热情、慈爱的祖父;这或许是因为他对待女孩不同,也或许是因为人老了对孙辈更显温柔。笔者的父亲斯蒂文也是个言语不多、原则性很强的人,但他已尽力与孩子们多做交流。由此看来,黄乃裳所不知道的是,他个人的为父之风,以及他信守诺言的原则,已在其家族中代代相传。

黄乃裳一生致力于公益事业,其所作所为泽被了福建与马来西亚数以万计的后人。他的慈善行为和致力于提高同乡生活水准的利他主义做法,不仅在其所处时代意义非凡,而且在实现福建现代化、塑造和发展一个繁荣的海外华人社区方面,也成为至关重要的组成部分。作为一个具有社会意识的基督徒革命家,黄乃裳同时还是教育家、开拓者、爱国者、报人和学者,不论在福建

还是海外，他依然备受尊敬。如今，以他名字命名的大楼、街道、体育馆和博物馆，在当地与海外依然可见。

黄乃裳去世时也许身无分文，但他那基督徒利他主义的表现已经以各种方式，丰盈了一代又一代中国人的生命。他那基督化中国的愿景尽管尚未实现，但当基督教在福建和中国产生了巨大影响时，他确实见证了那缕希望之光。他带领许多灵魂进入永久的国度，并留给后人一个由伟大愿景支持的典范人生。

鸣谢

本篇采用黄碧瑶的博士论文《黄乃裳：清末民初的一位华人基督徒改革家》（*Huang Naishang: A Chinese Christian reformer in late Qing and early Republican China*，Monash University，2009）。

衷心感谢耶鲁大学神学院特藏馆和新加坡国立大学档案馆的帮助，也感谢黄伍琼女士提供了有关他父亲黄乃裳的宝贵资讯。同时感谢黄二太分享她对黄乃裳的回忆，并提供公开文献所没有的和看不到的个人细节。

第四章
从苦力到教育家和慈善家——邝富灼

张志伟

> 一夕,余又在会中听道,良心正悲痛自责不已,闻主讲者邀认罪之人,上讲台前悔忏,余亦随众前往,主讲为余代祈主恩,余亦切心祈祷,倏忽之间,觉自仿佛如置身基督之前,基督立于小丘上,鲜血自心窝涓滴而下,此情此景,为吾毕生所不能忘者,自是吾已彻悟,基督之血是为罪人而流,因之,吾人之罪戾得以赦免。是夕,余离会后,良心上如释重负,宛如更生,举凡所见之天地星月,与乎人间万物,无不现其光彩,心中不禁惊喜欲狂,自后余逢人,即述己所阅历。(邝富灼《六十年之回顾》)

第四章 从苦力到教育家和慈善家——邝富灼
Kuang Fuzhuo: From Coolie to Educator and Humanitarian

> 如你所说,上帝知道什么是最好的,有时他希望我们花些时间去思考,但除非我们躺在病床上,才会那么做。一旦躺倒,我又觉得自己在浪费时间,心里烦躁不安。不过现在回头看时,我意识到,自己的人生阅历之所以比别人丰富而深刻,乃是因为经历过的那些事,以及有更多的机会去思考。我希望这也是你的经历。[1]

这番富有启迪的心灵感言,不是某位伟大的属灵领袖或大有恩赐的牧师说的,而是出自一位谦卑的华人劳工——邝富灼之口。邝富灼十来岁时作为苦力,移民美国务农。令人惊讶的是,通过辛苦劳作和坚持不懈的努力,他最终成了著名的教育家和慈善家。

1922年9月24日,《纽约时代》杂志刊载了他的事迹,标题颇具传奇性:从苦力仔到法学博士(From Coolie Boy to LL. D)。

> 邝富灼博士,40年前来美国时只是个身无分文的13岁(实为12岁——译注)少年,想在自己的国家里找份适合的工作几乎都不可能。如今,他又回美国来,接受他的高等荣誉。加州一所一流大学授予了他法学博士学位,该校校长称赞他为:"世界公民、政治家、教师和基督徒领袖。"[2]

在美国改变生命的岁月

邝富灼于1869年12月3日出生于广东省农村一个贫苦家庭,他与祖父母、父母生活在一起。他在家排行老二,有一个哥哥,一个弟弟和两个妹妹。与那时大多数穷孩子一样,邝富灼不得不去奶牛场打工,以帮补家用。8岁时,他只能在村小学半工半读。那时,村里不少人在去美国打了一段时间的工后,开始变得富裕起来。

1881年，邝富灼的父亲征得儿子同意后，决定请一位邻居带他儿子去旧金山寻求生路。这一决定不仅为邝富灼的未来翻开了新的篇章，事实上也完全改变了他的整个人生。[3] 邝富灼从父亲的亲戚和朋友那里筹借到了路费，与邻居一起乘渔船去了香港。但到香港之后才发现，春节前没有去美国的轮船，他只好又回到村里。

1882年1月，12岁的邝富灼再次到了香港，终于搭船远赴美国西海岸。由于美国新的排华法案（1882年）即将生效，大批中国人涌入。所以，当轮船抵达旧金山时，当地的排华情绪十分高涨，以致有些粗鲁的美国人往邝富灼和他同伴身上扔垃圾，以发泄怒气。

邝富灼从旧金山直接到了沙加缅度（Sacramento），这是当时加州华人聚居的第二大城市。他和卖菜的叔叔住在一起，并通过叔叔的推荐，到一个美国人家里当厨师，每周赚1美元。叔叔没受过教育，他担心这份工作没前途，于是就鼓励侄儿到华人公理会牧师办的夜校去学英语。[4] 但邝富灼并没有专心学习，反而结交了一些坏朋友，沉迷于赌博，令叔叔大失所望。

后来在叔叔的督促和帮助下，邝富灼重返夜校努力学习，并在那里结识了他的人生导师、日后成为牧师的陈才（Chin Toy）。在其引领下，邝富灼开始对基督教信仰发生兴趣。多年后，邝富灼在《六十年之回顾》中提到：

> 时校中之新任教师为陈才，与余初面，即垂青眼，对余百般诱掖，导余于正轨，使余感愧不已。初余不知基督教导，在舟中时，已习闻诽谤教会之言，先入余心，故余之肆业于该校，纯为英文起见，而对于教会，则抱与我无涉之态度，比与陈君善，受其热诚之感化，余向

第四章　从苦力到教育家和慈善家——邝富灼
Kuang Fuzhuo: From Coolie to Educator and Humanitarian

> 之成见，始渐消融。同时校中同学之德行，复与余以良好之印象，余既日与端人相处，久之受其熏陶，颇有向道之意……[5]

但邝富灼仍然为自己的行为所困扰，并且他也无法轻易放弃中国的传统信仰和家庭关系。这些思想负担使他久久徘徊于基督教大门之外。

> 然胸中犹徘徊万端，不能骤决，则以向日习染，根深蒂固，一时未易排除，且环顾父母亲友，俱非教徒，苟余一旦进教，彼辈势将与余脱离关系，即余亦常自问，余家敬神拜祖，历代相传如此，苟余皈依基督教，必将与家人背道而驰，诚使基督教之道，能永久可恃，则亦无他，否则余损失之巨，宁堪设想乎。因是疑虑，顾每与信徒辩论，又终为其道所说服，余之思潮，由是起伏不已，踌躇而莫能决。[6]

就在邝富灼犹豫之时，他的住处失火，只好被迫另觅新居。在陈才的帮助下，他住进了教会，这使他有更多机会了解基督教。半年后，他受洗成为教会的一员。

和救世军一起的新生活

一天，邝富灼下班回家的路上，遇到了救世军组织（该组织当时刚刚开始在美国工作）。救世军成员们不顾他人嘲笑热心传道的做法，给他留下了深刻的印象。从此，他经常参加救世军的聚会，他们的信息极大增强了他的信心。后来，他这样回顾道：

> 一夕,余又在会中听道,良心正悲痛自责不已,闻主讲者邀认罪之人,上讲台前悔忏,余亦随众前往,主讲为余代祈主恩,余亦切心祈祷,倏忽之间,觉自仿佛如置身基督之前,基督立于小丘上,鲜血自心窝涓滴而下,此情此景,为吾毕生所不能忘者,自是吾已彻悟,基督之血是为罪人而流,因之,吾人之罪戾得以赦免。是夕,余离会后,良心上如释重负,宛如更生,举凡所见之天地星月,与乎人间万物,无不现其光彩,心中不禁惊喜欲狂,自后余逢人,即述己所阅历。[7]

救世军早有计划,要在华人中间传教,但一直找不到一个可靠的华人士兵(救世军称信徒为士兵)来实行这计划。毫无疑问,邝富灼是当时最为合格的人选。1889年,邝富灼辞去工作,开始与救世军共事。他离开沙加缅度,到了位于旧金山的救世军总部,接受为期半年的培训。然后,他又被派到太平洋沿岸各个城市传道。[8] 由于当时排华情绪高涨,邝富灼所到之处遇到了很多困难:

> 一夕,余独行于路上,突来一壮夫,向余猛击,余固不敌,又不能逃,正当千钧一发之时,适有一西女士至,见状大抱不平,与之理论,余始得脱难,否则余即不丧命,亦必残废矣。

尽管如此,他写道:"作为华人,我承受了比任何西方人更多的艰难,但我保持热情,一如既往,并无悲伤。"[9]

旅行布道一年多后,邝富灼被召回总部做厨师(因为他以前有过做厨师的经验),同时仍在业余时间向华人传道。不久后,他暂告离开,重新回到学校,学习速记和打字。六个月完成课程后,再次返回总部,担任书记员,不再做厨师了。此后不久,他被提

第四章 从苦力到教育家和慈善家——邝富灼
Kuang Fuzhuo: From Coolie to Educator and Humanitarian

升为太平洋海岸救世军领导的秘书。

此后的四五年里，邝富灼迅速成长，见识逐渐增多。他谙熟救世军的组织结构和管理方式，并与救世军领袖们关系密切，其中就包括著名的救世军创始人卜威廉的女儿和儿媳。通过参加文学俱乐部，他学会了辩论和公开演讲。这些经历和培训对他的未来生活产生了重大影响。当1897年离开救世军时，他已是一名少尉了，也是世界上第一位被授予救世军军衔的华人。[10]

接受高等教育报效中国

虽然邝富灼一直梦想上大学，但却没有足够的积蓄支付学费。他在南加州旅行时，认识了波莫纳学院（Pomona College，由克莱蒙特公理会所设立）的学生埃德温·汉恩（Edwin G. Hahn），他对埃德温谈到了自己的大学梦想。令他感到惊奇的是，后来汉恩遇到了波莫纳学院的校长鲍德温博士（Dr. Cyrus H. Baldwin），并对鲍博士提及了邝富灼及其经济上的困难。鲍德温博士留心听过后不久，就借访问旧金山之际，联系到了邝富灼，鼓励他去波莫纳学院读书，同时他还告诉邝富灼，半工半读可解决其学费问题。于是，1896年邝富灼作为预科生，入读波莫纳学院。他也是该校接收的第一位亚洲学生。后来，邝富灼给他的长子起名叫鲍德温，以记念鲍德温博士为他所做的一切。[11]

在波莫纳学院，邝富灼不再受人歧视，教授和学生们大都是基督徒，都对他很好。但不久后，他被诊断得了前期肺结核，只好遵医嘱中断学业，到山里住了一年。那时，邝富灼经历了他人生的低谷期，并曾一度想放弃长久以来的大学梦想。幸运

的是，朋友们的鼓励，让他重新振作起来，长期休养后，他又开始了继续学习。在波莫纳学院学了五年后，邝富灼于1902年转到加州大学伯克利分校继续深造（University of California at Berkeley）。他坚持半工半读，课余时间努力工作，或做厨师，或做农工以维持生计。只有在三年级时，因一朋友资助，他得以全职专心读书。与此同时，他还担任了大学基督教青年会的秘书和助理。

1905年，邝富灼完成了三年的学习和工作，获得了学士学位，并得到了一笔助学金，前往纽约哥伦比亚大学攻读文学和教育学。1906年，他获得教育学硕士学位，实现了长期的梦想。回中国前，邝富灼前往华盛顿，拜见中国公使，向其陈明自己渴望报效祖国的远大志向。在公使的推荐下，他得到了一份工作——在离他老家不远的广州外语学院担任英语教师。就这样，离家24年后，他第一次回到了祖国。

出版业的先驱

回到家乡后，邝富灼更坚定了报效祖国的决心，"不管世事多变，也不在乎村民生活简陋，乡土对每一个人的神秘呼唤也同样临到了我。我们同宗同族，用不了多久，我就会忘掉自己曾在西方生活过、奋斗过。我再次成为他们（中国人）中的一员，正如25年前一样。"[12] 他在广州教了一年英语。一位日后成为其同事的学生如此评论邝富灼说："毫无疑问，他是个非常好的老师。他对所有学生仁慈、忍耐、谦和、真诚，令人感动，也让人印象深刻，远超语言所能描述。"[13]

第四章 从苦力到教育家和慈善家——邝富灼
Kuang Fuzhuo: From Coolie to Educator and Humanitarian

图 4-1 1908 年 1 月 6 日，邝富灼博士和林怜恩医生。

1907 年 10 月，42 名候选人参加了教育部在北京首次为归国学子举行的全国性公职考试，邝富灼是参试者之一。在 38 名考取的人当中，他名列第三，获得最高的进士头衔，相当于文学博士。[14] 此后，他被派任邮传部（邮政通讯部）尚书职。1908 年 1 月 6 日，邝博士与林怜恩（Dr. Laura Lum）结为伉俪。林怜恩是夏葛女子医学院（Hackett Medical College for Women）的助教和导师，该院是中国第一所女子医学院。她生在加利福尼亚，父母皆是华人基督徒，7 岁时回到中国。[15]

官至尚书，虽可博取功名，但却与邝富灼的愿望大相径庭。正如他后来解释说："那时我认为中国缺乏英语教师。以我的资历，做一名英语教师，对我来说比在政府部门工作更好。"[16] 那时，上海商务印书馆正在物色人选，以替补颜惠庆留下的空缺。颜惠庆也是留美归国学生，曾获得进士，刚刚为商务印书馆完成了《英华大辞典》的编纂工作。[17] 鉴于他们背景相同，商务印书馆不

失时机地聘请邝富灼担任其英文部总编。这职位对邝富灼很有吸引力，1908年，他进入商务印书馆工作。

20世纪初，商务印书馆是中国最大的出版公司，出版各种不同的书籍、杂志、教科书和辞书等，对现代中国的知识传播与文化重塑做出了重大而深远的贡献。借用邝富灼的一句话说，商务印书馆是"近现代中国的一个奇迹"。[18]

开始时，邝富灼在商务印书馆上海总部任职，最初的几年，他主要撰写或编订英语教科书。随着商务印书馆工作的扩展，他也开始负责广告工作，联络各学校，并参加各地区和国家各教育机构举行的会议。他在编辑和出版方面的杰出能力受到了编译所所长张元济的高度赞扬。学者们公认他为中国出版界和图书馆运动中重要的代言人之一。曾与他一同工作过的人，都敬佩他的工作能力和个人品格。有一位同事如此忆及邝富灼的风度："就像清教徒一样。"[19]

邝富灼对民国时期英语教育的贡献主要在于：他通过商务印书馆出版了许多英语教科书。20世纪初，商务印书馆出版的教科书在中国市场占有三分之二的市场份额。从1907年至1914年，他编订和撰写的英语教科书超过了30种，其中包括《英文法阶梯》、《初学英文规范》、《英语作文教科书》等。一位与之共事多年的同事称："毫不夸张地说，没有邝富灼博士，英文编译部不可能对商务印书馆的巨大成功作出如此惊人的贡献。"据他说，每一本由邝富灼编订的书都被全国各地所采用。其中最受欢迎的是1918年出版的《英语模范读本》。此后的25年里，此书曾五次再版，销行百万册，主导了小学英语课本的市场。[20]

因为邝富灼具有高水准的培训和教学经验，所以那些由他编

第四章 从苦力到教育家和慈善家——邝富灼
Kuang Fuzhuo: From Coolie to Educator and Humanitarian

订的教科书均受到教育工作者的好评。例如："邝富灼博士编写的《英语语法》，显示出他了解中国学生的需要，以及他们初学英语时最大的困难是什么……这两卷书显得颇为完美，而且也不那么令人困惑或感到复杂难懂。它们很适合于中学一二年级，因为许多学校都希望在中学最初两年中为学生提供良好的英语课程。"[21]这一事实让邝富灼颇感自豪，他写道：

> 余在该馆，历年工作，幸蒙国人嘉纳，而尤以早年著作，谬承海内学者交誉备至，此则余可引为自慰者也……余每低回往事，觉余之能向祖国稍贡其服务之诚者，全赖商务印书馆之力，故余对于该馆，常抱无限感戴之意。今者，该馆之出版物，已风行全国矣，而余虽足不出上海之门，顾能与国人相见于文字中，彼习英文者，则知余更详也。[22]

由此可见，邝富灼通过在商务印书馆的工作，实现了他藉英语教育报效祖国的目的。

邝富灼在20世纪初对商务印书馆工作人员的选拔和培训，也为中国造就了许多城市精英。有好几位曾在邝富灼手下工作的人，后来都成了名牌大学的校长，其中包括北大校长蒋梦麟和南京东南大学校长郭炳文。虽然邝富灼自己在高等教育方面也可能有辉煌的职业生涯，但他在商务印书馆的工作成就，已足以令其满足与自豪。他不从自己的著作中抽取版税，一有些积蓄，就用来购买商务印书馆的股票。据一位同事回忆说，在送别邝富灼的茶话会上，他含泪告诉大家：他在商务印书馆努力工作几十年，转瞬即逝，如同一天那么短暂。[23]

将信仰付诸实践

除了促进英语教育外,邝富灼在中国基督教事业中也扮演着领袖角色。他在商务印书馆的地位使他声誉日隆,并进而具有了更广泛的社会影响。1909 年,他应邀在"中国教育协会"(后为"中华基督教教育会")发表演讲,该组织由宣教士们为促进基督教教育在中国的发展而设。在这次会议上,邝富灼建议,教会学校的课程标准要与中国教育部的课程标准相一致,以确保被中国政府完全认可。教会刊物《教务杂志》的一位编辑评论说:"教育协会最近召开的会议,因着第一次在会上听到了中国教育界人士的声音而令人难忘。"[24]

邝富灼的建议得以在会上通过,并在日后被许多宣教士付诸实施。他随即被选为教育协会执行委员会委员。1914 年至 1926 年期间,邝富灼担任中华基督教教育会刊物《教育评论》编辑委员会会员,并为该刊的"政府教育"特别版面撰文。该版旨在介绍政府的教育方针,以及中国各地学校的新发展。此外,邝富灼还发表了许多文章,论述中国的教育问题,以及基督教教育在中国的发展。[25]

由于优秀的美国教育背景,邝富灼在上海参加英语崇拜聚会毫无困难,但他却无法忘怀他的广州同乡。他们住在上海,因不会讲上海话,而无法参加当地教会的敬拜。后来,在伦敦传道会的医疗宣教士玛丽·弗勒登(Dr. Mary H. Fulton)医生的倡导下,邝富灼和先施公司总裁奥本(Au Ben)一起,于 1915 年 11 月组建了旅沪广东联合教会,并被按立为该教会的长老。1917 年 10 月 7 日,他们举行了新堂奉献典礼,一起启用的还有一个专为穷人创

第四章 从苦力到教育家和慈善家——邝富灼
Kuang Fuzhuo: From Coolie to Educator and Humanitarian

办的医疗诊所、一所主日学校，一个基督教青年共进会，他们还同时开展了其他教会活动。邝富灼还担任了《广东协和教会期刊》的英文编辑。[26] 作为一个爱国的基督徒，追求中国教会的自立与发展，是邝富灼持久不变的目标。他相信，要实现中国教会的本土化，需要付出努力。为实现这一心愿，他积极参与中国续行委员会（China Continuation Committee）、全国基督教协进会、全国基督教文社以及中华基督教会等方面的工作。毫不奇怪，邝富灼对救世军在中国的创立，也给予了许多实际的帮助。[27]

中华基督教青年会奠基之父

邝富灼曾说过："我一生中所做过的事当中，商务印书馆的编辑与写作是第一位，其次就是基督教青年会的工作。"邝富灼早在美国留学时，就曾参加过青年会的活动。他最好的朋友查尔斯·博因顿（Charles L. Boynton）曾向国际基督教青年会总干事约翰·穆德（John R. Mott）建议，邀请邝富灼出任香港基督教青年会干事。但邝富灼谢绝了这一邀请，因为他的中文不够好，同时，出于经济上的考虑，去大学任教，薪资待遇也要优厚得多。邝富灼在回国后不久的一封信里这样写道："目前，我将把解除家庭的贫困视为自己的首要责任。"[28]

但这个决定并不意味着他对基督教青年会的工作缺少承诺。实际上，在来上海参加商务印书馆工作之前，他已经被邀请并成为全国基督教青年会的董事会成员，以及上海地方青年会的成员。自那以后不久，他成了英文杂志《中国青年》的编辑。基督教青年会是20世纪初中国最有影响力的基督教协会组织之一，除了引

介西方文化,诸如科学,健康与体育外,它也促进各种改良社会的活动,如平民教育、华工服务以及公民教育等。[29]

邝富灼参与基督教青年会工作三十多年,担任全国青年会会长十年,持续不断地影响青年会的方向和发展,直到去世为止。毫无疑问,邝富灼应被视为中国基督教青年会运动的"奠基人"之一。[30]

图4-2　20世纪20年代,邝富灼一家。

领导社会服务所留之遗产

多年来,邝富灼在促进教育和社会服务方面所作的贡献,已被许多人所认可。1922年,波莫纳学院授予他荣誉博士学位,他也是第三位从母校获得这一荣誉学位的毕业生。商务印书馆馆长张元济为此赠送给该大学一幅漂亮的中国卷轴,上面有他手书的

第四章 从苦力到教育家和慈善家——邝富灼
Kuang Fuzhuo: From Coolie to Educator and Humanitarian

引自孔子《大学》中的名言,也有他对邝富灼取得如此巨大成就的无尽赞赏:"邝富灼博士留学美国波莫纳学院。回国后,加入商务印书馆,把他的时间都奉献给了文字与编辑工作,这对后来的学生和学者影响甚大,使他们获益无穷。"[31]

两位老朋友也参加了邝富灼的荣誉学位典礼:一位是陈才,他从前的牧师、他所敬爱的人生导师。陈才亲自前往观礼,分享了邝富灼的喜乐;另一位则是那位25年前引介他去波莫纳学习的大学生埃德温·汉恩,如今已成为一名法官,在学位授予典礼上,埃德温以演讲人身份,向邝富灼祝贺说:

> 邝富灼生为一个具有古老智慧的优秀民族之后裔,同时也是西学大家之传人,他中西学养兼备,加之一颗乐于服务的伟大心灵,因此造就出这样一位国际主义者、教育家、基督徒谦谦君子……他是当今中国正在塑造国家历史的领袖们的朋友和知己。允许我冒昧预言,当他下次再来美国时,将会是身居高位的政府要员。[32]

1922年,经过一次长期环游世界的旅行之后,邝富灼更进一步致力于多个民间慈善组织的活动。"旅行归来,我感到神清气爽,连性情也温和了许多。所以,我接受了所有的邀请,出去发表演讲,参加各种不同的委员会。这样,很快就超出了自己身体的极限,等意识到这点时,为时已晚。"1923年,邝富灼的健康恶化。初夏时,他患了面瘫,控制右脸活动的神经损坏了。如他所说:"医生似乎找不出引致面瘫的原因,这也许是因为我想做的事情太多了。"[33]尽管如此,出于对中国普通民众公益事业的关注,他继续扩展着自己的活动空间,其范围远超出教育、社会服务和

基督教领域。

1922年，邝富灼加入上海扶轮社（Rotary Club of Shanghai），该社作为国际扶轮社的一个分支，始建于1919年。国际扶轮社这一慈善组织1905年起源于美国，它与社会各阶层人士一起，致力于提供人道主义服务，提高职业道德水准，促进国际间友谊。邝富灼曾先后在好几个地区担任扶轮社主管人员、委员会委员，并最终成为国际扶轮社的董事之一。此外，邝富灼在推动华人福利以及上海外国侨民福利等多个项目方面，功劳卓著，这些项目包括：圣诞玩具募捐运动（Christmas toy drives，网址 http://christmastoydrive.com/）、中国盲童学校、俄国男子学校、平民难民救助会等，以上所有这些项目都是上海扶轮社在20世纪20、30年代期间发起的。[34]

会同其他热心的、志趣相投的基督徒，邝富灼还曾发起并参与过两个重要的全国性社会福利运动，一个是与麻风病做斗争，另一个是保护儿童权益。邝富灼从美国麻风病救济会总干事威廉·丹纳（William M. Danner）的出版物上了解到，美国已经有了医治麻风的新技术。当时，麻风病在广东、福建两省流传已久。因此在1926年，邝富灼与他人一起，在上海组建了中华麻风救济会，通过指导患者接受最有可能的治疗、发表有关麻风病的文章宣传最好和最新的治疗方法等，使患者"接受福音，减轻身体痛苦，从而在中国根除麻风病"。[35]

通过救济会的努力，许多城市都建立了麻风病诊所，在随后的十年里，中国的这一新努力，逐渐引起了国际社会的关注。

> 公众舆论已有所好转，冷漠正被关心所取代，一个纯粹中国人的运动正在悄然进行中，期盼着麻风患者条

第四章 从苦力到教育家和慈善家——邝富灼
Kuang Fuzhuo: From Coolie to Educator and Humanitarian

件的改善……1926年成立的中华麻风救济会，为解决这个国家的麻风病问题，正担负起越来越大的责任……各市政当局与麻风救济会配合，以控制麻风病的传播；各医疗中心依次与上海麻风病诊所配合，使该诊所派上教学之用场。因此，从不同角度看，这个诊所已成为中国最重要的诊所之一。[36]

1928年，邝富灼又与其他人共同发起"中华慈幼协济会"，以保护和保障中国儿童的权益，并以各种可能的办法为他们谋福利。在20世纪30年代，协济会的工作遵循着4条线进行（即儿童保护、儿童救济、儿童健康与家庭教育）。由于协济会的诉求，政府正式设立了"儿童节"（1931年4月4日）和"儿童年"（1935）。[37]邝富灼还在许多教育机构和社会服务机构担任董事会董事。某杂志的编辑评论说："各社会组织皆以邝博士的加入和其崇高的道德声望而自豪。"[38]

1929年，邝富灼60岁时，从商务印书馆退休。然后他和燕京大学英语副教授理查德·史密斯（Richard C. Smith）一起工作了两年，为一个系列读物《一步一步来》（*Step by Step*）的出版做准备。后来，该系列读物在全国通用了好多年。[39]退休后，邝富灼被上海扶轮社重新聘为名誉会员，并成为国际扶轮社董事会成员。他经常代表国际基督教青年会和国际扶轮社巡行世界各地。

1937年，日本入侵后，邝富灼在国内外筹款以助同胞抗战。他以惯常谦卑的方式写道：

> 这次，我和邝太太没有为抗战做多少事。面对医药用品的极大需要，我和几个朋友给海外的一些朋友发了电报，为伤员们向他们求助。反应令人十分满意，医药

物资很快就会到达。当初,我们发出求救信息时,还只是想到上海的需要,如今空袭已遍及整个中国,因此医药用品的需要量比原来大了很多倍。我和邝太太其实并不负责任何一所医院。⁴⁰

他们的努力得到了极大的赞赏。1937年12月27日,一位在南京亲历日军暴行的外国人记载道:

> 今天生活中总算有一件愉快的事,那就是我收到了邝富灼博士的一封信,这是过去三四个星期里我们所有人收到的第一封,也是唯一的一封信。他想知道我们的救济工作是否需要资金,国际扶轮社代我们发出呼吁后,社会各方积极响应,慷慨解囊,他主张从获得的捐助中,拨出一部分给我们。这就是邝富灼!我们正需要钱,而且需要很多很多的钱。每每想到我们很快就要没钱了,我就做噩梦:上哪儿去弄钱呢?⁴¹

很显然,邝富灼的信给在南京饱受战争之苦、饱受恐惧绝望折磨的人们,带去了及时的安慰与鼓励。

由于多年的过度劳累,邝富灼的健康出现了许多问题,还患上了膀胱炎。他公开坦承:"我开始感到老了。我想这是67岁的男人自然会有的感觉。我仍然喜欢做些园艺,还能有时间去扶轮社、青年会和教会做些事,或参加些社会活动。但我正逐渐从中退出。"⁴² 1938年10月3日,邝富灼去世,享年69岁,他被安葬于上海虹桥路公墓。消息立刻登上了上海及海外各大报纸。除了遗孀外,邝富灼共遗下邝文美等四女一子,他们全都受过很好的教育,并住在上海。1949年后,他们散居于台湾、香

第四章　从苦力到教育家和慈善家——邝富灼
Kuang Fuzhuo: From Coolie to Educator and Humanitarian

港和美国各地。[43]

邝富灼成功的秘诀

纵观邝富灼的一生，他完全不是个思想家，但却是个实干家。他编辑的许多英语课本，已成为中国学生广泛使用的英语教科书。他正是想通过大众教育开启中国民智，以达到社会改良之目的。正如后来的中华基督教青年会总干事所言："他的努力……使以下这些成为可能：（1）使中国学生能够直接阅读尚未翻译成中文的英语书；（2）使中西人士能够自由沟通，促进了中西文化的有效交流。所有这些，都为国际间更好的相互理解和美好愿景铺平了道路，邝博士为此作出了扎实的贡献。"长期担任青年会干事的尤金·巴尼特（Eugene E. Barnett）说："中国从历史上最古老的政府教育体制进入20世纪的政府教育体制时，邝富灼在其中扮演了一个重要的角色，尽管不太受欢迎。"正如邝富灼的传记作者所指出的那样："虽然报纸上常常出现将军们或省长们的名字，但直到这些政治家被人遗忘，邝富灼在中国青年一代中的影响将一直延续下去。"[44]在这一点上，邝富灼与他同时代的许多留美归国生很相似。基于他们冷静的判断、勇气、灵活、远见、团队精神和强烈的美国情结以及某些人的基督教信仰，他们正默默地，以更为实际而有效的方法，在许多专业领域，报效着国家。[45]

邝富灼不仅相信，同时更体现出了基督教青年会"服务于人，而不是被人服务"的精神。他热心参与基督教事业，尤其是中国的基督教机构，以促进基督教在中国的本土化进程。正如巴尼特所说："毋庸置言，这一时期的基督教青年会在中国发挥了非凡的

影响,在全世界基督教青年会运动联盟中,中国基督教青年会经常被视为'第三强'。形成这样一种力量的因素当然很多,但最重要的因素莫过于其平信徒中领袖水平很高,以及他们的奉献与敬业之心。"[46] 虽说邝富灼只是他们中的一个,但公正地说,他确实是20世纪初中国最为重要的民间领袖之一。

在邝富灼那个年代,公共福利制度无论是在"硬件"(官方之督察)上,还是在"软件"(宣传和教育)上,都尚未发展成熟。邝富灼的慈善活动与中国传统的慈行善举非常不同,后者皆由官员、商人和乡绅们所主导,而且只限于某一个地方或地区。而由邝富灼与其同仁所发起的公共福利组织,则是受了西方同类组织的启发,由中国的知识分子或专业人士自愿组织起来的。这些民间事业体现了一种新的社会服务方式,既成为改革传统慈善事业的样板,也促进了民国时期志愿者协会的发展。[47]

邝富灼的海外联结,尤其是他在基督教青年会和国际扶轮社的工作,展示了另一种现代慈善事业的新特点——国际合作,这一层次与规模在中国前所未有。这样的合作努力,既帮助了中国人民,也对国家之间的友好关系和相互理解作出了贡献。直到20世纪中叶,非官方的中国平民百姓还很少有这样的全球视角。邝富灼在美国时的挚友、后来成为中华基督教青年会西人干事的查尔斯·博因顿(Charles Boynton),忆及当时吸引他去中国工作的两个因素,其中之一就是邝富灼,"首先,我熟悉邝富灼,我知道他希望回中国做基督教工作……在我准备去中国居住和工作时,我将我俩的朋友关系作为更为重要的考虑因素,因为我觉得我所结交的这位朋友,能够坦率、诚实地回答我可能提出的关于他的国家和人民的种种问题。"[48]

第四章　从苦力到教育家和慈善家——邝富灼
Kuang Fuzhuo: From Coolie to Educator and Humanitarian

最后，也是很重要的一点，邝富灼的基督徒品格对他的同仁们有着很大的精神影响，并且也成为其他许多人的楷模。邝富灼不以耶稣基督的福音为耻。在1921年9月的一个晚上，他在"非基督教运动"到来之前发表演讲：为什么我是个基督徒。当时上海大学约五百名学生参加了这次集会。当有人请他以个人经历寄语中国青年时，邝富灼建言：第一，青年人不应当轻视体力劳动，不要以为它对学者们不合适；第二，应当结交好的、对自己有帮助的人为友，在困境中能彼此激励和相互鼓舞；第三，应当转到基督教信仰中来。他说："我常想，如果没有基督的教导常常坚固我，我就不可能获得如此之成就。"[49] 这三个行为准则，可说是他一生成功的秘诀。

第五章
黑暗中的光——尹任先

王文宗

多年来，圣光学校校友们的工作一直在世界各地继续着。从1943年至1951年的8年里，从圣光学校完成高中课程毕业的学生大约只有100位左右，但是，他们跟随着圣光创始人尹任先校长的足迹，在各个领域内所作出的巨大贡献，却在中国社会中产生着持久的影响。

第五章 黑暗中的光——尹任先
Yin Renxian: A Light in the Darkness

1934年夏，河南税务局局长尹任先收到中央政府发来的电报，召他去当时国民政府的首都南京。动身前，尹任先请他的基督徒朋友为其祷告，因为他不知道是遭到不实之词的诬告，还是被指派做其他的工作。他祈求主澄清任何错误的指控，使他的名声不致受到玷污。他也祈求主，即便南京之行的结果是负面的，他也要能荣耀神的名。

到南京后他才知道，民国政府要提拔他出任河南省财政厅厅长。当时的中央政府曾调查过他在河南税务局的工作，发现他领导能力很强，又受人尊敬。具有讽刺意义的是，前不久，他的前任河南财政厅厅长还曾威胁过，说他干不长，但正是这位前任厅长自己，因贪污腐败被革了职。在当时的河南省，时任财政厅厅长的尹任先是除省长外，职位最高的官员。他给一位朋友写信说，被调到这个发号施令的高位上，相信必定有神的美意，为此，他向神献上由衷的感谢。[1] 不过，很少有人知道，他是经历了多年奋斗和遭遇了个人痛苦的磨炼后，才达到这一人生高峰的。

图5-1　尹任先像。

世途迷离

尹任先1887年1月19日出生于湖南。家人给他起的名字的意思是"责任在先",期盼他长大后当个高官,或在其他方面取得巨大成就。²尹任先的父亲曾一度在邻省江西作大官。出生在这样一个上流社会的官宦家庭,广有田产,生活富裕,但尹任先的情感和精神生活却极度匮乏。他感觉不到爱,家里的大人们似乎把太多的时间花在了玩乐和享受物质生活上,并没有关注到他。

但家人们却关心着尹任先的教育,因为他们希望这个儿子能延续本家族在社会上的地位。所以,他们不仅要尹任先学习孔子的教诲,也要他研习西方的知识。为了这个缘故,当他还是孩童时,家里就给他请了家庭教师,希望他严格受教,习读古典经书。后来,又为他请了一位英语老师,教了他好几年英语。他的英文名字Ernest,就是这位老师给起的。

在当时传统的中国社会里,每个青年接受的教育都是,第一要顺从父母。对一个有极高社会地位的家庭来说,父母包办婚姻,为儿子选娶门当户对的女子为妻是很正常的事。1906年12月,尹任先依父母之命,与他们为其择定的女子成亲,当时,他还不到20岁。很快,他就成了父亲。但不幸的是,他的妻子身体孱弱,健康每况愈下,生了第四个孩子后不久,年纪轻轻的就去世了。

妻子的去世,以及4个幼小孩子所需的特别照顾,使尹任先甚感悲痛与沉重,他几乎被压垮了。他感到自己还太年轻,没有足够的能力照看孩子,便决定将4个孩子托给近亲照管,随后离开了湖南。丧妻之痛促使他寻求与以往不同的新生活。他决心在

第五章　黑暗中的光——尹任先
Yin Renxian: A Light in the Darkness

中国新兴社会中努力谋求一个高位，但在实现自己的抱负之前，不再考虑结婚。

尹任先认为，中国要得到西方公平对待，获得其他国家尊重，发展现代经济是唯一途径。为此，他决定出国深造，攻读政治和经济。1913年，尹任先到了美国，就读于俄亥俄州克利夫兰的凯斯西储大学（Case Western Reserve University）。1915年，他被哈佛大学录取为1917级的学生，主修经济学。在哈佛大学的申请表上，他写道："我来美国学习，以便更好地了解如何改善自己国家的政治和经济状况"。[3]

在哈佛期间，尹任先感到学习上比较吃力，他缺乏对美国历史背景的了解，用英文表达自己的思想还有困难，但他的经济学却学得很好。他是哈佛中国学生俱乐部（Harvard's Chinese Students Club，原称"中国国防会"——译者注）的活跃分子，喜欢打网球、骑马。在加入哈佛战团（Harvard Regiment）后，他开始坚持每天锻炼身体。[4] 1917年初，美国参加第一次世界大战之前，哈佛战团在军事科学和战术方面接受了专门训练。尹任先所在的1917级因许多学生应征入伍奔赴欧洲，甚至都没有举行毕业典礼。[5]

从哈佛毕业获得经济学学士后，尹任先受聘于波士顿第一国家银行（The First National Bank of Boston）。1919年夏，他又重返哈佛大学，进入商学院攻读硕士学位。同年秋季，尹任先收到了表兄聂云台的来信，邀请他协助自己，兴办中国自己的纺织厂。聂云台在上海拥有两个纱厂，是当时很有影响的企业家。尹任先一直渴望能在经济发展领域报效祖国，他自知无法拒绝这个邀请，便决定中断在哈佛的学业，回国一展鸿图。

蒙恩信主

早年间，尹任先对基督教的态度曾受到负面的影响。晚清时期，中国政府被迫与西方列强签订了一系列不平等条约。这些条约迫使中国对基督教开放宣教门户，并把宣教活动置于这些条约的保护之下。尹任先从父亲那里得知，西方列强无视中国当局，袒护某些作了恶却声称自己是"教民"的人。父亲去世时，尹家举行了传统的丧礼，但当地某些基督徒却指责这些丧礼仪式为迷信，这更增加了尹任先对基督教的反感。

尹任先平生第一次接触基督教福音纯属偶然。当时他还是个少年，有一天走在大街上，看到福音堂的墙上用大字写着："神爱世人，甚至将他的独生子赐给他们，叫一切信他的不致灭亡，反得永生。"（约翰福音 3:16）这些话使他感到稀奇，但他还不能明白其中的全部意义，不明白如何过信仰耶稣基督的生活。[6]

在美国读书期间，尹任先碰巧住在一个基督徒的家里，主人经常邀请他一起去教堂。因着对基督教的偏见，他常常找借口推诿拒绝。有时，他去教堂实在是因为碍于情面。他对宗教仍然没有兴趣，心也从未被感动过。多年以后，他才意识到他在美国教堂所听到的那些是"社会福音"，即强调伦理行为和社会服务甚于强调基督教信仰。

回到中国后，尹任先对基督教的看法开始转变。他效力于上海一家商业公司，在公司业主——他表兄的手下担任重要职位。表兄碰巧也是基督徒，在尹任先眼里，表兄是个好人，有一颗真诚的心和正直的品格。这种正面的影响逐渐消除了他对基督教的成见。慢慢地，他认识到，许多基督教宣教士为了服务中国人民，

第五章 黑暗中的光——尹任先
Yin Renxian: A Light in the Darkness

不惜牺牲自己，为中国人民的教育作出了伟大贡献。终于，他迈出了这一步——在当地的一个教堂接受了洗礼。然而，尽管他认识到了基督教的许多好处，但当时的他却还没有经历过灵魂真正的得救与重生。

尹任先怀着使中国富强的强烈愿望回国。从1919年底到1931年，他一直期望有更多的机会来实现他的梦想。由于他的哈佛背景和努力工作的态度，他确实得到了多个重要职位。但无论工作多么努力，他从未感觉有任何意义。

1924年，尹任先与年轻貌美的丁素筠（英文名Faith）结了婚。丁素筠也曾留学美国。她毕业于蒙特霍里约克女子学院（Mt. Holyoke College），又进入哥伦比亚大学读生物学。回国后，丁素筠在上海基督教青年会工作。她是丁立美牧师的女儿。丁立美是20世纪初颇负盛名的中国基督教领袖之一，甚至被认为是一位世界级的布道家，享有"中国的慕迪"之称。[7] 虽然丁素筠成长于一个有着坚实价值观和《圣经》真理的虔诚的基督徒家庭，但她在美国接受教育的结果，却对她信仰的影响十分负面。受基督教自由派神学的影响，她的同学和美国教授们都认为，《圣经》只不过是一本过时的、带有好的道德教训的书。对她来说，重要的是做一个好人，但没有必要每天浪费宝贵的在校时间去研读《圣经》。很快，丁素筠星期天不再到教堂做礼拜，也不再像她父亲所希望的那样，一直持守着基督教信仰。

在许多人眼里，尹氏夫妇是令人羡慕的一对，丈夫毕业于哈佛大学，妻子毕业于哥伦比亚大学。同时，尹任先的表兄聂云台，这位清朝重臣曾国藩的后代，成了上海商会的主席。在基督教青年会，丁素筠与后来成为蒋介石夫人的宋美龄是同事，宋美龄的

哥哥宋子文，不仅是尹任先的哈佛校友，还是他的朋友。那时，尹氏夫妇还只是挂名的基督徒。丁素筠的父亲曾在他们结婚时送给两人一本精美的《圣经》，但多年来，这本《圣经》一直放在箱底，碰都没碰过。那些年里，丁牧师从未停止为他们祈祷，希望他们回到《圣经》的教导中，过一种让神的名得荣耀的生活。

图 5-2　牧师、传道人丁力美，尹任先的岳父。

悲剧：生命的转折点

1931 年，经由当时国家财政部部长宋子文的推荐，尹任先被任命为山东印花烟酒税局主管，于是尹家迁居到山东省城济南。夫妇俩陷入了当时上流社会生活的漩涡，整日沉溺于宴会、剧院、麻将和跳舞。他们的生活与任何地方、任何时期的非基督徒生活全无二致。

尹任先与前妻所生的 4 个孩子渐渐长大，陆续进入高中、大学，他与妻子丁素筠也有了一个儿子，取名大卫。大卫是他们夫

第五章　黑暗中的光——尹任先
Yin Renxian: A Light in the Darkness

妻俩的掌上明珠。某日下午，尹任先到外省出差，丁素筠在客厅弹琴，小大卫在她旁边玩耍。由于专注于音乐，丁素筠没有注意到大卫何时溜出了房间。过了不久，她转身和大卫说话，却发现他不在了。她跑到走廊上去找，也不见他在那里。她赶紧叫来所有的仆人，问他们是否知道小大卫在哪里，众人皆说没看见。他们就到房屋庭院四处搜寻，一小时以后，大家发现了他。这所房子被一条灌满水的深沟环绕着，如同中世纪城堡的护城河。他们发现小大卫的身体漂浮在水面上，脸部朝下。[8]

就在事发的前一天，1931年8月30日，尹任先身在另一座城市，夜间被噩梦惊醒。在梦中，他见一男童在黑影中倏然而过，其状似已死去，尹任先惊醒后再也不能入眠。次日，他收到一封电报，要他立刻回家，他深恐家里已有人遭遇不测。回到家中，即闻噩耗：其5岁之子落水溺毙。尹任先看到大卫幼小的躯体躺在小小的棺材里，心都碎了。他的妻子痛哭不已，悲伤和绝望笼罩着他们一家，没有人能够安抚他们丧失爱子的锥心之痛。

当晚，他们的一位朋友，在山东齐鲁大学附属医院工作的宣教士桑顿·贝尔斯登医生（Dr. Thornton Stearns），前来看望尹任先，并与他分享了几年前发生在自己身上的相同经历。贝尔斯登医生也有个儿子叫大卫，也在年幼时夭折了。不过，儿子的死却成了他人生的转折点，他明白了神用他儿子的死来唤醒他沉睡的灵魂。贝尔斯登医生以亲身的经历劝说尹任先："你的儿子大卫失去了生命，为要使你得着新生命。这新生命乃是藉着你的悔改与重生，在耶稣基督里得来的。"[9]

听了贝尔斯登医生说的这番真心话，尹任先感到触电一般，有一种能力临到身上，促使他来到神的面前承认自己的罪。回顾

以往，他认识到自己是个自我中心的人，只以个人成功为目的。贝尔斯登医生离开后，尹任先上楼，来到自己房内跪下，开始祷告，忏悔自己一切的罪，忏悔他不知道怎样去爱孩子，只知道立下规矩要求他们去遵从。他还忏悔自己只看重物质追求，不看重属灵追求。他突然意识到，那种单单以发展经济来拯救中国的想法是无用的。

这些念头进入他的脑海，他求神赐下救赎之恩。尹任先心里深得安慰，顿觉眼界大开，就像《圣经》中那个重见光明的瞎子一样。

就在同一天，另一位朋友用一个感人的例子劝慰丁素筠："当牧人要驱赶母羊到更好的草场上去，总是先把小羊抱起来放在那边，母羊就跟着来了。主耶稣也以同样的方法来呼唤你去跟随他。现在，你们的小大卫已经在主的怀抱里了。你们若跟随主耶稣基督，将来就必在天堂里见到可爱的大卫。"[10] 与此同时，丁素筠的父亲丁牧师也翻开《圣经》，给她读《希伯来书》第2章1-4节：

> 所以，我们当越发郑重所听见的道理，恐怕我们随流失去。那藉着天使所传的话既是确定的，凡干犯悖逆的，都受了该受的报应。我们若忽略这么大的救恩，怎能逃罪呢？这救恩起先是主亲自讲的，后来是听见的人给我们证实了。神又按自己的旨意，用神迹、奇事和百般的异能，并圣灵的恩赐，同他们作见证。

听了这些，丁素筠消除疑虑，恢复了起初的信心，重又相信《圣经》真理。1931年9月的那一天，成为尹任先夫妇新生命的开始，他们都有了重生的经历。这种经历并非由于宗教教条，乃是

第五章　黑暗中的光——尹任先
Yin Renxian: A Light in the Darkness

由对耶稣基督有了深刻的认识而产生。

改变的生命：正直的官员

在真正悔改信主之前，尹氏夫妇并没有读经和祷告的生活，而现在，他们开始每天研读《圣经》。他们喜欢唱赞美诗，常常被那些讲述救恩的赞美诗感动得流泪；参加教会崇拜、与主内弟兄姊妹团契，成为他们生活之必需。丁素筠开始在她父亲担任校长的圣经学校里修读课程。1931年圣诞节的前两天，丁素筠给丈夫写信说："我们要多与那些活出基督信仰的朋友相交，不要贪恋世俗，务要追求灵命的长进。圣诞节即将来临，我们要欢喜快乐，因为基督耶稣降世，为要拯救罪人，而且他还要再来。让我们用基督的爱去爱人。"[11] 尹任先也经常祷告，寻求神的引领，帮助他活出信仰，对社会有良好的影响。

1932年2月，尹任先出任河南统税管理局主任。到任的第三天早晨，尹任先为工作中的困难祈祷，祈求神的帮助。这时有一节经文进入他的脑海："人若自洁，脱离卑贱的事，就必作贵重的器皿，成为圣洁，合乎主用，预备行各样的善事。"(提摩太后书 2:21) 这节经文启发了他，并成为他一生的座右铭。作为当时政府的一名高级官员，他订立了明确的规章条例，令下属遵行，以防止腐败。

尹任先上任仅一个月，在其领导下的统税管理局便向国库缴交了三倍于前任的税款。他生活廉洁，远离挥霍腐败。在局里，诚实就是他的特征。在一个充满腐败的社会中，尹任先以他正直的品格，赢得了人们特别的尊重。

许多人因他的生活表率想要多了解《圣经》。经过多次祷告

后，夫妇俩决定邀请尹任先的同事们到家里来，一起研读《圣经》。1933年2月5日，有30人到他们家里聚会。这个查经聚会一直持续了4年，直到尹氏夫妇迁居湖南为止。实际上，他们的家成了教会，就像新约时期亚居拉和百基拉夫妇的家一样。

尹氏夫妇自然也照看、关心着尹任先与前妻所生的4个已经长大的孩子。他们鼓励孩子们参加教会，每天为他们祈祷。到1933年底，4个孩子全都接受耶稣基督作他们个人的救主，渴慕研读《圣经》，积极参与当地教会的各项活动。

1934年夏，一场查经培灵大会在华北沿海城市北戴河举行。尹任先的长子公毅（James Gongyi）担任大会会务员。次子道恪（Arthur Daoke）和次女德惠（Grace Dehui）也都一起参加了大会。那时，道恪从北京清华大学毕业后，在上海一家银行工作；德惠于南京金陵女子学院毕业后，成为南京大学的研究生。而大女儿德麟（Lena Delin）则刚刚结婚。[12]

当时，日军已经入侵中国东北，并开始图谋控制华北。7月1日，道恪和德惠一同乘坐火车去北戴河。突然，一枚日军预先放置的定时炸弹几乎就在他们的座位下面爆炸了。整节车厢被炸开，许多人伤亡，兄妹俩也身受重伤。道恪被抬出火车时已经失去知觉；德惠也被抬出来放在站台上。同车的一位美国军医，跪在她身边要施行抢救，德惠用流利的英文简单地谢谢他的好意，并对他说："我要死了，就要与主耶稣基督同在了。我想你最好去帮助别人。如果能找到我哥哥，看看能为他做些什么，我会更高兴。"[13] 事后这位军医对新闻记者说，虽然他在战争中曾救治过一千二百多位伤员，却从来没有见过一个中国女孩能表现得那么勇敢。

公毅得到消息后，立即乘上第一列火车赶到出事现场。他发

第五章　黑暗中的光——尹任先
Yin Renxian: A Light in the Darkness

现德惠伤痕累累的身体已经被放进了一个粗陋的棺材；另一口棺材里则放着道恪的尸体。他悲痛欲绝，因为他与弟弟妹妹亲密无间。尹任先从电报中得知了两个孩子丧生的噩耗，立即请了一位宣教士朋友和他一同前去参加孩子的追思礼拜。丧礼中，他仰望苍天，面带笑容说："我毫无怨言，因我的儿女现在已与救主同在，一想到他们俩都已接受了主耶稣基督，我心里就充满了喜乐。"[14] 尹任先并没有沉浸在自己的悲伤中，而是向许多来宾宣讲基督的救赎大能。

在一个关系极为融洽的中国家庭中，两个优秀青年突遇死亡，这一悲剧事件，很快就广为人知。从世俗的眼光看，这两位年轻人的英年早逝似乎是个悲剧，但他们的信心之言却对他人有着莫大的鼓舞。在这场令人心碎的试炼中，尹任先的品格和所作的见证比以往任何时候都显得更为优秀，也更为坚强。他从"在耶和华眼中，看圣民之死极为宝贵"（诗篇 116:15）这节经文中得到很大的安慰。他虽悲伤，却也得安慰，因为知道有一天他将会与儿女们再相聚。后来，尹任先按道恪生前的意愿，将他的人寿保险赔偿金用以传扬福音。他从各地邀请宣教士、牧师和传道人，来到他们家，主领聚会，教导《圣经》。

许多年以后，尹任先回顾自己的属灵经历，从中总结出三点感悟：第一，一个真正的基督徒应该是一个生命发生了改变的，即"重生"了的基督徒。第二，一个基督徒在任何环境中都应该为基督福音作出美好的见证。第三，一个基督徒的生活应该是一种祷告的生活，要珍爱《圣经》，研读《圣经》，并遵行神的话。

作为省税务局局长，尹任先经常要会见高级官员。每每请客吃饭，他从不备烟设酒。此等待客之道虽与他的高官职位有些不

相称，但他的亲切与热情却给客人们留下了深刻印象。尹任先也往往利用机会，邀请有恩赐的传道人到这种场合来，使客人们也有机会探讨福音真谛。

尹任先和丁素筠经常一起向监狱的囚犯和街头的流浪汉传福音。每去一个监狱，他们便分头行动，尹任先向男囚犯传福音，丁素筠向女囚犯传福音。囚犯们皆被他们的真诚、关爱和鼓励所感动，很快便有多人愿意悔改信耶稣。1935年10月9日，他们在监狱内为二十多位已得救的犯人施洗。几年后，其中一些人刑满释放，成为教会热心的会友。

尹氏夫妇也参与各种慈善活动，还向学生和那些工作环境很差的劳工传福音。一天，他们从街上邀请了6个人到家中查经，使他们都成了信徒。在这些人眼里，尹任先是上帝差来的使者。

在工作上，尹任先持守《圣经》教导，矢志成为一个圣洁的器皿，以成就各项善工，为此，他经历了许多的试炼。有一天，他向财政厅长汇报财务情况时，厅长指着报表问他说："这项是什么？"尹任先回答："这是未动用的预算款项存入银行后的利息。""什么？利息？"厅长摇着头轻蔑地说："在这个办公室里，我还从未听说过哪个官员上缴过存款利息。如果你自己想在这儿做个廉洁的人，恐怕干不长。"[15]尹任先离开上司的办公室后，对他那腐败的态度和做法感到很沮丧。有一段时间，他甚至考虑过辞职，因为他不愿自己也变成一个腐败的官员。

几个月后，尹任先被召到南京，因其诚实和领导有方受到嘉奖，并被任命接替那个因腐败被革职的厅长。在正式接受这个职位之前，尹任先写信给他的一位朋友说："是主耶稣基督提拔了我……我将接受这个更高的职位，来荣耀这位赐给我生命

第五章 黑暗中的光——尹任先
Yin Renxian: A Light in the Darkness

的主。"[16]

  他就任新职时,该省的财政赤字为200万元。但他上任不到一年,到年底财政结算时,该省的财政盈余竟达到了70万元。各大报纸纷纷在头版提名表彰尹任先的诚信、清廉与勤政。为此,他受到了国民政府的特别嘉奖和委员长蒋介石的召见。

  就任新职后的尹氏夫妇,与以往一样,还是每周两次在家里举行查经聚会。因他们的热心与虔诚,许多受过高等教育的男女、社会精英以及从西方留学归来的学生,都来听道。其中包括省政府的一位局长和他的妻子,省银行行长,福特汽车公司在三个省的代理商和他们的妻子。最后,连河南省主席商震将军也悔改信主了,并在很长一段时间里成为这个团契中固定而忠实的一员。[17]

  1937年,尹任先调任湖南省财政厅长。此后不久,省主席张治中在一次急难中因着尹任先的开导也信了主。那是在1938年11月,日军逼近湖南省会长沙。11月13日黎明前,一场突发的大火,几乎把这座拥有五十多万人口的城市烧毁殆尽。三千多人葬身火海,数万人失去家园,沦为灾民。对此惨祸,举国震惊。对当时的市政府来说,最紧迫的任务就是供给受难家属所需用的东西,救助无家可归的人。可是有关负责人却深怕担风险,不肯出来领导救援工作。

  在这紧要关头,张治中恳请尹任先接受挑战,出来领导政府的赈灾工作。尹任先义不容辞,临危受命,开始了夜以继日的工作。他把所有可用的资源都集中起来,以解决危机,同时还组织了一个特别工作队,十天之内就把救济金和救急物资发放到了每个失去家园或失去亲人的灾民手中。

  当时的省主席张治中对尹任先说,他无法想象尹任先如何能

在这么短的时间内完成这项工作。尹任先内心平静地回答說:"我所做的每一件事都是靠着全能的神。此次赈灾得以诸事顺遂,完全是神的恩典,决非我个人之能力。"[18] 趁这个难得的机会,尹任先向省主席传讲耶稣基督的救恩。省主席深受感动,以致立刻跪下来祷告。

不久后,尹任先奉派到了战时的陪都重庆,在当时的财政部长孔祥熙手下担任新职。孔祥熙是蒋介石的连襟,宋子文的姐夫。与此同时,张治中也被调任当时的中央政府领导岗位。共同的信仰使他们的关系更为密切,他们经常一起读《圣经》,彼此代祷。后来,张治中还在尹任先发起的教育事业中担任了董事会主席。

图 5-3　1942 年在重庆,尹任先、丁素筠与孩子们,儿媳和两个孙子。

圣光学校

1933 年,尹任先第一次从一位宣教士朋友口里听说了山东烟

第五章 黑暗中的光——尹任先
Yin Renxian: A Light in the Darkness

台的芝罘学校。这个学校是中国内地会（China Inland Mission）为宣教士子女所设立的，被认为是苏伊士运河以东教授英语最好的学校。该校不仅有很棒的学业课程，而且所有学生都受基督教价值观影响，接受《圣经》的教导。所有的老师都是宣教士。学生们从芝罘学校毕业后，带着在芝罘打下的坚实基础，回到他们本国去接受更高的教育。几乎每一个芝罘的毕业生都继续发挥其优势，在日后的高等教育中，乃至在社会中取得优异的成就。其中有不少人跟随其父母的足迹，也成了宣教士。

这所学校给尹任先留下了深刻的印象，他认为中国需要有一所像芝罘这样的、为自己同胞所办的教会学校。于是，他祈求上帝通过基督教育家们来建立这样的学校。他觉得自己不合适办这类的学校，因为他的专业是经济学和财政学。不过，十多年后，他竟然也创办了一所这样的学校。

第二次世界大战期间，中国大部分地区都被日军侵占。许多人沦为难民后向西逃亡，到了战时的陪都重庆。那里没有足够的学校供逃亡来的孩子们上学。尹任先就与另一朋友一起，为这事祷告。1940年4月，他们决定跨出第一步，建立一所基督教学校，两家人联名在银行开了户，为未来的学校存款。

一天，尹任先在读经时，似乎感觉被直接问到了一个关于未来的问题："约翰的洗礼是从哪里来的？是从天上来的，还是从人间来的呢？"（马太福音21:25）这使他深信创办教会学校的异象是从天上来的，而不是从人来的。从那以后，他更是不住地为这所学校祷告，并开始与更多的基督徒朋友分享这个异象。在另一个夜晚，他读到耶稣三次说："你喂养我的小羊……你牧养我的羊……你喂养我的羊。"（约翰福音21:15-17）这些话使他更加确

信,他投身创办学校是上帝的旨意。他在心里回应说:"主啊,我愿意为基督教教育事业奉献我的一生,用属灵的粮食喂养年轻的一代,带领他们认识你。"[19]

尹任先一边在政府部门工作,一边继续在家里带领查经,并积极参与教会各项事工。他与海外来的宣教士关系密切,也与著名的华人布道家如宋尚节、赵君影,以及全国各地的教会领袖如王明道等有着密切的联系。[20] 许多人和他一起,致力于在重庆兴办一所教会学校。几位有着英、美和国内杰出教育背景的人才也加入了教师队伍。尹任先自任学校校长,在灵性指导、学术活动和资金来源诸方面领导学校工作。

1942年12月,校舍竣工。尹氏夫妇的几个孩子都成了第一批学生。[21] 新学校被命名为"圣光学校",反映出尹任先的办学愿望:学生们要学习属灵真理,这真理将引导他们的人生道路。后来,他所撰写的回忆录即取名为《圣光指引》。这所学校与普通学校的不同之处在于,所有的教师都具有坚定的信仰,都热衷于从事真正的基督教教育事业。学校为孩子们提供从小学直到高中的12年制教育。1943年2月13日,圣光学校正式开学,第一学期就有120名学生注册。注册中,每个学生家长都要签一份协议,同意学校对学生进行基督教教育。

从一开始,圣光学校就为所有的教师设定了目标,希望他们通过个人关怀和鼓励来帮助学生取得优异成绩;同时要求学生们努力学习,明了学生的责任。学校对学生和老师一视同仁。师生都住在同一个校园里,他们的宿舍彼此相邻。老师和学生经常一起举行娱乐活动,整个学校犹如一个和谐的大家庭。尹任先也鼓励学生们生活要有规律,要学会在困难的环境中照顾自己,长大成熟并学会生活技能。仅仅几年内，圣光学校就被当时的教育部认可为全国模范学校之一。

在尹任先心目中，圣光学校最为重要的事，就是在灵性上帮助学生成长。在他看来，提供学生属灵的粮食是重中之重。他常年为每一个学生祷告；所有的老师每周两次聚在一起，为学生们的灵命祷告。每天早晨，师生一同灵修，由一位老师或来宾教导《圣经》要义，帮助学生理解《圣经》。许多学生因此接受了基督信仰，受洗成为基督徒，随后便参加各种学生团契活动。每个主日，学校的崇拜对外开放，使学生们有机会接触到生活在学校周围的平民百姓，帮助学生用爱心关怀在困境中的人们。学校也鼓励学生参与慈善工作。

著名的布道家时常来学校鼓励学生传福音、深入社会去分享耶稣的爱。在1945年的一次布道会上，六十多位学生在听了一次有力的证道之后举手决志，乐意奉献自己为上帝所用。在那些年里，不仅大多数学生成为虔诚的基督徒，而且许多父母和家人也都成为基督徒。毕业多年后，许多学生仍然持守信仰，其中一些人成了牧师或宣教士，在国内外投身于福音的传播工作。

尹任先在担任圣光学校校长期间，仍在政府部门任职。但他心里渴望能够全职投入基督教教育事业。他多次向当时的中央财政部提出口头和书面辞职申请，当时的部长不但不接受他的请辞，反而将他升职。抗战期间，尹任先同意暂时留在当时的财政部门，继续为国家效力。

1945年8月，日本战败投降，战争结束了。尹任先辞去了政府部门的工作，全职投入到了圣光学校的管理上。他献身工作，克服重重困难，把学校从重庆迁到了华东。当时，由于南京已有

许多基督教学校，尹任先把新校址选在了苏州，因为当时许多官员携家带口返回苏州，对良好的学校教育有不小的需求。

在艰难的战争岁月里，海内外许多基督教个人或团体都曾帮助或在经济上支持过圣光学校。中国内地会在经济支持和差派宣教士到重庆任教方面，都曾发挥过重要作用。学校迁到苏州后，内地会又捐献了大笔款项，并差派两名宣教士前来担任英文教师，一位毕业于牛津大学，一位毕业于剑桥大学。这样，师资队伍得以像以前那样强大。学生们继续在基督教的氛围里受教，成熟的灵命帮助他们学会在世上作盐作光。

1950年，圣光中学与其他学校合并，尹任先也离开学校。

黎明之光：尹任先的精神遗产

1949年新中国成立后，尹任先已64岁，他和妻子都没有多少积蓄和财产，也没有属于自己的房子和住处。他们的三个曾在圣光学校读书的孩子不得不待在家里，因为父母没有钱为他们交学费。那段时间里，丁素筠的身体很不好。孩子们试图找工作，但皆无着落。他们只好变卖家里的一些旧物，以购买生活必需品。尽管如此，他们依然信靠《圣经》的教导："你们要将一切的忧虑卸给神，因为他顾念你们。"（彼得前书5:7）

他们的家仍然向朋友们开放，大家一起聚会查经，一同敬拜。随着丁素筠的身体越来越虚弱，她对孩子们的灵命也更加关注。她引用《诗篇》向任先表示她的关注："神啊，我到年老发白的时候，求你不要离弃我！等我将你的能力指示下代，将你的大能指示后世的人。"（诗篇71:18）后来，孩子们一个接一个地到其他城

第五章　黑暗中的光——尹任先
Yin Renxian: A Light in the Darkness

市读大学，他们就给孩子们写信，鼓励他们按照《圣经》的原则，活出健康的属灵生活。1955年7月6日，丁素筠去世，留下了尹任先，形单影只。

那一年11月15日是丁素筠的生日，尹任先独自去扫墓。他站在素筠的墓前，回顾他们携手共同走过的31年岁月，意识到纪念素筠的最好方法，就是持守对基督的忠诚，向下一代宣告神的大能。回家后，他立刻开始一项新的计划：将他和素筠一生中如何经历神的恩典——写下来。

大跃进之后，中国遭受大饥荒。尹任先也像其他人一样没有足够的食物，严重的营养不良使他两手发抖，身体浮肿。这使他意识到，要加快速度撰写回忆录，留下素材，好让孩子们继续自己已经开始的工作。1964年春天，尹任先的信仰生活历程终于完稿。同年8月30日，尹任先辞别人世，享年78岁。尹家后代将尹任先的遗作视为他们家庭宝贵的精神遗产，珍藏多年。正如尹任先为他们所祈祷的那样，神"照他所应许大卫的话，永远赐灯光与他的子孙"（列王纪下 8:19）。

后来，经过儿孙们的努力，《圣光指引——尹任先蒙恩三十年的见证》在香港出版了。今天，许多人因他的生命见证深受感动。诚如《圣经》所言："义人的路好像黎明的光，越照越明直到日午。"（箴言 4:18）

多年来，圣光学校校友们的工作一直在世界各地继续着。从1943年至1951年的8年里，从圣光学校完成高中课程毕业的学生大约只有100位左右，但是，他们跟随着圣光创始人尹任先校长的足迹，在各个领域内所作出的巨大贡献，却在中国社会中产生着持久的影响。

圣光学校的校友包括：中国科学院学者张新实，驻英国大使马毓真，联合国海洋法法庭大法官许光建，北京大学教授尹道乐，清华大学教授颜永年，复旦大学教授陈观烈，北京协和医院医学教授徐景蓁，海军将领冯洪达，北京国际经贸大学副校长王林生，著名卡通制片人徐景达（阿达），同济大学教授徐循初，台湾行政院院长陈履安，台湾有影响力的牧师和神学教育者邵遵澜牧师。如果将圣光校友的子女也算在内，那名单将会更长。有这么多人通过他们的生活和工作继续在社会上作盐作光，所有这些成就，皆与尹任先的精神遗产分不开。

鸣谢

感谢尹任先的儿子尹道明，女儿尹德馨医生和女婿王湘衡医生，他们对父母生平的回忆，为本文的写作提供了宝贵资料。也感谢李可柔博士，于 2008 年 9 月在凯斯西储大学（Case Western Reserve University）、哈佛大学和哈佛商学院的档案馆中帮忙查考尹任先的学生记录；也感谢凯斯西储大学档案管理员吉尔·泰特姆（Jill Tatem），以及哈佛商学院贝克图书馆（Baker Library）档案管理员劳拉·皮尔莫（Laura Peimer）对李可柔博士的协助。

第六章

秉持基督精神,弘扬中华文化的教育家——曾宝荪

毕乐思

"如果我结了婚,最多我可以生养十个孩子;但如果我献身给教育事业,我就有成千上万的孩子。"——曾宝荪

第六章　秉持基督精神，弘扬中华文化的教育家——曾宝荪
Zeng Baosun: Embracing Chinese Ideals and Christian Education

1935年夏，曾宝荪应中华基督教青年会的邀请，参加了一个演讲团，于同年秋季到全国12个大城市作有关基督教的演讲。作为晚清重臣曾国藩的曾孙女，曾宝荪在中国大名鼎鼎。在其显赫家族中，曾宝荪是第一个基督徒，她还是湖南省府长沙艺芳女子中学的创始人。[1]

1935年9月，演讲团的三位演讲者经过一个星期的会晤，对他们所要演讲的内容进行了分工：曾宝荪毕业于英国伦敦一所女子学院——西田书院（Westfield College），她负责演讲有关文化教育与宗教的内容；陈文渊博士曾留学德国、法国、英国和美国，是福建基督教大学心理学教授，他的演讲侧重于灵性方面的问题；涂羽卿博士毕业于麻省理工学院和芝加哥大学，是上海沪江大学物理教授，他的演讲侧重在宗教与科学方面。[2]

各城的基督教宣教部为此联合成立了组织委员会，大部分场次的讲座主要针对非基督徒学生，同时，曾宝荪和涂羽卿也带领基督徒小组讨论，与学生进行个人交谈。现场出售的书籍包括曾宝荪的《个人宗教之体验》和陈文渊的《宗教对人格塑造的作用》。[3]

每到一座城市，曾宝荪都受到朋友们的热情款待，其中有些是她以前的上海老同学，有些是艺芳女子中学的校友。曾宝荪很高兴有机会走访国内这些她未曾到过的城市，会见教会领袖和教育工作者，这其中也包括了天津南开大学校长张伯苓（参《光与盐》第一卷）。

此次巡回演讲结束后几个月，曾宝荪撰文表达了自己的一些思考，文章最后总结说："不论是教会还是中国，都需要有献身精神的热血青年，他们有坚定的目标、建设性的计划、富有悲悯的

心和崇高的理想境界。"最后，曾宝荪以祷告结束这篇文章："愿上帝保佑我们能以我们微不足道的努力使他的国临到人间，引导我们——不论老少——走向光明与平安之路，赐我们力量和智慧，去面对如今正困扰我们、使我们不安的国内外之危机。"[4]

曾宝荪是特选团队中唯一的女性，这对她来说，不是第一次也不是最后一次。她经常是代表团中或被邀请的会议主席中仅有的几位女性之一。作为曾家私塾里唯一的女孩，她从小就不乏领导经验，在其家族中，她第一个到国外读书，并在一次中国基督教作家会议上担任主席。显赫的家族背景和融汇中西文化的能力，将她推到民国时期改革者的前列。

早年居家生活

曾宝荪1893年初生于北京，她父亲是曾国藩的长孙，1889年23岁时通过了殿试（科举考试的最高级），进入享有盛名的翰林院，也就是当时的朝廷秘书处做官。他有4个妻子，在4个妻子所生的孩子中，曾宝荪排行老大。尽管她不是男孩，但她的祖母还是欣喜万分。随后3个弟弟出生，其中1个与她同母所生。

虽然浸淫于传统文化，家中许多人却因与国际利益和国际间的紧密联系，具有现代而开放的观念。曾宝荪的曾祖父曾国藩，除击败过太平军外，还是"中国教育使团"（原称"中国幼童出洋肄业局"——译注）两名强有力的支持者之一。该团从1872至1881年间，共派出120名青少年到美国读书。她的叔公曾纪泽从1879至1885年间，先后出任清政府派驻英、法、俄等国的大使。[5]

曾宝荪4岁起即入曾家私塾读书，她常常是课堂里唯一的女

第六章　秉持基督精神，弘扬中华文化的教育家——曾宝荪
Zeng Baosun: Embracing Chinese Ideals and Christian Education

生。她的祖母鼓励孙女学外语，每天读报。1898年6月，年轻的光绪皇帝决定对政府和教育等各方面实行彻底改革，开始"百日维新"。当慈禧太后在9月镇压改革运动，并处决6名带头的改革者时，所幸的是，曾宝荪的父亲，这位曾经公开发表言论支持年轻皇帝的官员已不在京城，远赴南方就任广西省武鸣县的知县去了。曾宝荪的祖母曾差派一位伯父，专门前往曾氏宗祠去毁掉名册，并坚持让所有家人离开北京，暂避风头。

1900年义和团运动期间，华北地区动荡不安，曾氏全家搬到了湖南省府长沙西南的乡下大祖屋避难。虽然祖屋南北厢的两座三层藏书楼一直锁着，但曾宝荪常常爬上院子里的一棵树，借着高高的树枝越窗而入，时而读书，时而摆弄里面的显微镜与望远镜。

扩大视野

曾宝荪的父亲离开公职后，对西学颇感兴趣。当时，英国宣教士李提摩太（Timothy Richard）带领同文书会（S. D. C. K.，后改名"广学会"——译注）翻译了大量书籍，曾宝荪的父亲就通过这些书籍，学习书法、诗歌、数学以及诸如化学和电学等理科知识。他决定一反传统习俗，不给曾宝荪缠足，也不在她年少时为其包办婚姻。曾宝荪的伯父也是崇尚新型教育的人，他亲自带曾宝荪和堂弟到了上海，入读浸信会学校。次年，曾宝荪和两个表姐妹一起，进入务本女塾（Wuben girls' school）读书。[6]

1909年曾宝荪入读英国圣公会（Church of England Missionary Society）在杭州兴办的冯氏高等女校（Mary Vaughan High School）。起初，她钦佩基督徒的敬业精神，但认为他们的宗教观念与中国

的传统思想相左。有一次,一名学生的习字簿被撕毁,由于无人站出来承担责任,全班学生都为此受了惩罚,曾宝荪因打抱不平而被视为捣乱分子。她被叫到了校长室,面见校长。路易丝·巴路义(Louise Barnes)校长流着泪对她说:"我知道你不是有意与学校作对,是你心中的恶促使你这样做。"接着,她叫曾宝荪和她一起跪下祷告。曾宝荪看到巴路义校长对她并无恨意,内心深受感动。

曾宝荪一心寻求真理,在杭州多次聆听著名布道家丁立美的讲道。一天,她在西湖边的墓园附近,一边散步一边思考,觉得人世很不公平。她想到生命何等短暂,既然所有伟大的成就终将灰飞烟灭,那么这一切又有什么意义?她认识到,尽管路易丝·巴路义校长只是个普通人,但耶稣的精神却将她变成了一个非凡的人。她开始相信:这种精神正是改变中国所需要的。

有位来自英国的青年教师,幼时曾与父母一起住在四川,其父母都是宣教士。后来,义和团杀害了她的父母、弟弟和妹妹,她自己也受了伤,回到英国。在英国长大后,她痛恨中国人。直到有一天,她在教堂里被圣灵感动,尽弃前嫌,作了一名宣教士,重返中国。曾宝荪听了这个故事后,更加希望信仰基督教。她和七叔曾季融(季融乃曾广锺之别名——译注)谈论过这事。曾季融在一次受伤后曾一度染上鸦片瘾,成为基督徒后,他戒除了这一恶习,并建了一所独立自主的中国教会,向长沙郊外的贫苦农民传福音。曾宝荪看到他因着上帝的大爱生命发生改变,很受鼓舞。

尽管家里没有一个人信耶稣,曾宝荪还是给家人写了封信,解释她内心的想法和她所见到的基督徒的献身精神,表明她渴望成为一个基督徒,拯救自己和祖国。虽然她的祖母不高兴,但父

第六章 秉持基督精神，弘扬中华文化的教育家——曾宝荪
Zeng Baosun: Embracing Chinese Ideals and Christian Education

亲却没有反对她的决定，反而欣然给她列举了明末时期信仰天主教的徐光启、16世纪耶稣会士利玛窦，以及其他在中国开办学校的基督徒的事例。父亲要她先读几本世俗的书再作决定，其中包括赫胥黎的《天演论》，斯宾塞的《群学肄言》，以及达尔文的《物种起源》。读过这些书之后，曾宝荪仍然笃信："只有基督教为个人、为国家提供了一种理想，并提供了借以实现这理想的能力。"[7]在校第三年的圣诞节，曾宝荪受洗成为基督徒。

求学英伦

1912年，巴路义校长回英国探亲一年。她给曾家写信，询问是否愿意让他们的女儿在她的照顾下去英国学习。（父亲完全同意，但祖母要求巴路义在回国之时要将孙女一同带回，方才答应——译注）那年春天，她们到达伦敦，当时正在大学读矿物学和冶金学的堂弟曾约农迎接了她们。[8]巴路义在黑山高等中学（Blackheath Upper Middle School）附近租了一处小房子，曾宝荪和她住在一起，并在这所学校选修生物和化学。

巴路义将曾宝荪介绍给许多英国朋友。她们和玛丽·沃恩（Mary Vaughan）的妹妹奥莉维亚·沃恩（Olivia Vaughan）一起住了两个星期。曾宝荪在杭州就读的冯氏高等女校就是以玛丽·沃恩的名字命名的。奥莉维亚在吉尔德福德（Guildford）兴办了一个工人之家，那里的工人们因为每个礼拜天都在为中国的宣教捐款，所以很喜欢与曾宝荪交谈。曾宝荪拜访了曾在山西省传过教的宣教士李提摩太，他所翻译的西方著作对曾宝荪的父亲产生了深刻的影响。李提摩太还向曾宝荪讲述了自己与她的曾叔父曾国荃一

同赈灾的往事。英语有所提高之后，曾宝荪开始在一些小型宗教聚会上通过演讲，讲述教会如何帮助了中国等问题。

1913年9月，曾宝荪被西田书院录取，该院是伦敦大学三所女子学院之一。虽然巴路义只有回到中国，继续担任冯氏高等女校校长5年后才有资格享受退休金，但她却决定留在英国陪伴曾宝荪。她说："我切实感到，培养你这样一个中国女性回到中国去做上帝的工，比我的退休重要十倍。"曾宝荪对她的这一决定提出异议，巴路义说："不要担心，主必看顾。他不会让我们陷入困境的。"曾宝荪被巴路义这种为了他人甘愿将自己的利益放置一边的爱心所感动。后来，沃恩一家得知巴路义的决定后，奥莉维亚和她的兄弟捐资支持巴路义，并负责曾宝荪的教育经费。曾宝荪选生物学为主修，数学为副修。她还喜欢参加各种课余讲座，加入了基督徒学生会、辩论会、读书会、科学演讲会以及中国基督徒团契等组织和活动。

1914年寒假期间，曾宝荪与其堂弟曾约农立志献身祖国，并相约共同努力，以求达此目的。曾宝荪提议在他们的家乡湖南，开办一所完全由中国人自办的基督教女子学校。她希望将基督教融入中国文化，这样，中国人就会把它作为自己的宗教信仰来接受。曾约农对此表示赞同，他意识到除非中国局势更稳定，否则发展矿业几乎不可能。在随后的年月里，他们彼此支持、相互保护，全力帮助对方。

1916年，曾宝荪通过了8门功课的考试，获得学士学位。她也先后在牛津、剑桥和伦敦大学修读研究生课程，但并未取得任何学位，因为当时，女校还不允许获取博士学位，而她也想尽快返回中国。

第六章　秉持基督精神，弘扬中华文化的教育家——曾宝荪
Zeng Baosun: Embracing Chinese Ideals and Christian Education

图6-1　1916年，曾宝荪在伦敦大学西田书院毕业典礼上与老师巴路义女士的合影。

西田书院的院长十分热衷于曾宝荪的办校计划，并帮助她寻找资助者。这位院长1917年春突然去世时，曾宝荪还曾担心她的计划会受到影响。没想到，新上任的院长同样热心，还出面请威斯敏斯特教堂的牧师代收英伦友人的捐款，并遴选出3位英国教师前往中国，到这所新学校任教。[9]

留英五年后，曾宝荪、巴路义和曾约农于1917年10月踏上了归程。他们先去了加拿大，然后穿过边界进入美国。在纽约短暂停留期间，拜会了不久后将要回到北京大学教授哲学的胡适，和即将成为北大第一位女教授的陈衡哲。随后，他们继续乘火车西行至温哥华，再从那里转乘轮船回到上海。冯氏高等女校邀请他们前去任教，不过，他们还是决定到内地去，尽管当时很少有回国的留学生愿意去内地工作。[10]19世纪末的湖南，在中国以最为排外而闻名，西方宣教士很难获准进入湖南或在那里定居。

建立长沙女子学校

1917年12月,他们一行海外归来人员首先去长沙附近的曾府老家,在那里曾宝荪拜谒了她祖母之墓。然后,他们在长沙安顿下来,一心筹划建立女校之事。一位老师后来写道:曾宝荪与其堂弟决定在长沙建立学校,他们"决意拒绝名利、金钱和大城市的诱惑,回到自己的故乡,安居下来即着手艰苦的建校工作"。[11] 在上海出版的宣教士定期刊物《教务杂志》第12期,报道了曾宝荪所希望的那种教育体系,那是一种包括了"所有中国文化的优良传统和美德,并具有日常实用知识特点的教育",而这一切应源于基督教教义,以使女性成为中国宝贵的有生力量。[12]

曾宝荪以其祖母在湘乡所办家塾馆的名称,将这所学校命名为"艺芳女子中学",她父亲和两位伯父组成了该校董事会。学校获得了当时国民政府教育部的批准,设有6个班级,每班最多不超过30名学生。校园坐落在一个带有池塘的花园(浩园)里,前面的曾氏祠堂正殿(文正公祠),为清政府和曾家的亲戚朋友们为纪念曾国藩的功绩所建。

学校于1918年9月12日正式开学。4名英语和数学专修班学生,4名大学预科班学生。巴路义教英文,曾宝荪任校长,教授英文和生物学,她的堂弟曾约农任教务主任兼教英文、数学、化学和物理。除了星期一至星期五上课之外,每星期五下午必请一位特别嘉宾演讲,每星期六由曾宝荪讲论时事。艺芳女校以英国学院为典范,学生晚自修时没有教师监督,考试也不设监考。曾宝荪还仿效西田书院的模式,完全尊重学生,真正信任他们。师生成了朋友,他们都住在校园里,同在一个餐厅吃饭。曾宝荪在西

第六章 秉持基督精神，弘扬中华文化的教育家——曾宝荪
Zeng Baosun: Embracing Chinese Ideals and Christian Education

田书院时学会了像家人一样对待学生，并由此与学生们建立起终身友谊。[13] 学校的学费和膳宿费均很低，因为曾宝荪、巴路义和曾约农都不拿薪水，其他外籍教师则从国外友人那里接受经济支持。

图 6-2　1918 年 8 月 10 日在湖南长沙，艺芳女校开学典礼。曾宝荪坐在中间，巴路义在其左，后排站立者为她的堂弟曾约农。

艺芳女校的校训是"忠恕"。[14] 曾宝荪为培养学生所设定的目标颇具雄心大志："既和众，又有独立精神；守校规，又能提出有条有理的建议；好学，又不专读死书；欣赏中国文化，又能具科学精神；崇信基督，而不忘孔孟之道。"[15]

艺芳女校不同于其他的教会学校：不记过，不当堂训斥学生，不强迫学生去教堂，容许学生周末回家。艺芳女校群体崇敬基督，但不隶属于任何宗派或教会。曾宝荪基于《圣经》的每日灵训，给予学生们"良好的意识、勇气和真正的爱国心"。据一位教师说："圣经教导是学校的主要动力，鼓励学生挑战自我，无所畏惧地追求真理，勇于面对反对势力，并接受基督教的服务方式。虽

然只有少数女生公开声称是基督徒，但就整体而言，学生们已经吸纳了引导者的观点。"[16]

艺芳女校与早在十多年前建于长沙附近的"中国耶鲁"——雅礼学院有着密切的联系。1920年，一个美国访客写道：艺芳女校是湖南名流女儿们的读书所在；它的一些学生后来成了"雅礼"男生们的优秀妻子。[17] 曾宝荪给这两所学校的毕业生们颁奖。[18] 当雅礼学院在1922年首次决定招收女生时，很可能就包括艺芳女校的一些校友。尽管艺芳女校的宿舍已很拥挤，但女学生们还是住在那里，直到1926年雅礼学院拥有了自己的女生宿舍。[19]

除了艺芳女校的工作外，曾宝荪还兼任其他职位。从1919年至1921年，她兼任了长沙省立第一女子师范学校的校长。在就任这个职位时她很犹豫，因为当时艺芳女校刚刚开课，但长沙的教育社团催促她这样做，以防学校落入政府的掌控。1922年，在上海召开的全国基督教大会上，她是564名中国代表中仅有的74名妇女代表之一。全国基督教协进会成立时，包括曾宝荪在内，共有9名妇女被选为她们各自教派的代表或非宗派成员。[20]

危机年代

1919年五四运动之后，全国学生要求实行民主改革，艺芳女校对此作出回应，在校园内组织了师生协会，作为培育民主精神之场所。每位学生和教员都有投票权，因为学生比教员多，故学生掌握实权。一位英籍教师写道：

> 每个人都可以自由地提出任何意见和建议，经辩论

第六章　秉持基督精神，弘扬中华文化的教育家——曾宝荪
Zeng Baosun: Embracing Chinese Ideals and Christian Education

之后投票表决，因此从未发生过罢课或冲突。学生们秉公执行他们所定的规章。这些会议和决策为广开言路，但又不失儒雅之风提供了颇有价值的训练；而对于外国人来说，至少培养了他们的耐心，因为无论是上课、用餐，还是就寝，都不容缩短讨论的时间。[21]

当长沙其他学校的学生要求将宗教课作为自愿选修课时，艺芳女校的学生却继续将祷告作为必须持守的规矩，将圣经课作为必修课。一次，艺芳女校的学生会会长在湖南学生会议上站起来说，她们学校之所以研读《圣经》，因为她们发现其中的教诲很有价值，结果招致其他学校的学生群起攻之。[22] 当中国学生联合会（Students' Union of China）要求艺芳女校的学生为建立广州孙中山纪念馆捐献时，她们回电称："在一项无建设性的工程上如此耗费巨资，'国父'是不会赞成的。"[23]

1927年，随着蒋介石率北伐军从广州北上，湖南激进气氛日盛，长沙多所学校的校长每天饱受《湖南日报》的批判。艺芳女校被指责为私人开办的学校，因其教授儒家经典而被斥为守旧，并因其信仰基督教而被斥为崇洋媚外。尽管许多其他学校的学生因上街游行而罢课，但艺芳女校的学生却仍然选择到校上课。

同年4月，艺芳女校在动荡局势中被迫停课，教职员和学生遭驱逐，曾宝荪、曾约农和巴路义乘船离开长沙避难。在那里，巴路义因心脏病突发身亡，曾宝荪将她安葬在上海法租界的一个教堂墓地里。在学校被军队占据的一个多月里，学生们常于夜间潜入校内，偷取出文件，包括注册簿、地契、学生名单等。因为所有这些都是复校时所必需的。

5月下旬，曾宝荪与其堂弟曾约农获悉长沙已经恢复秩序。在

一些艺芳女校校友开始复校工作后，曾宝荪返回长沙，集中精力重建六年制的初、高中学校。那时，雅礼学院已经迁往武汉。艺芳女校全体教员设立了奖学金，以支持她们留学英国的三位毕业生和一位就读于南京金陵女子大学的毕业生。

三年后的1930年春，长沙又经战乱，一个弹药库意外爆炸，炸飞的碎片到处都是。曾宝荪和一群人逃到了她堂弟的农村教堂。到了那里却发现，堂弟正哀痛不已，因为就在前一天他的儿子因误拾一颗手榴弹而被炸死。11月，曾宝荪和母亲以及曾约农一起回到城里。由于还有士兵仍驻扎在学校，复校无望。

代表中国参加国际会议

在这些动乱期间，曾宝荪作为全国代表团成员曾出席过三个国际会议。其中，1928年春，她参加了由中华基督教青年会总干事余日章率领的20名中国基督徒代表团，出席世界基督教协进会在耶路撒冷举行的会议。在受难日，世界基督教青年会总干事约翰·穆德（John R. Mott）带领众代表到橄榄山上的客西马尼园，诵读了《圣经》中有关耶稣在园中祷告并被犹大出卖的经文。之后，众人开口祷告，齐唱赞美诗，缓步走向山头。曾宝荪后来写道："这是我一生中最为感动的属灵经验。"

在耶路撒冷会议期间，她写了一篇关于基督教与女性的文章，认为儒家文化贬抑女性，使她们在家庭中没有地位；在社会上不允许参与公众事务；在知识方面，不让她们接受教育。她阐述道：

> 基督已赐给妇女生命、灵魂和通往上帝的道路。在

第六章 秉持基督精神，弘扬中华文化的教育家——曾宝荪
Zeng Baosun: Embracing Chinese Ideals and Christian Education

> 基督里，中国妇女将找到她们正确的位置，不仅仅是中国公民，也是基督教世界的公民。中国妇女只能在基督的福音里找到圆满的生命，这位基督为女子所生，向一位妇女显明他是弥赛亚，并且在复活之后将他荣耀的身体向一位妇女显现。[24]

会议之后，曾宝荪前往意大利，看望一位曾经任教于艺芳女校的老师。这位老师带她拜访了当时住在意大利拉帕罗（Rapallo）的美国诗人艾兹拉·庞德（Ezra Pound）。庞德的父母曾给这位任教中国的老师寄了本中文书，内有配了图画的八首诗词（即宋代诗画作品《潇湘八景》——译注）。会见期间，曾宝荪口头翻译了这些中国诗词，并发表了个人对诗词的理解，因为诗中所描述的"七湖之域"正是她生长的地方。庞德根据曾宝荪的赏析，以及他自己对诗画的仔细研究，创作了"诗章第49首"（Canto 49），通称"七湖诗章"（Seven Lakes Canto），发表于1937年。[25]

1929年10月，曾宝荪作为十人代表团成员之一，参加了太平洋国际学会（Institute of Pacific Relations）在日本京都举行的第三次会议。太平洋国际学会由基督教青年会组织，为来自太平洋地区10个国家的官员和非政府领袖之间坦诚的讨论提供了一个非官方论坛。会议期间，虽然日本天皇邀请众代表赴宴，但曾宝荪与另一位妇女代表陈衡哲却没有参加。从日本回国后曾宝荪才知道，父亲已经去世了。

中国的太平洋国际学会代表决定在下次会议之前，编汇一本关于当代中国的书集。于是，陈衡哲主持编辑了《中国文化论集》，该文集收集了曾宝荪、胡适、蔡元培和赵元任等人的文章。

曾宝荪在《中国妇女的过去和现在》一文中，首先指出：在

古代中国，并非完全不许妇女参与政治活动或接受教育。她认为在汉朝，每当国家变得比较稳定时，就有更多的规矩强加于妇女身上，限制她们的行为。后来的朝代注重奢华与美丽，就推行了缠足。在曾宝荪看来，宋朝受到印度文化的影响，不利于妇女的发展。接下来，她专注论述中国女性生活的三个方面：教育，婚姻和社会地位。"决定中国妇女命运的一直是婚姻"，因为女性社会地位基于她的丈夫，以及她生儿子的能力。第三部分则探讨了在过去 30 年里，改变妇女地位的一些关键因素，诸如：陈旧的观念、宗教和法律基础的缺乏；中国文化的宽容性和实用性；上层社会妇女的教育；为女子开办的教会学校；妇女需要解放的文字宣传，以及辛亥革命，等等。

她论述了现代女性的状况，她们渴望高等教育，寻找职业，要求选举权，希望为国家作出贡献。她指出：女子学校不应当只是男子学校的翻版，只是多加一些如缝纫和烹调的科目等。尽管大多数的女性将来要结婚，但还是有些关心国家和社会问题的女性，宁愿选择独身，以追求她们的理想，因为家庭和事业两者实难兼顾。曾宝荪切望中国妇女对祖国的文化与文明先有个透彻的了解，有了这样的基础，才可以在艺术、科学与哲学等领域构建起一个西学的上层建筑。"因此，对现代中国女性来说，她的自由应被自我控制所约束，她自我价值的实现应伴随着自我牺牲精神，她的个人主义应与其家庭责任感相结合。这就是我们的新女性观，而实现这一理想，就是我们最重要的目标。"[26]

1931 年 10 月，日本侵略东北后不到一个月，曾宝荪参加了太平洋国际学会在中国举行的第四次会议，会议分别在上海、南京和杭州进行。当时胡适担任中国代表团团长，会上诸多讨论场面

第六章　秉持基督精神，弘扬中华文化的教育家——曾宝荪
Zeng Baosun: Embracing Chinese Ideals and Christian Education

出现白热化。曾宝荪发现代表中有"绥靖派"意欲安抚日本，于是在会议结束后，她请辞退出了该会。（日本代表团不久就退出太平洋国际学会。）

由于积劳成疾，曾宝荪开始咳血，随后的九个月，她在山东烟台的弟弟家中休养。与此同时，在曾约农、校董会及许多校友的努力之下，占据校园的驻军终于离开，艺芳女校重新开学。数月后，曾宝荪的健康状况有所改善，也加入了他们的工作。从1932年至1937年，有4个班的学生完成了6年的学习而毕业。在全国大学通考中，艺芳女校毕业生全数合格。

暴风雨前夕

1931年日本侵占中国东北，1932年春攻打上海，乌云聚集在中国上空。时局越发动荡。基督徒知识分子想就时局发表基督教的观点，引导有关生命意义的讨论，这一讨论主要针对大学校园中的青年学生。

1933年7月，11位基督徒作家在北京燕京大学聚会两周。尽管参加的人中不乏大学教授、著名作家和编辑，如赵紫宸和刘廷芳等（参第七章），但曾宝荪还是被推选为主席。他们决定出版10本基督教系列丛书，探讨家庭、两性、国际主义、乡村建设、社会重建等专题。经过这次会议，大家彼此间建立了亲密的友谊与合作关系，这一持续发展的良好关系远远超过了合作项目本身。[27]

曾宝荪的专题论文《基督教与战争》刊载于1935年5月的《教务杂志》上。她以一连串问题作为文章的开始，其中包括：

"当自己的国土被他人侵犯时,基督徒能袖手旁观吗?"她的回答带着强烈的反战主义思想,这很可能与她在第一次世界大战开始时,在英国与堂弟一起参加贵格会的聚会有关,同时也反映出她赞赏太平洋国际学会以和平方式解决问题的宗旨。她写道:"耶稣的标准很清楚、很绝对。别人会凭自己的喜好行事,但我们却不可以报复。别人会违背上帝的律法,但我们必须要遵行他的教导,就好像上帝的国已经在我们中间一样。在耶稣的行为准则里,没有报复或自卫的余地。"[28] 曾宝荪接着论述到滋养"战争心态"的因素:对其他国家的无知和偏见,媒体和作家的宣传,那些谁给钱就把武器卖给谁的"货真价实的国际主义者"——军火商,以及那些告诉人民他们的"国家已经被蹂躏"的外交官和政客。文章结尾,曾宝荪明确表示反对战争。她引用托马斯·卡莱里(Thomas Carlyle)的评述作结:"所有崇高的工作皆始于不可能",她鼓励人们遵循耶稣的命令——"爱你的仇敌"。

1935 年秋,从基督教青年会巡回演讲回来后,曾宝荪基于她一路的观察,撰写了一篇文章,谈到中国的年轻一代不满于现有的政治体制和教育体制,正努力发现生命的意义。他们在寻求"可行的宗教……那种真实的、改变生命的宗教。他们需要的宗教领袖,不仅要有宗教热忱,还要能在生活中活出其信仰"。演讲者们发现,来自政府和非教会学校的学生比教会学校的学生更富有激情。曾宝荪列举出一些困扰青年人的矛盾:唯物主义与属灵真实存在;国家控制与个人权利;极端的民族主义与国际主义;战争与和平。接着,她概述了学生对基督教教会的抱怨:教会领袖没有很好地了解中国文化和历史,引进了与中国传统和哲学相反的理念;无论在内容还是在形式上,教

第六章　秉持基督精神，弘扬中华文化的教育家——曾宝荪
Zeng Baosun: Embracing Chinese Ideals and Christian Education

会没有产生出任何伟大的文学作品；教会因缺乏合一而显得软弱；教会在面对或解决重要的社会问题时，没能起到应有的带头作用；最后，教会对所有新生事物都缺乏信心和冒险精神，并且害怕革新。她写道，尽管这些抱怨并非完全公正，但教会领袖们应当引为鉴戒，提起重视。[29] 她也为能够参加这次巡回演讲感恩："我很高兴，因为我亲眼看到了上帝的灵在中国学生中运行。"

1949 年前

1937 年至 1949 年期间，曾宝荪时而在湖南学校工作，时而在香港避难，时而代表中国出使国外。1937 年 7 月 7 日，日本军队侵入华北，战火四处蔓延，艺芳女校组织了长沙红十字会，带着担架、药品和医护用品到火车站救护伤病员。11 月中旬，日本飞机轰炸长沙火车站。12 月 5 日，当时的国民政府从首都南京撤到华西，两星期后，曾宝荪解散了学校。那天夜晚，她母亲因心脏病发作去世。1938 年春，日本飞机频繁空袭长沙。有一天，15 枚炸弹击中了学校，留下直径 6 米，深 1.5 至 3 米的弹坑。后来，艺芳女校与基督教长老会创建的福湘女校合并，在湖南省沅陵县以西重新开张。当时，仅有 2 名教师和 20 名学生。[30]

在这期间，曾宝荪加入全国基督教协进会代表团，于 1938 年圣诞节赴印度马德里，参加世界基督教协进会会议。代表团团长是金陵女子大学的校长吴贻芳（参《光与盐》第一卷）。会上，曾宝荪参加了文化与宗教小组，有时也参与妇女问题小组的讨论。

前耶路撒冷会议主席约翰·穆德（John Mott）博士在会上强调，没有宗教的科学知识既不能陶冶个人情操，也不能带来一个更为美好的社会。

1939年8月曾宝荪从马德里回来后，在香港与其表弟一家同住了3年。虽然当时的国家政务院为她预留了一个国策顾问的职位，但她因心律不齐，一直未能前往战时的陪都重庆就任。1941年12月日军侵占香港之后，军警曾挨家挨户搜查武器和其他违禁品。搜到他们家时，正遇到一个日本官员与她所住房屋的另一住户商讨购买照相机的事，因而免过了军警的搜查。他们没发现藏于她箱内珍贵的曾国藩家族文件。曾宝荪事后回想起来说："这真是上帝的特别护佑，不是吗？"到了1942年8月，香港街头不断有人饿死，日本当局只好允许人们返回中国自己的家园。于是，曾宝荪和其堂弟曾约农，一路隐姓埋名，回到了尚未全部沦陷的中国。[31]

就这样，两人一同在湘乡祖屋里度过了余下的战争岁月。在此期间，他们送粮支持当地的抗日游击队，多次以自己的家作为两军之间各种谈判的场所，以减轻当地百姓的磨难。祖屋附近，驻扎着一支美军突击队，它的军事顾问们惊喜地发现，在如此偏远之地，竟有这么多人会讲英语。战争结束后一个月，四周各乡民众特地为曾约农赠送金字匾额，以表彰他的功德。

战争结束后6个月，三位前艺芳女校的学生前来要求曾宝荪重新开学。实际上，她们已经开班授课，只是想要曾宝荪到场，以增加学校的声望和可信度。1946年，学校的修缮工程进行了六个多月，这些学生表现出的坚韧不拔的精神和满腔的热忱，实在可圈可点。复校后的大多数教师都是受过高等教育的

第六章　秉持基督精神，弘扬中华文化的教育家——曾宝荪
Zeng Baosun: Embracing Chinese Ideals and Christian Education

艺芳女校校友。

艺芳女校三十周年校庆于1948年9月1日举行。许多学生带着他们的亲友赶来，首届8位毕业生中来了6位，表示出她们对学校极大的忠诚与热爱。曾宝荪给其母校西田书院院长写信说，在艺芳女校的毕业生中，超过90%的人已获得大学文凭，超过半数的人已走出家门在外工作。学校保持学生自治的高标准，"我们学校还享有全省纪律最好的声誉"。

那年早些时候，曾宝荪当选为战后新建国民大会首届会议的地方代表，这反映出其家族祖祖辈辈对当地公益事业的支持，以及与当地所保持的良好关系。大会于1948年2月在重新成为首都的南京举行，来自全国各地的1000多名代表中，妇女代表仅有38名。[32] 与人们的直觉相反，曾宝荪反对在选举程序委员会里为妇女保留10%席位的提案，她认为妇女应当与男士一起，通过公平和公开的选举当选代表。她的提议被大会所采纳。

1949年6月30日艺芳女校毕业典礼后，曾宝荪离开长沙，在去印度开会的途中探望了她在香港的弟弟。世界和平大会（World Peace Conference）原计划于1948年在印度举行，由圣雄甘地主持，但由于甘地被刺，大会日期被迫延后，直到1949年12月初才召开。曾宝荪和曾约农在印度逗留的三个月期间，会见了英迪拉·甘地，并在一次两三万人参加的集会上，与尼赫鲁同台演讲。

会后，两人回到香港，与曾宝荪的两个兄弟和另一个表弟住在一起。1951年初，曾宝荪迁居台湾。抵台后不久，她获悉其唯一的同母胞弟在一次飞机失事中丧生。这位亲弟弟比曾宝荪小很

多,视她几乎如同母亲。这样一位聪明、文雅的诗人弟弟英年早逝,令曾宝荪心碎。她赶回香港,为弟弟料理了后事,旋即返回台湾。

在台湾退而不休的生活

曾宝荪和曾约农在台湾继续献身于教育事业。曾约农先在台湾大学教英语,1955年出任台中东海大学首任校长。曾宝荪担任东海大学董事会董事,该董事会由出版商亨利·路思义(Henry Luce)的妹妹伊莉莎白·路思义·穆尔(Elizabeth Luce Moore)集资发起。[33] 在动工典礼后的宴会上,曾宝荪与荣誉嘉宾——美国副总统理查德·尼克松和夫人帕特进行了交谈。

曾宝荪是"中华妇女祈祷会"的活跃分子,该团契由蒋介石夫人宋美龄资助发起。这些高层女士们每周聚会一次,为世界也特别为中国祷告。曾宝荪所在的委员会负责该团契的财政和其他工作,包括医院探访、安慰病患和伤员,并为他们祷告等。[34]

1952年,曾宝荪被任命为联合国妇女地位委员会(United Nations Commission on the Status of Women)的首席代表,为此,她既兴奋又担忧。三周的会议很紧张,因为联合国成员国就冷战问题发生了分裂,会后,她从日内瓦旅行到英国,在西田书院演讲,还拜访了许多老教师。她在联合国的席位保持了10年之久,后来,她由于身患乳腺癌和糖尿病等健康问题而辞职。

曾宝荪与老朋友们一直保持着联系。张福良,曾在长沙雅礼学院任教10年,从美国伯里亚学院(Berea College)退休后,与

第六章 秉持基督精神,弘扬中华文化的教育家——曾宝荪
Zeng Baosun: Embracing Chinese Ideals and Christian Education

儿子一家住在新泽西州(参第八章)。他给曾宝荪寄去了一本她寻觅了十几年的父亲的传记。曾宝荪写信感谢了他,然后回忆道:"对你在雅礼以及在我们'艺芳'的那些快乐日子,一直记忆犹新。现在,这两所学校皆已成为回忆。"[35]

1968年12月,台湾的艺芳女校校友们举行了艺芳女校建校五十周年庆祝会。参加庆祝会的校友们分别来自台湾、美国和英国,还有许多校友写信或寄来照片。"不仅我们以前的学生待我们好,就连她们的丈夫和孩子们也对我们显出了极大的爱心。我们感受到了家庭般的温暖。这是一生中真正的祝福。"

1971年底,曾宝荪写信给英国西田书院的院长,忆及书院对她在"现代知识在科学和哲学等方面的装备,以及人格发展方面的引导"。书院的两位校长以她们的爱心和信心给她启蒙,激励她将一生奉献给基督教教育事业。两位曾在艺芳女校任教的校友——维奥莉特·格拉布(Violet Grubb)博士和温妮弗雷德·加尔布雷思(Winefred Galbraith)博士——则进一步强化了西田书院对曾宝荪的影响。"我一生中所取得的成就大多归功于西田书院,这样说一点都不为过。"[36]

1972年,曾宝荪与其堂弟曾约农将几大箱曾氏宗族的原始文献和绘画,赠送给台北故宫博物院。抗战之后,他们一直保管着这些珍品。[37]由于曾宝荪的许多私人文件,如日记、履历等,在战乱中已丢失,她写了一本《曾宝荪回忆录》,于1976年由香港基督教文艺出版社出版。

1978年7月27日,曾宝荪在台湾去世,享年85岁。与她多年一同生活和工作的堂弟曾约农于1986年去世。他们被安葬于台北第一公墓同一墓园中。

奉献的一生

许多单身女宣教士的目标,是让受过教育、富有能力的基督徒妇女,置身于中国的家庭中心,成家立业,以影响亲族及子孙后代。但她们的学生却常常愿意追随先辈的榜样,为拯救中国守独身。[38]正如曾宝荪在金陵女子大学一次聚会时所说:"如果我结了婚,最多我可以生养十个孩子;但如果我献身给教育事业,我就有成千上万的孩子。"[39]

在曾氏家族的显赫名声和财富基础上,曾宝荪一生中有许多机遇和鼓励:她父亲的现代观念使她免去缠足和包办婚姻,允许她成为基督徒,并到国外读书;宣教士教育家巴路义为她提供了去英国的机会,并甘愿放弃退休金留在英国陪她读书,后来又回到她领导下的艺芳女校任教十年;西田书院给了她极好的教育,并为她树立了一个服务人生和致力教育的人生典范,同时还为艺芳女校提供了经济和师资上的支持;她的堂弟曾约农,多年来付出爱心,一直保护和帮助着她;那些忠诚的学生帮助她在1928年和1946年两次复校,并给了她持续多年的友谊和一个"家"的感觉……所有这些,对一个单身的女性来说,都至关重要。

曾宝荪的影响力因她出色的写作能力而扩大。她所发表的论文涉及当时各方面问题(如基督教与女性、宗教经验、战争,以及对中国青年和女性的思考等)。[40]她后来所写的自传,也是当时中国少数由女性自己撰写的自传之一。[41]

作为中国平民领袖的先驱,曾宝荪是获得英国大学学位的第一位中国女性;她建立了第一所由中国人管理的女子学校;她是

第六章　秉持基督精神，弘扬中华文化的教育家——曾宝荪
Zeng Baosun: Embracing Chinese Ideals and Christian Education

全国基督教协进会首批妇女代表之一。在1935年中华青年会组织的中国大学巡回演讲团里，她是三名演讲者中唯一的女性；她也是当选为当年国民大会常委会委员中仅有的三名女性之一。她代表中国多次出席国际会议，包括太平洋国际学会的两次会议（1929年和1931年），世界基督教联合会的两次会议（1928年和1938年）以及1949年的世界和平大会。

曾宝荪是中国早期基督教女权运动的代言人。她渴望创立一所中国人自办的中学，使中国女性成为"中国的宝贵财富"。她曾写过一篇论耶稣如何尊重女性的文章，文章谈到：在耶稣基督里面，"中国女性将找到她们正确的位置，不仅是中国公民，同时也是基督教世界的公民"。她还应邀为太平洋国际学会1931年汇刊撰写关于中国妇女的文章，被公认为妇女领袖的楷模。作为对她多年推动妇女教育的回报，她在联合国妇女地位委员会（United Nation's Commission on the Status of Women）担任代表长达10年之久。

如今，曾宝荪在中国和英国依然受到尊敬。长沙田家炳实验中学将自己视为艺芳女校的传人，该中学于2008年在校园里为曾国藩、曾宝荪和曾约农树立了三尊雕像。雕像下写着各人的简历，并附有一段话："他们在儒家的'仁爱'思想中融进西方的民主精神，提出'培养完全人格'的教育理念，至今闪烁着璀璨的思想光辉。"[42] 长沙艺芳女校校友会于1992年成立，会员超过100人。校友们一年相聚一次，出版年刊《艺芳通讯》。[43]

在台北，曾氏宗族纪念馆作为一个家庭博物馆，坐落在和平东路曾宝荪故居旁。为数不多且上了年纪的艺芳女校毕业生和曾家成员，组成了台湾艺芳校友会。他们一年相聚多次，每年4月8

日的艺芳女校周年纪念日都要相聚。⁴⁴ 曾宝荪在伦敦的母校，现已更名为玛丽女王和西田学院（Queen Mary and Westfield College），该学院创建了一个网上展示厅名为"玛丽女王学院在线妇女"，曾宝荪位列该校50位杰出校友之一。⁴⁵

图6-3 曾国藩（中间）和孙女曾宝荪及其堂弟曾约农之雕像，在长沙的田家炳学校，落成于2008年。

尽管曾宝荪已被公认在许多方面取得了成就，但艺芳女校所创立的基于信任和高度期望的"家庭"精神，应该说最贴近她的心。她坚韧不拔，先后于1921年、1928年和1946年坚持复校。无论当地动乱、世界大战以及国内战争产生多大干扰，她始终保持着对中国前途和中国青年的关注，从未放弃过她追求实现妇女平等和教育的梦想。

鸣谢

除非特别说明，本文中传记资料来自《儒学女权主义者：曾

第六章 秉持基督精神，弘扬中华文化的教育家——曾宝荪
Zeng Baosun: Embracing Chinese Ideals and Christian Education

宝荪回忆录（1893–1978）》，由托马斯·L.肯尼迪（Thomas L. Kennedy）翻译改写（Philadelphia: American Philosophical Society, 2002）。感谢洛伦·斯科林（Lorraine Screene）和萨拉·帕默（Sarah Palmer）提供伦敦大学玛丽女王学院档案馆西田学院收藏资料（本书所引用玛丽女王学院档案，得到使用许可）。也感谢盖瑞·蒂德曼（Gary Tiedemann）在那些档案中帮助查询资料，还有帮助翻译和交流的刘红（音译）和林楚音（音译）。

第七章
牧者与学者——刘廷芳

包克强

作为一名基督徒知识分子，一位颇具影响力的基督教刊物《真理与生命》的主编，同时又是中国领先的基督教大学——北京燕京大学——发展时期的关键人物，刘廷芳毕生都在倾尽全力以基督教价值观和理念去影响中国社会。

第七章 牧者与学者——刘廷芳
Liu Tingfang: Christian Minister and Activist Intellectual

1920年4月，刘廷芳结束了十年留美生涯，返回中国，他急切地想看到祖国发生了什么变化。在上海登岸时，虽然这城市外表看起来依然如故，但他敏锐地意识到，在其深层正发生着重大的变化。次年他这样写道："我被一种无形的力量和气氛所笼罩，我感受到了生命的律动———一种几年前所感受不到的新生命。"[1] 当他徜徉、浏览这座城市的书店和报架时，他吃惊地发现有47种不同的期刊，其内容包含了比在美国同等数目杂志里可能看到的更时兴的理念和更多元化的观点。

刘廷芳回国之际，正值五四运动前夕中国知识分子思想躁动活跃的非凡时期，他们所争论的问题，将影响未来几十年的中国文化思潮。作为一名基督徒知识分子，一位颇具影响力的基督教刊物《真理与生命》的主编，同时又是中国领先的基督教大学——北京燕京大学——发展时期的关键人物，刘廷芳毕生都在倾尽全力以基督教价值观和理念去影响中国社会。

基督教教育

1892年12月23日，刘廷芳出生在中国浙江省的一座小城温州。[2] 从父系算起，他是第三代基督徒，从母系算则是第四代。这在当时极不寻常，因为那时基督新教的教徒在中国还是个很小的群体，存在还不到一个世纪。他父亲刘世魁在华北接受中国内地会的培训，成为一名医疗宣教士，并于1891年回到浙江，建立了一所内地会医院。他与年轻女子李汝玉成婚后，共育有6个子女，刘廷芳是长子。他出生后就被虔诚的祖母叶氏奉献给主，希望他长大后成为牧师。刘世魁行医十年之久，到1901年年底，他积劳

成疾，躺卧病榻一年后，于1902年11月去世，当时刘廷芳只有9岁。刘廷芳的母亲为了照顾6个幼小的孩子，接替了婆母的位置，成为内地会一所女子学校的校长。婆母的虔诚及其对教育的热忱，已经深深地影响了刘廷芳的母亲。[3]

刘廷芳聪慧过人，敏于学习，记忆力惊人。他7岁写诗，9岁会背诵《礼记》，并熟读中国古典名著。后来，他就读于温州艺文中学，这是由英国循道会宣教士开办的教会高中。1907年，清政府将浙江铁路修筑权授给英国人，引发当地大规模的抗议潮。当时刘廷芳年仅15岁。他后来回忆，某日在学校课堂上，英国的宣教士校长对学生们详细解释，为什么英国人投资兴建铁路并提供工程技术支持是一件好事。当晚他回到家，通宵达旦写了一份万言书，力劝中国同胞支持地方对铁路的控制权，以尽责救国。次日早晨，他将这份万言书寄给了美国宣教士主办的上海报社，竟获刊载。刘廷芳甚至还说服母亲，卖掉了本已不多的家产中的一部分，购买与该项铁路工程有关的地方公司股份。尽管那时还很年轻，但刘廷芳的回应，已显示出在他以后的生涯中所能看到的许多可贵的素质——虔诚的信仰、才华横溢的文笔、独立的思想以及无畏的批判精神。[4]

大学岁月

该事件发生后不久，刘廷芳入读上海圣约翰大学。该校由美国基督教圣公会创办，在当时的中国大学中居领先地位。刘廷芳学业超群，在校期间，他继续就各种论题发表尖锐的评论，并获得多项学术和演讲荣誉奖。他在其中一篇文章中强烈呼吁出现一

第七章　牧者与学者——刘廷芳
Liu Tingfang: Christian Minister and Activist Intellectual

种新型的宣教士教育工作者，这些宣教士应尊重中国文化并受过专业的教育训练。这篇文章引起了美国长老会宣教士司徒雷登（John Leighton Stuart）的注意。当时司徒雷登正在南京神学院任教，后来他成了中国教育界的杰出人物，并于20世纪40年代末，成为美国驻华大使。司徒雷登与刊载这篇论文的宣教士报纸的华人编辑陈春生取得联系，陈春生安排他与刘廷芳见面，从此，二人结下终身友谊。或许正因为这篇文章中论及宣教士教育工作者的缘故，刘廷芳对圣约翰大学的教育政策不再抱有幻想，他决定，毕业前就离开学校。而他的朋友司徒雷登，不仅安排他到美国学习，还帮助他获得资金支持，以支付他在美国学习所需的费用。[5]

就这样，刘廷芳于1911年初到美国继续深造。他先后在田纳西州和乔治亚州学了两年，后又转到纽约哥伦比亚大学，1914年获得学士学位，1915年获得文学硕士学位。然后，他开始修读神学，并于1918年从耶鲁毕业，获得神学学士学位。最后，他又回到哥伦比亚大学，用两年时间攻读心理学博士学位，于1920年以一篇探讨学汉字的心理因素为内容的论文获得了博士学位。刘廷芳在信仰与学问两方面成绩都很出色，他还获得了美国优秀大学生荣誉学会(Phi Beta Kappa)的会员资格，并在1920年由曼哈顿公理会教会按立为牧师。[6]

刘廷芳的个头只有1.5米高，且一生中一直为呼吸问题所困扰，但他却像旋风一般活跃。1915年，他担任中国留学生基督徒学会的季刊《留美青年》的编辑。该学会成立于1909年，旨在联合并鼓励北美的中国基督徒学生。刘廷芳于1916年出任该会会长。他关注中国发展，投身教会侍奉的热情也日益增长。他在1916年的一次会长讲话中，对民国政府在袁世凯去世之后的不稳

定与失败深感惋惜。他宣称："我们因此意识到一种空前迫切的需要，即需要真正的、具有无可挑剔之品格的领导者。这品格，一如耶稣基督人生中所表现出的那种品格。我们能否作为基督的优秀门徒挺身而出，为创建新中国彼此合作同工，很大程度上取决于我们在这个国家留学时，如何发展好自己的基督徒品格。"[7]

刘廷芳也经常与许多留美中国学生互动，他担任《中国学生月刊》助理编辑就是个例证。该月刊是"中国学生协会"的杂志，此协会是当时北美最大的中国学生组织。[8] 在1915年，日后成为中国财政部长和总理的宋子文担任了杂志主编，刘廷芳在他手下工作。与宋氏家族（民国时期中国最具影响力的家族之一）的关系，使他日后得以接近国民党政界的精英。

在留美期间，刘廷芳也收获了他的爱情。1911年他在乔治亚大学读书时，遇到了一位虔诚的基督徒女孩吴卓生，当时她正在乔治亚州中部的拉格兰日学院（LaGrange College）读书，距离刘廷芳就读的乔治亚大学120英里。吴卓生是上海一位富商的女儿，曾受教于享有盛誉的教会女子学校上海中西女塾（McTyerie School）和日本的广岛学校（Hiroshima College）。认识不久，刘廷芳和吴卓生相爱并订婚，恋爱4年后，他们于1915年结婚。当时，二人都在哥伦比亚大学读研究生。多年后，当刘廷芳重返乔治亚州他们相爱之地时，特为妻子赋诗一首，这首诗流露出他们的挚爱：

> 虽然落日西山，
> 黄昏不远，
> 篇幅不多，
> 小小的卷册将完。

第七章 牧者与学者——刘廷芳
Liu Tingfang: Christian Minister and Activist Intellectual

> 但无边浪漫里,
> 几许欢娱,
> 这当年故事,
> 能嫌太熟吗?[9]

侍奉基督,救国救民

刘廷芳在美国读研究生期间,他的爱国主义与宗教敬虔交织地体现了出来。其中一个例子就是,他协助创立了一个秘密的弟兄会组织"十字架与宝剑弟兄会"。洪业(又名洪煨莲)同为该会奠基人之一,也是刘廷芳的密友,后来,洪业任教于燕京大学。回忆起该会始因时,洪业说:"当年我们都很年轻,要效法耶稣,以教育和政治来改变社会。'十字架'是由耶稣'背起十字架来跟从我'那句话而来;'宝剑'则指中世纪的十字军。"该弟兄会也有基本的章程:"(1)目的:通过研究、计划与合作,提高中国在世界上的地位;弟兄会成员应增强集体归属感,团结、协助并彼此照顾;同样仿效美国弟兄会惯例,各兄弟誓约对一切会务均须严守秘密。(2)会员:任何中国男性均可入会,但他必须具备以下三个条件——优良品德,对终生有明确目标,并具有领袖特质。此外,新会员必须由现任会员不记名投票一致通过。如果其尚未受洗,则不得反对基督教。"[10]

"十字架与宝剑弟兄会"吸引了一批有志于建设一个强大的现代化中国的热血之士,其中许多人后来成为中国社会不同领域中的杰出人物。[11]弟兄会成立后的头两年里,有几个人从另一个相似的秘密弟兄会加入进来。该组织成立于1907年,称为"大卫和约拿单弟兄会"(大卫和约拿单均为圣经人物)。像"十字架与宝剑

弟兄会"一样,该会的大多数成员是基督徒,也以提高中国国际地位为奋斗目标,许多人后来都成为知名人士。[12] 当刘廷芳得知这个弟兄会的存在时,就建议两会合并,结果如愿以偿。合并的新团体取名为"成志会"(Association for Accomplishing Ideals)。

就这样,通过刘廷芳的协助,那些希望中国强盛并被尊重的志同道合的中国基督徒联合了起来。刘廷芳在此圈内显得很不一般,他学过神学,对牧养教会具有深切的呼召感。他的"弟兄们"提到他,都亲切地称为"中国大主教"。[13] 刘廷芳所受的神学训练和呼召感,使他具有超乎其他成员的某种精神权威,成为这些团体中的领袖。通过与弟兄会成员的关系,刘廷芳结交并影响了许多中国精英,这一切又为其后来推行基督教教育和社会改革发挥了重要的作用。

在燕京大学推进基督教教育

刘廷芳伉俪双双在哥伦比亚大学获取学位后,于1920年返回中国。刘廷芳获得博士学位,吴卓生获得教育学硕士学位。刘廷芳原打算到其恩师司徒雷登任教的南京神学院担任教职。但计划没有变化快,1919年,司徒雷登被任命为北京新成立的教会学校燕京大学的校长。很快,司徒雷登就邀请刘廷芳和他一起到燕京去,但并不给他施加压力。司徒雷登精心构思并描绘了"燕大"的愿景:既注重基督教教育和现代知识,又强调中西员工之间的平等,并将此作为国际间和谐相处与共事的具体展现。刘廷芳被这样的愿景深深吸引,他渴望参与此等基督教高等教育之尝试,便拒绝了好几个其他院校和政府部门所提供的高薪工作机会,追

第七章 牧者与学者——刘廷芳
Liu Tingfang: Christian Minister and Activist Intellectual

随司徒雷登到燕京大学任教,时为 1920 年。[14]

图 7-1 刘廷芳,燕京大学宗教学院院长,《生命》季刊编者,于 1925 年。

开始时,刘廷芳在宗教学院担任讲师,该院当时可谓燕京大学的核心,拥有全校大约四分之一的师资力量。凭着才智、能力与真知灼见,刘廷芳很快就担负起重要职责。1921 年,当中国多数神学院还在由西方宣教士执掌神学系之时,刘廷芳被任命为宗教学院院长。他担任此职直到 1926 年。作为中国第一个获得西方博士学位的人,刘廷芳加入燕大,在招揽中国其他具有同等学术水准的人才投身燕大创业方面,显然起了很大的作用。在很大程度上,他依赖于哥伦比亚大学中国毕业生的关系来补充神学院的师资,以致最终,神学院约有三分之一的教员都与这所美国的"常青藤盟校"有关。他也聘用一些亲戚在燕大任教。[15] 司徒雷登后来这样评价刘廷芳:"当时这些高素质的中国人才都心怀疑虑,但刘廷芳说服他们,燕大是一所中国人和外国人一起参与所有事务的教会学校,他们有责任协助这一新试验成为成功的范例。"司徒也注意到了刘廷芳为物色合格的师资人才所作的努力，这"在很大程度上对燕大的办学方针起到了导向性作用"。[16]

司徒雷登具有灵活的领导才能和募款能力，因而使燕大具有充足的财源，进一步招揽优秀教师。学校于1926年为新校园购得一大片土地，建起美丽的中国式楼群。到了20世纪20年代后期，燕大已成为中国领先的教会大学之一。1928年，刘廷芳在美、英两国讲学两年之后回到燕大，被任命为校长助理。他在这个位置上一直做到1931年。其间，他与司徒雷登合作密切，每当司徒外出旅行时，他就来负责校务。其实，在刘廷芳还没有担任校长助理之前，司徒雷登就经常向他咨询如何应对当时中国复杂的社会动态。他很看重刘廷芳"对大规模的社会运动及其意义的敏锐评价"。[17]

图7-2 燕京大学心理学教授刘廷芳和校长司徒雷登在颐和园，1931年于北京。

虽然刘廷芳性格外向好动，但由于他批评人太率直，并在燕大工作之外还担任了太多额外的职务，致使他与学院同仁之间的

第七章　牧者与学者——刘廷芳
Liu Tingfang: Christian Minister and Activist Intellectual

关系颇为紧张。刘廷芳在燕大的朋友、中国神学家赵紫宸在描述刘廷芳的时候，似乎意识到了他这一弱点。赵紫宸写道："有件事千真万确，那就是他的思想超前，为此他不得不吃些苦头。他必须为自己那种自由的自我表达付出代价。他爱他的朋友，尽管多方面的活动可能会给人一种相反的印象，但他是完全正直的。"刘廷芳坚持他在其他院校兼课的权利，一方面是由于经济上的需要，另一方面是想借此与中国知识分子建立更为广泛而密切的联系。但此举却引起部分燕大同仁的不满，认为他树立了一个坏榜样。尽管司徒雷登促其改变，但无济于事。到了 20 世纪 30 年代中期，刘廷芳与同仁之间的关系恶化，甚至连司徒雷登努力从中调解也无济于事。[18]

参加生命社

刘廷芳与北京的基督徒知识分子建立了广泛而密切的联系，该群体寻求以基督徒的视角参与五四运动。其中一位是北京基督教青年会的年轻领袖徐宝谦。徐宝谦于 1919 年 5 月成立了"北京证道团"，以此作为基督徒对五四运动的回应。他意欲使这一团体起到"护教"作用，在那些受过教育的中国民众中，为基督教信仰辩护，并推动和改革教会中的落后传统。该团体的纲领宣称："中国社会的重建最需要基督教，传播基督教信仰是我们最大的责任。"刘廷芳后来将该团宗旨描述为："向全国学术界介绍基督教的真理与能力，以此作为基督徒对新时代的贡献。"在 29 位中西发起人中，超过三分之一的成员是燕大教师。这些关注社会问题的基督徒每月举行非正式的研讨活动，并在 1919 年底创办了《生

命》季刊。1922年,"北京证道团"易名为"生命社";1926年,《生命》季刊改名为《真理与生命》。为了简便,在下面论述中我们将采用后者,即《真理与生命》。[19]

北京证道团成立时,基督徒知识分子与某些五四运动领袖之间的对话仍似有可能。当时,中国教会已经历了20年的迅速增长,基督徒人数大幅增加,其所从事的教育事业不断增长,全国各地的基督教大学正不断培养出基督徒高级知识分子。徐宝谦很早就在促进基督徒知识分子与五四运动重要思想家之间的交往,他的努力在1920年3月达到高峰,因他的促成,"生命社"成员与著名"新文化运动"知识分子胡适、李大钊、蔡元培和蒋梦麟等人聚首于北京郊外交换意见。刘廷芳一直保持着与这些人的联系,北大助教的职位和外向的性格,使他能够与许多这样的关键人物保持和发展关系。他成功说服胡适、陈独秀和周作人,在1922年6月的《真理与生命》上发表他们对宗教和基督教的观点与看法。[20]

不过,这却是民国时期"生命社"的基督教思想家与中国精英知识分子之间的最后一次富有意义的交流。中国应运而生的强大政治力量,使基督徒的有识之士参与那一时期的思想辩论机会大为减少。1922年成立的"非宗教大联盟"强烈谴责基督教为迷信,是西方帝国主义的侵略工具。[21] 因着这些和其他各种因素的影响,中国知识分子开始倾向赞同反帝国主义的革命。这对于像刘廷芳这样的基督教精英来说并非吉兆,他们的宗教取向,他们与西方的关系,以及宁愿支持渐进的改革而不支持革命等原因,都使他们受到了排挤。反基督教情绪方兴未艾,一直持续到20世纪20年代末。待其沉寂下来时,新文化运动早年间出现的那一瞬间

第七章 牧者与学者——刘廷芳
Liu Tingfang: Christian Minister and Activist Intellectual

的宗教开放早已成为过去。

借助《真理与生命》促进基督教复兴

刘廷芳十分认同"生命社"的目标,从美国进修回来后不久,他即被任命为《真理与生命》的第一主编。这份刊物成为"生命社"的旗帜,是该社与广大读者沟通的主要论坛。它是那一时代非同一般的刊物,独立于任何教会或任何宗派,完全由"生命社"成员出资捐助,这有利于该刊编辑拥有更大的自由去捕捉要害问题,切中时弊,广开言路。这份刊物尽力避免任何一个教会或教派的教义传统,代之以促进中国教会的合一为目的。此外,它拒绝认同于任何政党或政治论坛,而是倡导采用基督教的伦理原则去引导政府事务。该刊的使命与要旨皆阐明在其封面上:探讨宗教教育事宜,研习圣经与神学,研究社会与教会问题,促进"基督教复兴"。[22]

在其担任《真理与生命》主编期间,刘廷芳很快开始斟酌五四运动的意义,并思考基督徒对此应当如何回应。该刊于1921年9月,全文重印了刘廷芳为纪念五四运动两周年的致辞。文中,刘廷芳热情地支持五四运动,赞赏其科学主张及对白话文的积极推行。他认为该运动具有神圣使命,可帮助中国教会与盛行于中国文化中诸多的"迷信"争战。他写道:"基督教单枪匹马与这些阴险的迷信势力作战已有一百多年,直到如今还没有一个帮手。"他也相信五四运动所强调的社会变革与教会几十年来所提倡的改革在诸多方面是相同的,诸如:妇女解放、平民教育、禁止鸦片,以及医病救人等。因此他认为五四运动间接地增强了教会的信誉,

使其社会使命得到更多肯定。他也敦促基督徒参与该运动,并尝试影响它。不过,对话的门很快就关闭了。《真理与生命》主要还是对基督教知识分子的思想产生了影响。[23]

作为《真理与生命》的编辑,刘廷芳在许多方面实际地参与了中国现代公共领域的建设。首先,其杂志以白话文出版。中国教会长期使用白话文作为主要的书面沟通形式,使信徒更容易接受圣经的教导,但此举却被中国文人视为粗俗。直到新一代知识精英的崛起,他们不局限于古文,而是清楚地认识到白话文可作为振兴民众并使国家现代化的工具,并对其寄予厚望。其二,《真理与生命》鼓励民众对涉及公共利益的事务展开更广泛的、基于逻辑的讨论,而不是仅仅依赖文化或政治权威。《真理与生命》1922年3月刊,反映了这种对公共领域范畴的理解以及该刊物这方面的角色:"辩论和研究引向真理,真理使我们得自由。"其三,刘廷芳和他的同事寻求通过他们的刊物动员读者,以实现社会改革。《真理与生命》第一期"发刊词"宣称,刊物的主要目标之一是:"联合基督教学生成一种运动,为发挥真理改造社会的中心,即以月刊为发表他们言论和精神的机关。"[24]

信仰、政治与孙中山之葬礼

国民党领袖孙中山以广东为大本营,于1924年12月北上北平,会见各方政要,以图统一被众多军阀割据的中国。不幸的是,1925年1月他被诊断出癌症晚期,于3月12日去世,终年59岁。去世前,他与家人及亲密同志度过了最后的几个星期。去世后,在孙中山生前接受治疗的北京协和医院的小礼拜堂里,大家为他

第七章 牧者与学者——刘廷芳
Liu Tingfang: Christian Minister and Activist Intellectual

举行了私人的基督教追思礼拜,紧接着是非宗教的公开丧礼。刘廷芳因与宋氏家庭的密切关系,被邀请主持基督教仪式,并拟定追思礼拜程序。[25]

几年后,刘廷芳在北卡罗来纳州一所教会献堂典礼上致辞时,生动地回忆了孙中山的葬礼。他说到孙中山去世时正值中国反宗教运动的高峰,当时有些颇具影响力的国民党要员反对孙家人提出要为孙中山举行基督教式葬礼的要求。但孙中山的夫人和儿子都坚持要举行基督教式葬礼,最终达成协议,举行两种仪式的葬礼。他们不顾暴力反对的威胁,葬礼如期进行。据一位当事人说:"每件事都做得庄严、得体,并显出基督教仪式的喜乐与美好。"对刘廷芳来说,这件事不仅仅使他有理由为作为一个中国基督徒而感到自豪,而且意味着基督教在建设新中国伟业中,也能扮演一个重要的角色。他说:"这样的事实在中国历史上将作为一个重大事件留于后世。中国的首任总统是个基督徒,死时是个基督徒,葬礼是基督教仪式,由教会的牧师以教会的名义举行,而且这样做是应孙、宋两大家族的要求做的。"[26]

刘廷芳深信,孙中山的基督教信仰与他将中国塑造为一个现代化国家的努力是密切相关的。他在葬礼举行后不久写了一篇追悼孙中山的文章,发表在《真理与生命》上。当时,孙中山在中国基督徒中是个颇有争议的人物,不仅因为他的政治活动,而且也因为他在50岁时与第一个妻子离婚,与比他年轻很多的宋庆龄结婚。刘廷芳承认孙中山的道德缺失,但在他看来,孙中山具有很多美德,诸如财政廉洁、勤奋、诚挚与坚忍。他认为孙中山的信仰告白是真诚的:"基督徒应当记得中山先生是一个信徒。他从少年受洗归主后,毕生没有背教。"

刘廷芳解释孙中山之所以与教会保持距离，是因为他是一个职业革命者，也因为他对制度化教会不满："他信耶稣是革命家，要助人改造社会，成为一个实行博爱的世界。在中国的教会，从中山先生眼中看来，是不配称为耶稣的教会，因为没有革命的精神与魅力。"刘廷芳还确信孙中山从基督教汲取力量来从事他毕生的工作，报道说孙中山在北京临死前对他的妹夫说："我是奉上帝差遣与恶魔奋斗的使者。"刘廷芳显然相信这一点，因为他将孙中山与摩西相比较：一个蒙神呼召的人将他的百姓从奴役中救出，被迫在旷野漂流多年，最后死在到达应许之地的边缘。刘廷芳最后劝勉说："同信一主的信徒，读先生遗嘱，当擦干眼泪，努力进入迦南！" 27

服务于海内外的华人教会

刘廷芳是民国时期最为著名的基督教领袖之一，亲身参与了中国教会的发展。他与诚静怡、赵紫宸一起，在 1922 年全国基督教协进会的成立过程中发挥了重要作用。一位与会者以生动的描述，回顾了刘廷芳在会议中所扮演的重要角色："在 1922 年这次历史性会议上，当教会代表处于一种四分五裂的状态，无法达成共识之时，刘廷芳博士发表了振奋人心的演讲，其中他所用的一句话后来成为中国教会的一个口号：'我们同意见解相歧，但决心彼此相爱。'那是个感人的号召，回应主的祷告，使大家合而为一，将会议从一个严重的危机带向一个成功的结果。"刘廷芳作为华北公理宗教会的代表，在全国基督教协进会中居要职达 19 年之久。28

作为民国时期具有高度影响力的基督教教育家，刘廷芳成为

第七章　牧者与学者——刘廷芳
Liu Tingfang: Christian Minister and Activist Intellectual

全国广泛的基督教教育运动的领袖。1924年，他被选为中华基督教教育协会主席，成为担任此职的第一个中国人。这个职位举足轻重，因为教育已在整个宣教事业中占据中心地位。他是在艰难时期接受这个职位的。当时很多知识分子产生了强大的反基督教情绪，他们要求全国所有的基督教大学归入中国政府管理之下，并停止其宗教活动。1927年，在从主席位置上离任之前，刘廷芳在保护和维持基督教大学的工作中扮演了至关重要的角色。他与政府达成协议，吁请各校选任华人领导者，向政府注册，所有宗教课和宗教活动都自愿选修或参加。这个解决方案很符合刘廷芳个人的观点，因为他认为真正的信仰是不能强制的；同时也反映出他的信念，即基督教教育应培养以自我牺牲的基督之爱去服务社会的青年人，来为国家作出贡献。[29]

刘廷芳的杰出表现与地位使他可以经常作为中国基督徒的代表，出现在国内外许多重大场合上，其中包括1927年在洛桑举行的"信仰与礼仪大会"、1928年在耶路撒冷举行的"世界宣教大会"、1937年在牛津举行的"生命与侍奉大会"，以及1939年在马德里举行的"国际基督教教育大会"等。此外，从1926年至1928年，刘廷芳在美、英两国巡回访问，向学术界与宗教界的听众做有关中国教会的讲演。在此期间，他也以客座教授的身份，先后在波士顿大学、耶鲁大学、哥伦比亚大学、纽约协和神学院以及哈特福德神学院授课。此外，密德伯利学院（Middlebury College）和奥柏林学院（Oberlin College）也先后授予他荣誉博士学位。[30]

刘廷芳是个多才多艺的人。他深信庄严的崇拜是基督徒生活的中心，他热爱崇拜礼仪，又有很好的语言素养，故当选为《普天颂赞》的主编。这本超过500首赞美诗的圣歌集，成为民国时

期最为畅销的诗歌本。自 1936 年出版至 1940 年，四年时间共售出三十多万册。其中刘廷芳自己创作了 6 首，由他译成中文的有 164 首。1930 年，他创刊《紫晶》，旨在发展本土化教会礼仪。其内容包括：基督教教导、祷告、诗文、圣歌、礼仪范本，以及灵修材料等。《紫晶》虽受到诸多好评，但发行范围很小，1937 年因日本入侵中国而停刊。[31]

反对不平等条约

刘廷芳的新教世界观拥护合法的国家利益，但他深信追求这些利益时，必须要由一种基于基督教公义的、对国际和睦相处的深层委身来引导。刘廷芳对极为敏感的不平等条约的看法就是个很好的例证。这一系列条约都是中国 19 世纪耻辱战败后，在西方列强胁迫下签定的。这些条约使西方人在中国拥有治外法权，允许他们在通商口岸设立租界区，并控制中国的海关。当 20 世纪 20 年代中国民族主义爆发时，不平等条约被作为外国帝国主义的象征而受到猛烈攻击，中国基督教因其与西方宣教士的关系也受到严厉的批判。在这场民族主义风潮中，刘廷芳针对不平等条约问题，1927 年 7 月在德国康斯坦茨举行的世界基督教协会促进国际友谊委员会（International Friendship Promotion Committee of the World Council of Churches）会议上，发表了强有力的演说。

刘廷芳向西方听众解释了他总结出来的中国人民的三个强烈愿望：政治上，他们希望在一个代议制全国政府的领导下，建设统一的国家；经济上，他们的目标是要使中国百姓不再为贫穷所困；外交上，他们决心恢复自尊并与其他国家平等相处。然后他阐明，这

第七章　牧者与学者——刘廷芳
Liu Tingfang: Christian Minister and Activist Intellectual

些不平等条约是实现这三大抱负的长期阻碍。尤有甚者，它们允许外国军队驻扎在中国土地上。刘廷芳认为这是近期中国学生一再迸发民族主义愤怒情绪的主要原因。他预言，几年内，这股爱国浪潮将席卷全国，而且他担心这股潮流不知会将中国引向何方。依刘廷芳所见，"中国现在尚处在十字路口。或许她会成为一个狂热的民族主义国家，追随那些在军国主义战争支配下的强权；或许她通过自己的巨大努力，成为一个强国，并促进将来国际间的友谊"。刘廷芳确信，无论哪一种结果，都将对世界产生深远的影响。[32]

无论如何，令刘廷芳十分担忧的是，基督徒在中国发挥影响的机会因非正义的不平等条约而大大减少。他一针见血地指出了问题的症结所在："宣扬和平与慈爱之福音的宣教士们，来自于以武力对中国进行政治和经济侵略的国家。"因此，刘廷芳热切吁请与会的西方基督教领袖通过一项决议，要求以符合基督教原则之精神，公正地对待中国人民，并将此决议广为散发，以此来影响西方的领导人和那些制定对华政策的决策者们。"促进国际友谊委员会"的委员们听了刘廷芳的演讲深受感动，遂于1927年7月29日发表了一项决议，以回应刘廷芳的呼吁。该决议完全肯定中国对统一、自由、平等的合法要求，强有力地敦促取消不平等条约及所有特权。此外，代表们郑重承诺，要在他们的国家为废除这些政策而努力。这样，刘廷芳平衡了国内和国际不同的考量，为中国和基督教会争取到重要的道义上的胜利。[33]

婚姻与家庭

由于中国社会以亲族关系为中心，刘廷芳自然将注意力集中

到了中国家庭基督化与现代化的问题上。在他看来，中国传统大家庭结构是个严格的等级制，并依三个原则而形成：女从男，少从老，晚辈从长辈。刘廷芳认为这一制度主要由两大势力维系下来：第一是十分注重孝道、等级关系的儒家思想；第二是在意识形态上将本氏家族凝聚在一起的祭祖思想。³⁴ 因受基督教世界观的影响，刘廷芳从根本上反对这种模式的家庭观。

首先，让妇女受教育是刘廷芳现代家庭观的重要部分。他相信教育会使母亲更有实效地教养孩子，并将在广大的社会中给她们带来更多的机会。刘廷芳夫人吴卓生与丈夫有同感，她也认为妇女在关注家庭的同时，应当有机会参加更为广泛的活动。如其所言，"如果女儿们没有儿子们所享有的同样权利，妻子被限制在厨房和育婴室里，那么家庭生活永远达不到理想的状态。"³⁵ 当然，这一家庭观挑战了中国儒家文化中根深蒂固的父权观念。

刘廷芳的现代化基督教家庭观也提高了个人的地位。在描述自己对家庭和个人关系的理解时，他这样说："家庭是为人所设立，不是人为家庭而生。家庭是为人生存，不是人为家庭而生活。"³⁶ 虽然刘廷芳并不否认家庭的重要性，但这一观念显然颠倒了中国文化及儒家传统中的优先次序。他坚持认为，与其把家庭利益放在首位，不如将个人的整全发展作为首要目标。

随着对个体越来越重视，对家庭与广大社会之间关系的意识也提高了。刘廷芳用以下的方式表达这一观点："家庭是替社会预备个人，使他成为一个对社会有用的份子。"这样，家庭不再是以自身为目的，而是在其与广大社会的关系中找到自身的目的。刘廷芳夫人赞同这一观点，认为基督教之所以提高了中国家庭的生活，是因为它"重视家庭与广大社会整体的恰当关系"。她尤为赞

第七章 牧者与学者——刘廷芳
Liu Tingfang: Christian Minister and Activist Intellectual

赏基督教强调服务社会，相信这能够帮助中国人胜过他们专顾家庭利益的狭隘心态。她说："基督教不会破坏个人对家庭的忠诚，更不会教人逃避家庭责任，而是着重强调社会服务。"[37]

最后，刘廷芳的现代基督教家庭的理念是把家庭成员视为独立的个人而拥有根本上的平等。他宣称："年龄、性别以及其他个人差异都能以其固有的形式存在，但家庭成员都要秉承人人平等的理念，否则一个家庭不可能正常成长并实现其理想的发展。"[38] 廷芳也肯定家庭内需要一个权威体系，但家庭成员间因作为个人而根本上平等的理念，与儒家家庭观等级差别的基本原则明显不合，这种理念自然倾向于缓和旧式家庭中那些较专制的层面。

支持民主

虽然刘廷芳拥护现代化国家理念，但他也意识到了其潜在的危险性。他相信民主是防范压迫的最好方式，所以他一生都在为中国达到这一目标而奋斗。1925年，刘廷芳向"燕京团契"发表演讲，雄辩地阐释了对这一主题的看法。在开幕致辞中，他将"燕京团契"称为"民主信仰之团契"，因其成员包括来自西方各民主国家的教员，他们和在场的中国同仁共享民主之信念。[39]

刘廷芳还叩问他们对民主的信仰是否真实。在他看来，必须有三个前提才能构成真正民主信仰的基础。第一，人们必须相信民主的合理性。他对许多宣教士感到灰心，因为他们是在西方民主思想的环境中长大，到了中国却开始容忍专制思想。第二，人们必须相信民主的可行性，这样他们才愿意将民主的理念付诸于实施。最后，刘廷芳指出，人们必须相信民主的普遍性。他对某

些宣教士有点不耐烦,因为他们认为民主在中国行不通,把中国人看为"民主范围以外"之民。如他所见,"民主是否能够真正生存在这个世界,征服世界,乃至成为世界政体的最终形式,最终将取决于它是否能普遍适用于全人类"。⁴⁰

论到这一主题的属灵方面,刘廷芳宣称:"我们的团契是个信仰民主的团契,因为我们的团契也是一个信仰上帝永恒目的的团契。"他认为这样一群人来到北京,旨在帮助中国实现民主,这是上帝特别眷顾的标志:"除非我们相信这个宇宙只不过是精神与物质在疯狂旋转,漫无目的也毫无意义,我们只是被命运玩弄的玩具,否则我们就不得不承认我们是上帝永恒目的的一部分。这位上帝在掌管、引导、计划,并且他非常关心我们所做的一切。"在其演讲结束前,他呼召与会者为实现上帝永恒目的、看到上帝的国临到中国而再次献上自己。1936年,刘廷芳应邀成为立法院(国民政府五大部门之一)的委员,他开始有机会、有限度地实践他的民主理想。虽然立法院并非大有权势,但立法委员却是个重要职位,足以使刘廷芳从燕京大学荣退。他和全家人迁居上海,每当立法院开庭时,他就从上海前往南京。他在燕京的同事兼朋友赵紫宸对其进入政界的决定深感失望,因为他认为刘廷芳此举与其蒙召作为基督教牧师是不相符的。不过,刘廷芳则认为,这是将服务社会的信念付诸实践的一种途径,他有意不加入国民党的事实也使之更为合情合理。⁴¹

战争与刘廷芳最后的岁月

1937年日本侵华后,国民政府被迫逃离南京,在中国的内地

第七章 牧者与学者——刘廷芳
Liu Tingfang: Christian Minister and Activist Intellectual

城市重庆设立战时陪都。刘廷芳于 1939 年 4 月从上海前往重庆,参加立法院每周的庭会,同时也参与教会工作。他原打算在重庆待 6 个月以履行立法院的职责,但 5 月初,日军开始猛烈轰炸这座城市,刘廷芳脆弱的身体无法应付紧张不断的空袭,以及长时间在狭窄拥挤的防空洞里藏身,再加上他严重的鼻窦炎得不到及时医治,最终导致鼻窦破裂。幸好,由于与政府的关系,他得以在仅有几架飞离重庆的飞机中获得一席之地,飞往香港接受紧急治疗。[42]

到了 6 月,刘廷芳回到上海租界自己的家中,那时的租界仍在西方国家的控制之下,所以像香港一样享有自由。他在那里继续做《真理与生命》的编辑工作,以及写文章、讲道,还在不同的基督教机构委员会里服务,如中华基督教协进会（NCC）、基督教青年会（YMCA）等。因其立法院委员的身份,他在上海生活必须特别小心谨慎,因为日本人在租界里刺探知名的中国爱国主义者,甚至暗杀了其中一些人。到 1941 年初,刘廷芳感觉上海已经变得"太热",于是决定接受一位朋友的忠告,离开中国。是年年底,刘廷芳偕妻带女迁居纽约城,他和妻子在那里有许多私人朋友。[43]

就在刘廷芳离开上海后不久,日本偷袭珍珠港,太平洋成了战争的主战场。战局变化排除了刘廷芳短期内回国的可能。因此,刘廷芳成了中国国家救济委员会之一员,在美国为国民党的抗战努力争取支持。作为这项努力的一部分,他也为"联合对华救援会"（United China Relief）工作。这是一个伞式的组织,将许多美国团体机构聚集旗下,同心协力支持国民政府和中国人民抗击日本侵略,其中许多团体与教会密切相关。除此之外,刘廷芳一如既往地每日忙于教会各项事工与活动,经常就中国与基督教有关的话题向不同的教会群体演讲。在战争年代,刘廷芳的健康状况

持续恶化，其中部分原因是过度劳累。最终他感染了肺结核，不得不入住新墨西哥州阿尔伯克基市（Albuquerque，New Mexico）一家长老会的日疗所进行治疗。不幸的是，他的病情未能改善，1947年8月2日，刘廷芳客死异乡，享年56岁。[44]

独特的教会领袖

刘廷芳在20世纪初的中国教会领袖中是独树一帜的人物，无论对中国基督教，还是对中国社会都作出了重要贡献。他是少数几位集教会侍奉、教育工作和社会活动于一身的教会领袖——如此成就绝非易事。在教会事工方面，其主要贡献是借编辑赞美诗发展了中国基督教礼仪；借他在全国基督教协进会（NCC）中的角色，促使中国教会的合一；借他在诸多重要国际会议上的影响，建立并加强了中国教会与普世教会之间的关系。在教育领域，刘廷芳不仅帮助"燕大"崛起，使之成为中国首屈一指的教会大学，而且也帮助各教会大学，在国民党政府统治之下找到适应与发展的途径。最后，在社会参与方面，刘廷芳协助中国教会更有效地影响社会，尤其是通过编辑《真理与生命》，主持孙中山的葬礼和服务于立法院等行为，更直接地影响社会。虽然刘廷芳的生命因疾病而缩短，但他丰富多彩的人生历程与璀璨辉煌的事业成就，给中国留下了难以磨灭的印记。

鸣谢

这一章选自包克强（John Barwick）2011年在加拿大阿尔伯特

大学的博士论文《华人新教徒精英分子以及他们对中华民国时期现代化的寻求》(*Chinese Protestant Elites and the Quest for Modernity in Republican China*),第五章。

第八章
一生为大地耕耘者服务——张福良

毕乐思

> 留学海外的中国人中,许多人有了异乎寻常的教育背景和就业资本,甚至有了贵族化的家庭,回到中国后,所关心的不过是一己之私。但这四个人(晏阳初和妻子许雅丽,张福良和妻子许海丽),以及和他们一起的少数人,奉献自己的生命和所有的才能,千方百计地致力于提高同胞的生活。(赛珍珠《当东方遇到西方》序言)

第八章　一生为大地耕耘者服务——张福良
Zhang Fuliang: Serving the Tillers of the Good Earth

1937年7月日军侵略中国，日本飞机多次轰炸江西省省府南昌。几个月之后，耶鲁中国信托基金会 (Yale-in-China trustees) 的代表弗朗西斯·哈金斯（Francis S. Hutchins）拜访了江西农村福利会主任张福良。一天夜晚，两人正在交谈，一架敌机在投掷炸弹前，盘旋城市上空达两个小时之久。张福良提议说："天色已晚，我们不妨就睡到各自的床底下，估计弹片不可能穿透铺有床垫和毛毯的铁床。"

1938年年底，南昌落入日军之手，张福良将福利会总部南迁至300多公里外的山城赣州。但是，这座小城也每日遭受狂轰滥炸。随着成千上万难民源源不断地涌入这一地区，张福良在国家救济总署拨款，并在国际红十字会和上海的美国顾问委员会津贴等支持下，设立了两个难民中心，提供就业培训、教育、卫生以及娱乐等活动。其中一个难民中心专事纺织，再经第二道工序加工成麻袋，用来运输江西开采的钨矿石。这是一种盟军所需要的非常重要的军火原料，也是中国换取外汇的资源之一。[1] 满载这些贵重货物的飞机从坐落在云南群山中的城市昆明出发，飞越过"世界屋脊"喜马拉雅山脉，运送到驻扎在印度的盟军手里。

虽然许多人遭受痛苦，死于疾病、营养不良和疲惫体衰，但仍有些难民能够过着相对平静和有作为的生活。难民中心里的每一个难民平均每天可赚5角钱，其中大约一半用来购买中心合作社厨房所提供的食物。1940年9月，张福良写道：

> 学会了一项新的生活技能后，他们逐渐不再过分依赖难民救济了，因他们已经自觉或不自觉地获得了自信。他们从劳动所得中积攒些钱，以致将来遣返后，可以有积蓄重新开始生活。在逃难离开家乡时，他们是张家人、

王家人或是李家人，但现在他们意识到，他们也是一个拥有四亿五千万人口国家的公民。当战争结束重返家园时，他们将会像克服困境的胜利者一样凯旋。²

1945年2月，日军向南进攻，占领了整个江西。张福良与平民百姓、卫理公会的宣教士以及天主教的神父和修女们一起，登上最后一架执行疏散任务的美国飞机，离开赣州。他们与另外5架载运部队的飞机一起，熄灯越过敌占区，飞向昆明。不料在昆明上空，正遇上裹挟着时速一百多英里强风的特大暴雨，飞机在盘延了两个多小时，燃油仅够维持五分钟的情况下惊险着陆。抵达昆明的次日早晨，他们发现其他飞机上的军人都已安全跳伞，而运载平民的这架飞机却没有配备降落伞。³ 这是张福良95载人生中多次濒临死亡的经历之一。

上海圣约翰学院

张福良的父母皆于早年由无锡迁往上海。母亲在10岁为逃避太平军之乱来到上海时，父亲已经在上海四处找工作了。他最初在一个铁匠铺当了几年学徒，然后自己开了一家零售店，销售铁料、钢材和煤。张福良是他们的第5个儿子，1889年3月9日出生。他刚出生时，因为缺氧脸色发青，大人们对他的存活已不抱希望。当奶奶和接生婆使他缓过气之后，热心膜拜送子观音菩萨的母亲便到南京路上的红庙燃烛上香，感谢观音菩萨使她儿子还阳。⁴

张福良的一个哥哥在圣约翰学院读书，因而，他在1903年也进了圣约翰中学。该校由美国圣公会的宣教士创办，学校要求学生们参加每日的早祷、灵修和主日崇拜。宣教士们相信，借由这些宗教活动，毕业生即便未受洗，也会受到基督教道德和属灵方面的熏陶，进而影响其他人。在圣约翰接受美国认可颁发学士学位（通过并入哥伦比亚特区）的那年，美国宣教士明恩溥（Arthur H. Smith）对 1907 年的毕业生发表了演讲。他在结束演讲前，谈到中国所需要之学者的素质时，如此言说："他们必须学会苦干和耐心等待。中国需要有良知的学人；需要那些无论什么位置都会前往、不被人轻看也不任人践踏的人；需要那些甘居低位卑职，直到国家希望他们去哪儿就去哪儿的人。"[5]

1909 年夏末，张福良和 5 位已在圣约翰完成第二年学业的同班同学一起到北京，参加第一次"庚款"留学考试，以赢得奖学金去美国留学。庚子赔款系西方列强因清廷支持义和团，造成西洋人和中国教民生命和财产巨大损失而索要的巨额赔款。美国将赔款所得的一部分退还中国，设立了一笔专项奖学金，并在北京建立了清华学堂，作为"留美预科学堂"。受益于圣约翰学院素来注重"西学"和"中学"两方面的学习，6 人都被录取，成为第一批 47 位留美预备学生的一部分。

走向耶鲁大学之路

1909 年 10 月 12 日下午，学子们登上"中国号"汽轮启航赴美。到达旧金山三周后，张福良和他的同学一起乘火车去芝加哥，然后换乘另一列火车前往美国首都华盛顿。在那里，迎接他们的是"中国教育使团"创始人容闳（参《光与盐》第一卷）的侄子容揆，当时他在中国公使馆工作。由于这些学生从上海到马萨诸

塞州春田市的15000英里旅程，总共花了37天，等他们到达时，已经赶不上大学的秋季入学了。⁶ 容揆只好把他们分派到春田市（Springfield，Massachusetts）的5所预科学校入读。

张福良和另外3个学生住在马萨诸塞州格罗顿市（Groton）劳伦斯学院院长亚瑟·克劳（Arthur Clough）的家里。张福良注意到，每天早晨克劳院长在清扫完路径上的积雪后，都会赶到厨房帮忙准备早餐。"等我们来吃早饭时，他已经工作了两小时，甚至更久。如此恪守常规，吃苦耐劳，日复一日，给我留下了深刻的印象。"

图8-1 1910—1911年，张福良和其他义和团基金学者在马萨诸塞州格罗顿市（Groton）劳伦斯学院：站在最右边的为张福良，梅贻琦（后来成为清华大学校长）站在左起第三的位置。

光与真理

1910年秋，张福良入读耶鲁大学的谢菲尔德科学院（Sheffield

第八章 一生为大地耕耘者服务——张福良
Zhang Fuliang: Serving the Tillers of the Good Earth

Scientific School)。耶鲁第一年，一个冬天的早晨，张福良从有轨电车上下来，赶着去上8点钟的课。当他穿过融雪泥泞的马路时，一辆迎面驶来的有轨电车撞上了他。司机赶紧降低挡泥板，但这不但没能在张福良倒下的那一刻托住他，反而将他压倒在地上。电车前行八九米后才停下来。司机原以为会看到一具残缺不全的尸体，没想到张福良竟跳起来，径自跑去上课了。[7]

在张福良面临选择硕士课程的研究领域时，1908年美国前总统提奥多尔·罗斯福（Theodore Roosevelt）在国会演讲中提到的中国问题，引起了他的兴趣。罗斯福谈到中国经由数世纪的森林砍伐，造成连年洪水、饥荒和毁灭性的破坏。罗斯福力主国家应当保护森林资源，因为只有政府能够决定什么是公共利益之所需。[8] 因此，1915年，张福良在耶鲁大学林学院——美国首屈一指的院校——获得了他的硕士学位。

夏令营既可使学生们远离课业，得到短暂的休息，也能为他们提供参加体育活动的机会。张福良和一百多名中国学生一起参加了由1911届中国学生会在新泽西州普林斯顿举行的1911年夏令营。在一个晴朗有风的日子，张福良获得跳高第二名，跳远第三名。[9] 在大学的最后两年，张福良还是大学足球代表队的球员。

在1911年中国学生大会上，张福良和其他几位林学院学生共同创立了"华人林业者俱乐部"。这是中国留学生在美的首批专业性学生组织之一，其目的是使会员熟知中国所面临的问题，以便将来在工作中互相帮助。[10] 两年后，他在写给《中国学生月刊》的一篇文章中，描述道："（森林）保护不是几个季节或几年，而是几十年乃至几个世代才可以奏效的。森林滥伐加速了风雨侵蚀，以致造成山坡的土壤流失。滥伐森林引起水流失衡，水流失衡在

雨季时就产生洪水灾害，而在其他季节则会出现干旱。"他与同学一起发出呼吁："即使你们中间有人认为森林保护对中国目前来说太超前，但为了人类，为了下一代，为了你我生命的缘故，我恳求你们：坚决制止水灾和饥荒。"[11]

被称为"耶鲁理想"的"光与真理"深深地吸引了张福良："你们的光也当这样照在人前，使他们看见你们的好行为，便将荣耀归给你们在天上的父"（马太福音 5:16）。通过这些好行为人们便将认识"父亲般的神和兄弟般的人"，以及认识"在科学、人文学、物质世界以及精神领域里的神的真理。"[12]

1912 年夏，在马萨诸塞州北田镇（Northfield）举行的基督教青年会大会上，张福良与另外两位庚款留学生梅贻琦和唐悦良一同成为基督徒，并在北田镇公理会教会受洗。梅贻琦后来成为清华大学校长（1931-1948，参《光与盐》第一卷）；唐悦良则在 20 世纪 20 年代出任外交部常任副部长。张福良写道："或许我的宣教士老师们在圣约翰学院播撒的基督教爱与服务的种子，一直处于休眠状态，然后开始发芽，并从克劳院长无声的见证中得到滋养。"他开始将亲眼目睹到的无私奉献付诸实施：后来，他在康涅狄格州纽黑文加略山浸信会，教授华人洗衣工学习英语，长达 5 年之久。

在耶鲁期间，张福良爱上了许芹的女儿许海丽（Louise Huie）。许芹是纽约长老会华人教会的牧师，其夫人是美籍荷兰人。他们教会的宣教对象是当地华工，并为当地中国留学生建立了一所"游子之家"。1914 年初，张福良写了一篇关于如何适应美国生活的文章，对美、中两国女性幽默地做了比较："我认为美国女孩是现代进化的产物，而其表姊妹中国女孩则是 4000 年优胜劣汰的幸

第八章 一生为大地耕耘者服务——张福良
Zhang Fuliang: Serving the Tillers of the Good Earth

存者。前者是美丽、健康的理想,堪为宜人的伙伴;后者则是忍耐、信任的化身,最适合做忠实的妻子。一个如巴拿马运河,是现代别出心裁的奇迹;另一个则像中国长城,是坚韧不拔的结晶。"[13] 张福良发现,毕业于纽约亨特学院(Hunter's College)的许海丽兼具两者优点。1915年7月15日,他在她父亲许芹的教会里娶她为妻。[14]

婚后不到两个星期,这对新人即乘船前往中国。在两人今后的冒险生活之旅中,许海丽的宜人性格和坚韧毅力成为了他们的极大财富,而张福良则有不少机会来实践他那始自圣约翰时期的座右铭——"学会劳作,学会等待",这句话摘自亨利·朗费罗《人生礼赞》的最后一节:

> 让我们奋起前进,
> 不屈从任何命运;
> 不断地进取,不断地追求,
> 学会劳作,学会等待。

学会劳作和等待

一到中国,张福良就去看望了他的父母,告诉他们自己决定成为一名基督徒。他谈起基督是如何帮助他抵制那些诱惑青年人的酒品、女人、歌舞和赌博的。他还告诉他们,他如何在纽黑文教会的主日学里,借着教英语来帮助自己的同胞。母亲听了很高兴,回答说,她一直都在为他祈祷,现在多了一位神明来看顾他。

张福良看到中国局势不够稳定,无法实施保护自然资源的长远规划,就接受了耶鲁中国雅礼学院的教职。雅礼学院于1907

年创建于湖南省府长沙北门外，从一个小诊所一直发展到了包括预科学校、学院、医学院、护士学校和医院等在内的规模巨大的教育机构。雅礼学院成立后不到10年，董事会就决定聘任华人教师，并给他们与外籍教员同样的工资待遇。这使员工们的关系在同工同乐中更为融洽。华人教师的忠诚与才智，也使学校从中获益。张福良为此描述道："教职员间弥漫着平等和相互尊重的气氛。"[15] 张氏夫妇与众同仁在校园里建立了友谊，他们一起讨论国家和学校大事，共同为中国引进现代教育而分担责任，这友谊持续了终生。他们也更加努力使雅礼成为东西方之间相互理解的桥梁。

在雅礼的第一年，张福良和妻子与分别毕业于上海圣约翰学院和中西女塾（McTyeire Girls School）的兄嫂住在一起，在他们的帮助下，他们学会了如何在保守的湖南人中间生活。最初的6年里，张福良在雅礼学院教授理科课程，担任足球教练，并参与指导社会活动与宗教活动。张福良到任后不久，就在占地30英亩的校园内，包括荒弃的旧坟地、田野和池塘旁广植树木。[16] 张氏夫妇还在家里举办创新的男女混合小组文娱活动，为孩子们举行圣诞节晚会等；他们也教授英语、参与教会侍奉，还参加了基督教男女青年会的各种活动。许海丽必须学会说中国话，她在那些想学习烘制蛋糕和饼干的中国妇女中很受欢迎。1922年，她的姐姐许海兰（Helen Huie）与丈夫桂质廷一起，也来到雅礼与妹妹一同工作。桂质廷在雅礼任教一年后，赴普林斯顿大学攻读物理学博士学位，1925年偕家人重返雅礼任教。[17]

张福良遇到过几个中国最坏的军阀。自1911至1920年，湖南省陆陆续续由8个军阀统治，他们疯狂掠夺，导致湖南时有饥荒、

第八章　一生为大地耕耘者服务——张福良
Zhang Fuliang: Serving the Tillers of the Good Earth

溺婴,甚至人吃人事件发生。[18]1919 年,张福良乘火车从武昌到长沙,途中就遇到了威胁。威胁来自湖南省长张敬尧一名重要副官的 4 个保镖。张敬尧曾是臭名昭著的土匪头目,后来摇身一变,成了湖南督军兼省长。这 4 个保镖在火车上用枪强逼着张福良离开车厢,以便给他们的将军腾地方。待这位将军一到,张福良便向他介绍自己是雅礼学院的教师,并抱怨其侍从的无礼行为。将军把他请进了车厢,告诉他说湖南兵工厂就在湘雅医学院的南边,因此他们是邻居。但将军又反过来抱怨说,雅礼的学生为什么放着课不上,却到大街上抗议示威。"这是谁的错呢?"他问。张福良回答说:这很可能是因为学生们缺乏训导,就像他刚刚所受到的恃强凌弱的对待一样。将军回应说:"你答得很妙,到长沙后我会惩罚他们。"张福良遂恳请将军不要惩罚,因为这不全是他们的错。

社会与政治之动荡

1921 年 5 月,张福良在宣教士刊物《教务杂志》上发表了一篇文章,讨论"学生的社会问题"。他写道,尽管中国在教育方面比以前有所进步,但纳妾和卖淫等社会陋习还没有废止。他探讨了一些赞同和反对男女同校的争论,进而解释了许多年轻人不愿遵从旧式道德准则的原因。"新道德"、"自由恋爱",以及"新式婚姻"在逐渐取代包办婚姻的同时,也给他们自己带来了痛苦。他鼓励读者:引导和教育学生,使他们的"未来不至于比他们的父母更为不幸"。他的目的是要呈现出基督徒婚姻中的道德纯净性,以及对妻子和儿女的忠诚与关爱;他不鼓励早婚,但鼓

励女性接受教育，力主在基督徒家庭中建立良好的社会互动模式。他和许海丽探访了临近毕业的学生和他们的家庭，给他们以鼓励。[19]

自1921至1926年，张福良担任雅礼预科学校校长，该校有二百多名注册学生。[20] 学校培养学生良好的英语语言技能，提供西学基础入门、公民教育培训等，这些都是现代中国就业所需要的宝贵资本。大多数学生尚未毕业，就已直接进入商界或政府部门工作了。[21] 作为校长，最叫他为难的是，学生们动不动就为极不重要的事罢课。张福良很快厌倦了学生们要求放假以举行"各种纪念"的请求："从孔子诞辰，到纪念四五年前在长沙被日本人杀害的三个中国学生等等，不一而足。"[22]

1925年6月初，长沙学生获悉上海发生了"五卅惨案"，英国警察向示威的中国学生和工人开枪，射杀10人，击伤50人。雅礼学生与其他院校的学生们一起，到市区游行，并有传闻说，长沙所有的外国人都将被包围起来，并于次日黎明被枪决。虽然湖南省长宣布了戒严令并明示"凡造谣者格杀勿论"，但中学生们仍在街上游荡，并在学校组织罢课，胁迫他们的父母赞同其破坏性的观点。[23] 在一次教职员紧急会议上，教师们投票表决，让学生们暑期离校。张福良后来感叹道："我们这些人一直在苦心建筑'理解的桥梁'，竟至变得头重脚轻，最终垮塌了。"[24]

1926年，张福良重返美国，进入雅典城的乔治亚大学（University of Georgia at Athens）攻读他的第二个硕士学位，专业是乡村教育和园艺领域的农业学。学习期间，他与家人期盼着能与哈罗德·葛瑞（Harold Gray）一同回国，到华中工作。哈罗德是来自密歇根州安·阿尔波城（Ann Arbor, Michigan）的宣教士，他要

第八章 一生为大地耕耘者服务——张福良
Zhang Fuliang: Serving the Tillers of the Good Earth

去华中开设纺纱、织布、印染合作社。张福良和家人回到中国后,把家安在了上海。

全国基督教协进会农村干事

1927年,张福良被任命为中华全国基督教协进会农村工作干事。在任期间,他遍行全国各地,参加会议,走访农村的教会、学校和领袖培训机构,以及基督教大学和神学院等。自1928至1934年,他为《教务杂志》写了10篇文章,论及农村教会所面临的经济、社会和宗教挑战。他鼓励每一个宗派挑选出二三名最为训练有素的教牧人员,派往农村做牧师,这样他们就可以研究并处理这些挑战与问题。他建议:教会人士成为农林业的行家,开办农村培训中心,重新设置包括农学在内的神学院课程,并以谦卑的态度对待农村百姓。[25]在全国各地举行过5次地区性会议之后,张福良觉得1930年1月1日开始的"五年计划"是一个机会,可以借此夺回"中国青年基督徒的关注、激情和忠诚"。他在一篇文章中鼓励说:"任凭任务艰难,路径陡峭,到农村去!"[26]

著名农学家肯扬·巴特菲尔德(Kenyon L. Butterfield)在出任耶路撒冷国际宣教协会的顾问后,被请到中国做顾问。从1930年11月至1931年4月,张福良陪同肯扬·巴特菲尔德访问了多所教会、学校,并参加会议。巴特菲尔德建议乡村建设要始于社区层面,应由专门人才服务于农村的宣教、农业技术推广、扫盲、健康卫生和乡村工业建设等各个领域。[27]1930年,90名代表参加了在定县举行的全国扫盲培训班。张福良的妹夫晏阳初(参《光与盐》第一卷)领导了平民教育运动(简称"平教会"——译者注)

的乡村建设试点，²⁸ 定县是他们的试点基地。

1931 年，对中国来说是十分艰难的一年。那年夏季，长江和淮河泛滥成灾，殃及 5 个省数百万人。9 月，日军进犯东北三省，建立了"满洲国"傀儡政权。此外，全球性经济大萧条也给中国带来了沉重的打击。

1933 年 4 月，定县的"平教会"主办了一次研讨会，主题是：基督教会在乡村建设中的任务是什么？来自 14 个省份的 180 多名代表，其中包括 36 名外国人，聚集一堂，共同讨论了多项议题，包括识字、合作社、农业项目、农村卫生工作、公民权利、戏剧与艺术等。一位宣教士感慨，看到这些与会者把他们当做同一个战壕的战友，他们深受鼓舞和感动。他们也由此相信，以基督教的活力，教会完全可以在国家重建中起到巨大的作用。

两星期后，在全国基督教协进会两年一次的会议上，张福良的评论更加慎重。在国家危亡之际，教会所能提出的挑战性计划在哪里呢？全国基督教协进会愿意成为中外基督徒共同从事乡村建设事业的协调机构。²⁹ 张福良鼓励农村教会提供各项服务，诸如识字班、菜园、植树和乡村图书馆等。³⁰

一年后，张福良总结说，基督教农村服务工作成功地实践了其宗旨："帮助人们像上帝的儿女一样生活，使每个社群成为上帝国中的一个组成部分。"他所阐述的六要点，主要集中在民生、基本教育与成人教育、健康与卫生、宗教教育、家庭手工业以及如何善用闲暇时间等方面。然后，张福良也阐述了快乐服务所需的基础：

> 乡村建设的工作没有基督精神是不会成功的。唯独这种发自与神圣源头亲密联系的精神，才会赋予我们服务他人、为人类需要而牺牲自己的能力。教会需要投身

第八章　一生为大地耕耘者服务——张福良
Zhang Fuliang: Serving the Tillers of the Good Earth

于乡村建设，以释放出潜能和熊熊燃烧于基督门徒心中的圣火……他们的信息就是那位被钉十字架舍己牺牲的基督；那位来到世上服侍人，而不是受人服侍的基督。基督徒应像他们的主一样，服务于中国农村那卑微的一群人，一旦他们有了这服务的机会，他们就能从这服务中得到满足与回报。[31]

张福良推行一种综合性方式，以便满足"全人、全家和全社群"的需要。在其"农村基督徒领袖须知"中，他罗列出5个优先事项：精通一种专项服务，事先要有农村实际情况的第一手经验；知晓村民们的想法；认识农村社会（包括宗族、互助社会关系和社会习俗，使得"这些关系和制度能够保存下来，抑或以基督教观念和内涵使之更为丰富"）；以一个真正学者的态度，不懈地寻求真理；最后，要有基督教的价值观，一种"超越世界的财富、权力和荣誉的价值观"。[32]

农村的新生活

1934年，国家经济委员会在国际联盟支持下，派遣工作人员进入江西南部山区开展重建工作。经过七年战争，这一地区损失极为惨重：民居损毁、人口减少（尤其是身强力壮的男人）、疾病（包括疟疾和痢疾）肆虐、通货膨胀、土地荒芜和耕畜缺乏。在拥挤肮脏的难民中心里，各种社会张力已经达到极限。[33]

刚刚被任命为江西农村福利会主任的张福良，为难民提供教育、农业、健康、合作社和家庭手工业管理等方面的培训。10个难民中心，每个中心平均服务4万人。虽然工作"困难重重，成

功寥寥……若没有甘愿降卑之情怀，没有人能长久服务于平民百姓之中"，张福良却乐在其中。这里没有成文的服务标准，只有一个指导原则，那就是急人之所需。"这样，通过与助人为乐的福利工作人员频繁接触与交往，通过不断地接受新思想、新事物和新方法，这些农夫农妇开始接受新的生活观念。"[34]

张福良在江西工作时，他的家人分散在全国各地。长女在北京燕京大学读书，儿子在武昌文华中学（Boone Middle School）读书，准备入读雅礼学院，妻子许海丽和三个最小的孩子则住在上海。[35]

艰难的战争岁月

1936年3月，抗日战争迫近之际，伪满洲国境内的中国基督徒遭到迫害，有关犹太人在德国遭受迫害的传闻也广为传播。张福良为《教务杂志》撰文，题为《基督教信仰与中国的危机》，意在扰攘混乱的时局之中，分享他的基督徒信念。首先，他相信上帝和他的美善。"帝国来又去，改朝又换代，唯上帝是永恒的。"他鼓励读者，在面对自然灾害和战争时要心存盼望。"我只有在这信仰中，才能找到生命的意义，并发现我们能像征服者一样，战胜一切的困难与磨难……我们要打信心之战，不计暂时的后果，确保最后的胜利。"第二，他相信人和人的理性，虽然"我意识到其向上之路显示出反常和倒退"。第三，他相信"正义而非强权乃是人类命运的最后仲裁"。随着通讯的发展，世界变得越来越小，各国为了每个人的生存必须通力合作。最后，他相信，追求美好生活是每个人与生俱来的权利。一个宗教要有生命力，就必须帮

第八章 一生为大地耕耘者服务——张福良
Zhang Fuliang: Serving the Tillers of the Good Earth

助其信徒或即将成为信徒的人，去追求那美好的生活。耶稣来到世间是要人得生命，并且得的更丰盛。末了他说：虽然目前的现实与这些理想不符，"但我们唯一能做的就是栽培浇灌这些生长在基督教灵魂沃土上的信仰之根"。[36]

从1936年12月至1937年5月，张福良应国际联盟的邀请，赴东欧学习乡村建设经验。在访问考察了丹麦、捷克、波兰、匈牙利和南斯拉夫等国的工作之后，他又前往美国，巡访"田纳西河谷管理局"（Tennessee Valley Authority）及其他项目。那年夏季，在国际联盟于印尼爪哇召开的乡村卫生会议上，张福良还拜会了其他国家的乡村领袖。

1937年7月日军全面入侵中国，为躲避轰炸，张福良偕家人从一个地方搬到另一个地方。[37] 他继续担任江西农村福利会主任。此时，成千上万的难民从沿海涌入该省。省府南昌被占领后，他搬往南部山城赣州，继续为各难民福利中心工作，为难民们提供各种服务。

1945年8月，战争结束前几个月，张福良就任中国工业合作社总干事，合作社的口号是"合作"。战争期间，难民被组织到工业合作社工作，生产工具、简单机械、建筑材料、纺织品以及其他生活消费品。合作社利用敌人封锁外国进口的有利时机，调动丰富的难民人力和原材料资源。当时，几乎一半的工业合作社都是棉纺社，为平民供应衣物，为士兵制作军服。战争结束后，张福良受命将战时的救济工作转变为和平时期的合作社运动，但因战后遍及全国的经济大萧条，这一努力遇到极大困难。[38]

1945年后，合作社生存艰难。到1947年时，分散在12个省的300个合作社的努力目标，已经降低到免于破产或淘汰。张福

良在一封信中写道:"今天,在战争的破坏下,和平与家庭生活,一碗米饭,平等的工作和教育机会,听起来就像遥远的梦想!但要实现这个梦想,不管战争和通货膨胀如何,我们必须努力向前。我们正在开创一个良好的开端,进行一个脆弱的尝试。"[39]

经过十年"披盔戴甲"没有休假的工作,张福良身心俱疲,他极需时间休息以恢复体力与精神。1947年,洛克菲勒基金会(Rockefeller Foundation)邀请他前往美国,研究合作社和乡村发展建设,同时英国联合救援机构(British United Aid)也为他提供了经费,研究英国的合作社运动。[40]

1948年,中美经济援助法案(U. S.–China Economic Aid Act)基金用其十分之一的款项,名为"晏阳初条款",建立了中美联合农村建设委员会。张福良被这一委员会任命为湖南长沙华中地区办事处主任。中美联合农村建设委员会最大的项目,是修复200公里长的大坝。1948年该大坝因号称中国"鱼米之乡"的湖南洞庭湖发大水而遭到毁坏。中美联合农村建设委员会为该项目捐助价值80万银元的大米,以激发当地百姓完成这一价值超过200万元的建设工程,同时还要防止腐败,增产粮食。因此,这地区的每个人都期盼秋季有个好收成。

1949年上半年,张福良和妻子再次住进雅礼校园内的一个临时住所,在经过日本人的劫掠之后,校园内的大部分房屋已变为废墟。但他们发现当年校园里种下的小树苗,如今已长成了成片大树,成为长沙的一个新景点。张福良见到了许多雅礼校友,感到十分满足和欣慰。这些校友如今已成为学者、医师、商人和雅礼学院的领导者。"雅礼在培训和发展本地领袖,并委以重任等方面树立了榜样。"中美联合农村建设委员会还向湘雅医学院提供了

第八章 一生为大地耕耘者服务——张福良
Zhang Fuliang: Serving the Tillers of the Good Earth

资金,用于控制农村疫病。

等待与观望时期

1949年11月23日,张福良偕同妻子乘飞机前往香港。[41] 由于当时香港挤满了难民,张福良夫妇遂移居澳门。[42]

翌年春,他们乘船前往旧金山。张福良希望能够参与杜鲁门总统的"第四点"新计划,该计划旨在与世界上落后的地区分享美国先进的科学与工业技术。1950年4月14日,当轮船穿过国际日期变更线时,张福良赋诗一首,题为《奉献》:

> 61岁的我再度穿越太平洋,
> 去追求我们新的未来。
> 这是金色的未来,还是沽名钓誉?
> 是酷爱旅游,还是个游戏?
> ……
>
> 我们把余生作为礼物,
> 献给世界上落后的地区。
> 愿服侍在肥田沃土上劳作的人们,
> 让每个村民的家庭过上好日子。[43]

不久他发现,只有美国公民才可以申请参与这项总统计划的工作。尽管如此,他还是从这项计划中获得了一笔资金,去帮助那些滞留在美国的中国学生和学者。在耶鲁神学院团契的一年期间里,他撰文论及教会在帮助农村百姓方面的潜在作用。

1950年6月,雅礼协会在纽黑文举行第48届年会,张福良在

会上发言:"当今最大的需要,是内在心灵的培养和品格的塑造:一种能够使青年人基于东西方之精华来展望未来的人生哲学;一种能使人清楚、客观地思考,并能分辨是非的知识分子之诚实;最后还有一种,即正直、诚信的个人品格,大丈夫言出必行。"

张福良如此结束他的发言:因为人类毁灭自己的能力已经增强,旅行和通讯之便利已使世界变成一个共同体,"现在,这个世界比人类历史上的任何时期都更需要有生命的基督教。基督的门徒必须在日常生活中活出他们的信仰,使上帝为父、人类为兄弟的信念在其所在社群中真实地体现出来"。44

许多人想方设法帮助张福良夫妇找寻一个永久居所。长老会差会很想资助他们到日本或朝鲜从事乡村建设工作。但由于局势日趋紧张,美国政府的某一部门忙于让部分中国学生回国,而另一个部门却设法使其他学生留在美国,张福良夫妇虽然不是学生,也面临这个问题。曾于1919至1920年间任教于雅礼学院的俄亥俄州议员约翰·佛伊斯(John Vorys)写信给当时的助理国务卿迪安·鲁斯克(Dean Rusk),为张福良说情,希望美国留住这样优秀的人才。45

培训他人、服务社会

伯里亚学院(Berea College)院长法兰西斯·哈金斯(Francis S. Hutchins)最终从国会为张福良争取到了在肯塔基州教学和研究的资金。那时,哈金斯院长已在中国做了11年雅礼协会的代表,他们曾在南昌一同经历过日本炸弹从头上飞过的可怕之夜。张福良的工作主要是在松山(Pine Mountain)贫民学校(一所为贫穷

第八章 一生为大地耕耘者服务——张福良
Zhang Fuliang: Serving the Tillers of the Good Earth

的阿巴拉契亚山区孩子们所设的寄宿学校）从事研究、教学工作，接待造访伯里亚校园的外国访客，并指导那些来自 21 个国家的国际学生。张福良说："我们的教员对伯里亚学院的兴趣在于它对世界重建而不是破坏所作的贡献。"[46] 该学院成立于 1855 年，旨在反对奴隶制度，强调学术性与实用性并重，坚持"一手拿铁锹和文法书，另一手拿望远镜和希腊文《圣经》"。[47] 这一特点对张福良夫妇来说似乎是再合适不过了。

张福良讲授社会学，包括教授高级班"不发达地区的乡村建设"这门课。1952 至 1969 年期间，他接待了来自 70 个国家的 1000 名访问者。这些访客往往逗留四五天，考察肯塔基贫困山区的乡村建设情况。他们受派于国际组织、美国政府、宣教机构以及各个大学，他们通过参观形式多样的学生工作坊，走访山区学校，以及在伯里亚课室里分享他们各自国家的信息等活动，体验到劳动的尊严和价值。那些来自于新兴国家的访问者在伯里亚既受到启发，又得到了建设性的思路。伯里亚在阿巴拉契亚山区为穷人所做的工作，比他们访问过的其他地方更接近于他们自己的处境。[48] 华盛顿政府项目总管如此肯定张福良说："如你所知，伯里亚学院对贫民的服务，与美国大多数院校相比，更贴近我们国家许多贫民的需要。"[49]

张福良同样乐于向伯里亚的学生讲述世界各国。为举出不同文化模式的范例，他特地为普通学科班收集了 60 条中国格言。他鼓励外国访问者在伯里亚多住些时日，以便有足够的时间向学生和市民们演讲。张福良夫妇的访客留名簿首页上写着孔子的格言："有朋自远方来，不亦乐乎？"因为自身经历，他们理解那些面对破碎山河仍然努力建设的人，而那些在他们家里同吃一锅饭的夜

晚,也在许多人心中留下了永久的回忆。张福良写道,因他邀请许多访问者到家里做客,他与他们之间的关系发生了"何等明显的转化",即由官方的导游与访客之间的关系,转变为个人之间的朋友关系。[50]

图 8-2　张福良和妻子许海丽 1956 年在肯塔基州伯里亚家中接待一对印度尼西亚朋友。

在当年还是国际学生时,张福良就已经对美国的现代工业和工程奇迹印象深刻。他希望新一代的国际学生们知道,这种富强的基础不在于其技术,而在于它的"精神和道德理念,社会和政治的稳定,还有努力的工作"。[51] "人与人之间无法正确彼此相待,除非他们先与上帝有正确的关系。当社会变革的城堡建立在我们内心已改变过的磐石上,那么,人类自私和贪婪的风暴就不能侵蚀、损害其根基。"[52]

在另一次与青年人的谈话中,当谈到一种"人生当依循的信仰"时,他讲到了自己九死一生的经历。"在我一生中有过多次死里逃生的经历,就像我曾经提过的,我找不到任何其他的解释,

第八章 一生为大地耕耘者服务——张福良
Zhang Fuliang: Serving the Tillers of the Good Earth

只能说归于我们天上的父上帝的丰富怜悯。"他继续说道："他有要我完成的使命，我要做的工作在他对这个世界的永恒计划里面。我所关注的是找出他对我的旨意，并遵循他的旨意，其余的事他将会看顾。"他在结束谈话时说：

> 我没有选择十字架，但十字架面对着我，我祈求我会得到力量去跟随他，他就是道路，真理和生命……对我们所有的人来说，这些都是艰难的日子，对你们这年轻的一代尤为艰难。我愿向你们推荐保罗在罗马监狱中所写的一段话："我知道怎样处卑贱，也知道怎样处丰富；或饱足，或饥饿，或有余，或缺乏，随事随在我都得了秘诀。我靠着那加给我力量的，凡事都能做。"[53]

反思与重逢

1959年，张福良从教职上退休，时年70岁，此后他担任校长助理，并继续接待众多的国际访客。有一队来自印度的富有经验的教师，在伯里亚住了一个学期；然后另一队人造访了地处莱克星顿的肯塔基大学。这队人离开后不久，写信给张福良和他妻子说，张氏夫妇的影响在他们回家后仍然发生着作用。[54]1963年，5位从事农业教育的巴西人来访，他们在美国先访问了其他5个地方，当在伯里亚的三天访问结束时，该团的领队说："伯里亚不单是用头脑，而且是用心在向我们说话。"[55]

1964年，哈金斯校长给张福良写了封信，对其工作表示欣赏："我相信，不少访客在美国各地访问时，多少会有一些不愉快的经历和感受。但他们访问这里时，因着你的细心与周到，会消除他们诸多的不愉快。"[56]那时张福良虽然已75岁，但伯里亚社

会学系主席仍然在1964年秋写信给华盛顿国家科学院主任，推荐张福良做研究设计领域的顾问："他身体就像五十几岁的人那样年轻，他仍健步如飞。"他高度评价张福良设计行动计划的能力，以及带动并引导他人将计划付诸实施的能力。[57]

图8-3　左为张福良，右为好友伯里亚学院院长哈金斯（Francis S.Hutchins）及一位日本大学的访问校长，1954年于肯塔基州伯里亚。

当1915级毕业班庆祝五十五周年时，耶鲁大学林业学院发出了一份问卷，其中一个问题是："什么有助于人类的福祉？"张福良回答道：

> 与人为善，对我来说是通往美好人生的最佳途径。没有一个侵犯他人、夺取他人利益的人会成为真正的领袖。他或许会让人畏惧，或受人奉承，但他决不会受到人们的爱戴和尊敬……今天这世界三分之二的人是大地的耕耘者，却仍有一半的人今晚要饿着肚子上床。如果他们能得到帮助，通过教育、更好的农业、工业和健康

第八章 一生为大地耕耘者服务——张福良
Zhang Fuliang: Serving the Tillers of the Good Earth

生活,一起致力于争取共同的利益和公民权利,从而过上更好的生活,那么21世纪的世界,将会是一个让我们子孙居住的更好所在。[58]

一位伯里亚的访问者回忆起在张福良家里参与过的一次愉快的讨论,内容是关于中美家庭的差异。当他见到张福良和他的家人后,感觉到这个家庭"新老两代人之间的快乐和谐"。张福良为他的5个孩子感到自豪,他们都读完了硕士;他很高兴他们都生活在美国。不过,令他挂心的是16个孙儿孙女,在他看来,他们越来越美国化,而不是同时接纳两国文化中之精华。

> 他们懂得一些中文,但讲得很少。他们虽然在中国家庭的氛围里长大,接受了美籍华人家庭的人生哲学教养,但他们的文化却更多的是基督教与美国文化,而不是儒家与中国文化。鉴于现代潮流正趋向于一种新兴的世界文明,中国文明有许多可贡献出来。中国思想中的仁、义、中庸、礼让等观念都值得了解和欣赏。依中国人的思维方式,它们是形成世界文明重要的一部分。我们不希望我们的子孙后代是百分百的美国人,或百分百的中国人,他们应是现代世界中有教养、有责任感的男人和女人。[59]

为庆贺他们五十周年金婚,孩子们以张福良夫妇俩的名义设立了一项奖金,奖给伯里亚学院社会学的最佳学生,这让张福良夫妇感到惊喜。1965年8月,张福良偕妻搭乘"克里夫兰总统号"轮船前往日本、中国台湾和香港看望朋友,但因历史原因,他们当时不能与祖国大陆的朋友取得联系。[60]

在1966年圣诞节的问候信中,他们讲述了过去15年里何

等幸运，成为学院师生中的一员，他们"从坐落在伯里亚山岭上的小家望出去，看到迷雾笼罩着的山峦，如同中国的山水画"。他们和女儿露易丝，女婿杨丹一起住在一座两层楼的公寓里，女儿和女婿都在伯里亚学院工作。杨丹去世后，路易斯迁居加州，张福良夫妇后来则与他们在新泽西、罗德岛和纽约的孩子们同住一处，含饴弄孙，安享天伦之乐，此乃中国人幸福生活的写照。

张福良在最后的岁月里虽然身体渐衰，但头脑依然清晰，他甚至和医院里的病友辩论时事。[61]1984年4月7日，张福良在纽约市石溪镇（Stony Brook）去世，享年95岁。许海丽于1991年12月31日逝世于石溪，享年98岁，死后葬于康州诺特福市（Northford）墓园，她丈夫的旁边。[62]

从废墟中建立希望

上大学时，张福良先是主修林业，希冀以此作为救国之道，拯救国人脱离洪涝与饥饿。但当那些计划受挫时，他转向了教育，以此作为建设新国家之法。在他的培育下，雅礼学院的学生或成为教授，或成为富有责任感的公民；雅礼校园中那繁茂的树木，也成为大众休闲的景点；江西省成千的难民在战争的恐惧和忧伤中走向新的生活；70个国家的访问者带着榜样的力量和希望，从美国回到他们的故土，帮助其国人提高生活水准。

在1972年出版的张福良传记前言中，诺贝尔奖得主、在中国出生的宣教士女儿、小说家赛珍珠写道：

第八章　一生为大地耕耘者服务——张福良
Zhang Fuliang: Serving the Tillers of the Good Earth

留学海外的中国人中，许多人有了异乎寻常的教育背景和就业资本，甚至有了贵族化的家庭，回到中国后，所关心的不过是一己之私。但这四个人（晏阳初和妻子许雅丽，张福良和妻子许海丽），以及和他们一起的少数人，奉献自己的生命和所有的才能，千方百计地致力于提高同胞的生活。张先生的方法在他们工作所及之地，是行之有效和富有成果的。乡村面貌改变了，成千上万人的生活改善了，希望代替了绝望。[63]

在自传的引言中，张福良谈到了中国人千百年来所寻求的三个目标：福，禄，寿。[64] 这些，在他为大地耕耘者服务的生涯中都找到了。1967年，一位朋友以对张福良的赞美之辞，作为他谈话的结束语：

> 作为一个伟大的慈善家，生活在中国历史饱受涂炭的年代，张福良以别人少有的温柔和热情，始终如一地为人民谋福利。一次又一次，每当一场新的灾祸降临时，他都被迫停下手头的工作；但一次又一次，他都以其英雄气概和温柔谦卑的品格，重归劳苦，从人生的碎石与废墟中建立起新希望。那真正高贵的英雄的名字不需要从屋顶上呼喊出去，不需要以此来确立他们在人们心目中的地位。那许许多多经过他们触摸过的生命，足以使人永远记住他们，以及他们所树立的榜样。[65]

当张福良思考他一生中经历的天灾人祸、内忧外患时，他如此写道："我很庆幸，除了两次几乎失去我们所有的家当之外，经历这些灾难，却能一路平安走过。无论如何，我总有种说不出的感觉，那就是有一只圣手在引导着人的命运。"[66]

鸣谢

本章取自毕乐思的《"爱国者"还是"卖国者"？——中国留美学生史》[(*Patriots or Traitors? A History of American-Educated Chinese Students*) Armonk, NY: Sharpe, 2004]，并被许可使用。特别感谢香农·威尔逊（Shannon H. Wilson），伯里亚学院图书馆特藏及档案室主管，也感谢耶鲁大学神学院图书馆特藏室图书管理员玛莎·斯莫利（Martha Smalley）。

第九章
法官、天路客和诗人——吴经熊

林仰嵩

「无论人们是否喜欢，或是否意识到，吴经熊（以及那些像他一样的人）正是这一影响的起点。最终，如吴经熊自己所说：『当一个伟大灵魂出现于世界舞台之上时，后来者只能步其后尘。』」（许章润《当法律不足以慰藉心灵时》）

第九章　法官、天路客和诗人——吴经熊
Wu Jingxiong: Judge, Pilgrim, and Poet

1942年秋,蒋介石读了《旧约》中的《诗篇》(天主教通译《圣咏集》)的部分中文翻译,译者是当时上海著名的律师、法官和法学哲学家吴经熊。蒋介石被译文中的文学和灵意之美所震动,希望他不但把剩下的《诗篇》译完,也把整本《新约》译为中文。他付给吴经熊一笔丰厚的薪水,以供他在接下来的一年里专心译著。后来,吴经熊完成了这一翻译,译文风格别致,体现出很高的文学造诣,以至很多人至今仍将其视为《新约》最好的中文译本。蒋介石自己也在上面加了很多标记,甚至还在吴经熊的翻译初稿上做了些修订。后来,这本由吴经熊书写、蒋介石用蓝色墨水笔标记和校订的多卷本《新约》出版了豪华的、由真丝线装订的盒装版。其中的一套被美国国会图书馆收藏。

吴经熊很喜欢这份工作。他习惯选择翻译那些与他某天情绪正相符合的独特诗歌,尤其喜爱那些他觉得能捕捉到中国人情感的诗,比如对自然之美的歌颂,以及对公义报应的哲学思辨等。他希望《诗篇》能如一位本土伟大诗人最初写成的那样,与中国人对话。他的译文有口皆碑,十分成功。后来,他回顾自己的翻译时,说了下面的话:

> 在翻译这些作品时,我有3000年的中国文学可借鉴。汉语里描写大自然之美的词汇如此之多,我不愁找不到合适的词、词组或整个句子。但《圣咏集》之所以成为这样一个独一无二的东西,源于作者以饱满的爱意观赏自然之物,对造物主有着深刻的认识。我觉得自己的翻译之所以能为中国学者所接受,原因之一就是,我的翻译使《圣咏集》读起来更像中国人自己写的诗,只不过这个中国人碰巧是个基督徒罢了[1]。

吴经熊借此达成了他人生的主要目标：促进貌似对立的东西文化、情感与理智、基督教和中华传统之间的合一。几乎在他所有的作品中，无论是法律、学术、诗作、祷告或简单的生活艺术，他总在寻求一种对立面的综合统一。这成了他重要的人生使命，以至于他把自己的自传，命名为《超越东西方》。该自传记述了他的早期生活，他在中国和西方所受的教育以及信仰基督教的经历等。

早年生活

1899年3月28日，吴经熊出生在浙江省的港口城市宁波。20世纪初，中国封建帝制即将终止，他周围的世界正经历着从古代到近代的永久性大转变，但他早期的教育仍深植于儒家学说、道教、佛教智慧以及中国古代伟大诗作的土壤之中。他父亲是银行家，出身贫寒，后来以乐善好施且不事张扬闻名，实践出其"自己不够花，也要帮助别人"的人生信条。吴经熊有两位母亲，一位是生母，他称之为"小娘"，是父亲因第一个妻子无法生育，在其催促下娶的第二个妻子。"小娘"在他年仅4岁时就过世了。另一位他称之为"大娘"，是父亲的第一位妻子。他15岁时，"大娘"也去世了。吴经熊在他的作品中写道，神给了他两个母亲，"一个生我，一个养我"。

15岁时，他进入当地一家中学，接受西学教育，物理成绩很好。后来他又进入上海浸会大学（Baptist College of Shanghai）学习理科。当他第一次听说"法律"时，好奇心大发。他回忆说，第一次听到"法律"这个词，心就跳了起来。后来他与一位朋友一

第九章 法官、天路客和诗人——吴经熊
Wu Jingxiong: Judge, Pilgrim, and Poet

起通过了法学院的入学考试。几个月后，17岁的吴经熊结婚了。

吴经熊6岁时，他父亲为他订了亲，对方是他父亲的朋友兼同事的女儿。随着年龄渐长，好多次，他刻意经过女方家门，切望一瞥将来妻子的容颜，但直到新婚之夜，他才第一次见到妻子，而且是"一见钟情"。多年后，在回应一个比利时的神父朋友对中国父母包办婚姻的传统提出质疑时，吴经熊做了很有趣的抗辩：

> 尽管我不是凭己意订婚，但对父母相中的她乃是我命定妻子这一点绝无疑问。在一种意义上，这般的订婚比自由相亲更具尊严，因为它是天作之合。如若一个人自己选了对象，便有可能会疑虑是否选对了。相反，倘若像我们这般相信一切姻缘均出于天意，便无后悔的余地，正如亚当不能后悔神只给了他夏娃而未见别的女子。[2]

吴经熊于1917年春开始学习法律，不久后转入美国美以美会新近创办的上海东吴大学读法科。他是全校年纪最小的学生，却显示出过人的法学天分，连续六个学期，成绩都是第一。[3]

青年才俊

吴经熊对来自田纳西州的学院院长查尔斯·兰金印象深刻。他也爱上了必读书目《圣经》以及其他的基督教教科书。由于这些经历，他接受了基督教，并于1917年冬在美以美会受洗。

毕业后，1920年秋，吴经熊进入密歇根州安娜堡（Ann Arbor）攻读法学博士。他曾以为美国是基督教国家的理想状态，但目睹周遭美国同学用最不敬的方式以基督之名骂人，追求财富，他的想

法动摇了。他评论说,"我最惊异的,乃是美国的神竟是全能的美元!……我问自己:'这就是华盛顿、林肯和爱默生的美国吗?'"他不再祷告,也不再去教会,信仰逐渐消弱,并重拾对基督教的不正统理解,只接受圣经里符合其旨趣的话语。

"我的信仰本非根深蒂固,现在更逐渐远离了一度热爱的东西,因为我缺乏相宜的宗教环境。更有甚者,我对法学和哲学的深入思考,冲淡了原本不坚固的信仰,结果我忘了三位一体的教义,不知不觉成了一元论者。我把基督仅仅视为一个人,一个人间导师,他那超乎寻常的人格和敏锐的道德洞察力,仍能吸引我……但我不再关心基督是否为童贞女马利亚所生、是否复活或真行过神迹。倘若他不是神,他会更值得景仰和效仿。我把一切教义问题都抛到脑后。"[4]

吴经熊1921年获得密歇根大学法学院的法学博士学位,20多岁就开始发表中西方法律传统的比较论文。他的第一篇论文是关于中国古代法律的,发表在《密歇根法律评论》(*Michigan Law Review*)上。[5] 这个22岁的年轻人鼓起勇气把论文寄给美国最高法院法官奥利弗·温德尔·霍姆斯(Oliver Wendell Holmes),霍姆斯当时已八十多岁,受到吴经熊的教授们盛赞。他写了一封附函,解释说他觉得霍姆斯可能愿意读些有关中国古代法律思想的文章,因为那些思想和他的想法很接近。吴经熊认为,他多半只会收到一封出自霍姆斯助理的礼貌回复,没想到霍姆斯亲自做了回复,并称赞了他的学术洞见。由此,二人开始了长达十多年的友谊,并就许多法律和哲学问题互有信件来往,直至1935年霍姆斯去世。

1921年5月,吴经熊的教授觉得他在国际法和比较法方面的

第九章 法官、天路客和诗人——吴经熊
Wu Jingxiong: Judge, Pilgrim, and Poet

研究很有潜力，就鼓励他去申请奖学金。很快，他获得了卡内基国际和平基金会的一个奖学金，这笔钱可以使他自由地选择前往学习的机构，他选择了去巴黎大学。他在一封从巴黎写给霍姆斯的信中，表达了自己对这个世界深重的义务感和使命感："我将在巴黎尽心尽力，尽我所能地阅读写作，尽可能深刻地观察和思考。作为中国人，我有责任拯救祖国、启蒙人民、振兴民族，让中国走进现代文明。"[6]

吴经熊还在德国待了一段时间，师从法学哲学家鲁道夫·施塔姆勒（Rudolf Stammler）。在那里，他试图使他视为截然对立的两大导师（霍姆斯和施塔姆勒）取得和谐。后来他反思说，"我觉得，我的心智具有一种持久倾向，就是调和彼此间的矛盾。这一倾向既是欢乐之源也是痛苦之源：欢乐，是因为通过协调，人就超越于不和谐的世界之上；痛苦，是因为并非一切东西都是可调和的。"[7]

1923年秋，吴经熊回到美国，在哈佛法学院做了一名研究员。12月份他旅行至华盛顿，首次见到了霍姆斯法官及夫人，并在那儿待了几天。三人一起，喜乐多多，欢笑多多。拜访后，吴经熊写了一封信，高度赞扬霍姆斯，说他集合了看似相反的矛盾特质，并将其和谐化。

> 看来你表现了最矛盾品质的完美和谐。你虽年事已高，但仍留在快乐的童年里；你是法学家，却有着诗人也不及的浪漫气质；你禀性刚强，只认事实，但你内心轻快，可使人忘记甚至欢享生存之重负；你精力充沛，却不是俗气的蛮劲。某种不可形容的单纯与性格的伟大合在一起，使你的生命成了一件艺术品。它是崇高的，

也是优美的。假如卡莱尔（Carlyle）将天才描述为"至高神的更为清晰的显现"是正确的，那我便能夸口，至少见到了一个天才。⁸

法律界升起的新星

在人生和事业的节点上，吴经熊将霍姆斯视为他最好的行为榜样，不管是在法学哲学领域，还是在生活艺术层面。他觉得自己的人生使命，就是将真正的公义带到中国，对更大的"拯救中国"之伟业有所贡献，并使其同时代的学者意识到专注尽力地投入其中的当务之急。他决定1924年6月回到中国，并不再出国。他告诉霍姆斯，他将继续致力于自己的使命，但也感到存在本身不是喜乐，而变成了一个沉重的负担。

> 我但愿未曾出生过——那样我的安息该有多甜美啊！为什么要生在这个黑暗世界的最黑暗部分呢？我在沉重的使命前发抖了。去启蒙！去使卑微者高尚，使痛苦者欢乐，使工人获得基本工资，使无房者有住处，掌握生命并将它引向更纯净的通道——这些，都是我要致力解决的。我并不将之视为苦杯，不是的，它们是我消遣时光的娱乐。我们既然存在，除了满心幽默地接受生命并提高它之外，还能做什么呢？⁹

外表上，他享受着巨大的成功，他被视为那个时代中国和西方最伟大的法学思想家之一。他已整装待发，要在中国接下来数十年的法律建设中起到带头作用。然而，他的内心却充满虚无和苦恼，这体现在他后来比较黑暗的人生篇章中。谈到初回上海和

第九章　法官、天路客和诗人——吴经熊
Wu Jingxiong: Judge, Pilgrim, and Poet

亲朋重聚，他幽默地回忆说，两个儿子在他出国时还是婴儿，如今回来，有好长一段时间，他们迟疑地打量着他，仿佛他是闯到他们家的陌生人。[10] 他在东吴大学法学院教授比较法学，并和院长一起创办了《中国法律评论》期刊。

"法律是我的标尺"

1927年1月1日，吴经熊被任命为新上海省法院的一名法官，既可裁决双方都是中国居民的案子，也可裁决原告是外国人被告是中国人的案子。在给霍姆斯的信中，他热情洋溢地写道，"我将有大量机会来做法律领域中创造性的工作了。我可以试着将中国法律霍姆斯化了！"[11] 他这样说，是表示他会致力于建设真正的司法独立，在任何可能的政治影响之下，秉持公义和法律规定。

吴经熊在法庭上的裁决受到了好评。1929年，在一件著名案件中，吴经熊反驳了一位西方辩护律师的观点，那律师认为对外国人太严格会延迟或者阻碍治外法权的取消，对此他的回答是："在我看来，你的观点既不适当，也与本案无关。法律，而不是治外法权，才是本法庭的唯一标尺。我宁愿行正义……也不愿意歪曲正义，即使这样可以加速或促进治外法权的废除。"

对吴经熊的裁决，《北华捷报》（*North China Daily News*）一篇社论评论说："任何国家法的执行都牵扯到对法庭和审判者的特殊保护。法律变成了标尺……人无论贵贱尊卑，都须一视同仁地服从它，法官必须不循私，不枉法。他坐在裁判席上时，必须不徇政治、宗教、种族的私情……我们应为吴法官那关于法庭要执行之功能的明智声明而向他表示祝贺。"[12]

吴经熊其他的裁决也得到了中外报刊的良好评价。一家报纸说他是"所罗门王坐在审判席上！"另一家报纸称他为"吴青天"[13]。他在上海变得如此有名，以至于很多人想贿赂他，送他和他太太礼物，或给他们赊账，但吴经熊总是断然拒绝。有一次他大发雷霆，只因他姐姐劝他说，判案公义收点礼物没什么不妥。[14]

图9-1 吴经熊。

1929年，他在美国短暂访问期间，接受了到哈佛大学教书的邀请函。他计划回家后带着家人一同返美。但回国后他发现妻子身体欠安，于是决定留下，继续在上海从事法律工作。后来，他称这是一段物质上最好而灵里最差的生活时期。

大批客户纷纷涌向吴经熊，使他财源滚滚。由于涉入业界很深，几乎难以脱身，因而，他拒绝了加入最高法院的邀请。可观的财富和庞大的客户网使他经常成为"花楼"（flowery houses）晚会的座上客，而这也加剧了他的灵性堕落：

"不知不觉，我已经变成一个不折不扣的花花公子。

第九章　法官、天路客和诗人——吴经熊
Wu Jingxiong: Judge, Pilgrim, and Poet

有两年半时间，我每晚都出去应酬。即使现在回想起那些日子，也能闻到一股地狱的气息。在此期间，我极为不快，对自己也很不满意，我无法将脚拔出淤泥……我变成了绝望的牺牲品，只要有人跟我谈宗教，我就大发脾气，把他赶走，叫他'不要虚伪了！'……1934年我与一个女孩相好，我问妻子能不能娶这个女孩为妾。我妻子（神保佑她）不同意。只是说：'你到四十岁时可娶一个。'"

吴经熊的放荡行径已广为人知，甚至他的女儿都告诉他，自己为他感到羞耻；而他之前的教授查尔斯·兰金也来质问，想使他恢复基督教信仰。吴经熊冲他骂道："你是一个小心眼儿的人！你能向我显示你信仰的证据么？"他感到既不快乐也不安宁，一方面由于当时国家形势混乱，更因为他世俗的人生哲学。他后悔娶了个不识字的妻子，甚至提出离婚，以便娶个有教养的妻子。他的妻子很难过，但答应了，最终，反而是吴经熊自己的良心阻止了他没有那么做。

新宪法的起草者

1933年元月1日，吴经熊和孙科博士一起进入立法院（中华民国唯一的立法机构）。孙科是中华民国创始人、前总统孙中山先生的儿子。他组织了宪法起草委员会，委托吴经熊草拟一份宪法草案，此草案后来被称为"吴经熊氏宪法草案初稿试拟稿"（《吴氏宪草》）。他一个月完成了初稿，并发表到报刊上以供公众评阅，他希望所有公民都有机会参与评论。猛烈的批评马上就来了，但他发现，比原来想象的要好。1936年11月的一篇日记中，他回忆了当时的进展："尽管几年前我在草拟宪法时，成了诸多攻击的目

标,现在我却可以用如下事实来安慰自己:许多体现在那份署着我名字的草案中的观念,已被吸收进定稿中了,定稿已交给议会等待选择。研究一下公共意见的嬗变是挺有意思的。1933年,潮流在激烈地反对我;1934年春,它开始变了,到了同年秋天,整体上都站在我这一边了!"[15]

这个时期吴经熊还兼任了孙中山文教进步研究所宣传部的部长,他和孙科等人,包括著名作家林语堂(参第9章)创办了《天下月刊》,那是一份英文文学期刊。吴经熊写了好多文章和诗歌,其中诗歌多以笔名发表。1936年吴经熊出版了《法律的艺术》(*The Art of Law and Other Essays Juridical and Literary*)一书,并受到《哈佛法律评论》(*Harvard Law Review*)好评。

个人危机以及国家危机

1937年7月,抗日战争开始,中国进入充满灾难的20世纪中最大的苦难时期之一。从吴经熊之后的回忆忏悔中可知,那时他仍处在灵命危机中。8月,战事波及上海。吴经熊有一次从南京秘密返回上海与亲友团聚,在中立的法租界内谋求庇护。一天,他读了几本书,开始建立其回归信仰的基础。一本接一本,读到的书带领他意识到自己的罪,意识到自己需要悔改。从《诗篇》14篇中,他读到:"愚顽人心里说:没有神。他们都是邪恶,行了可憎恶的事,没有一个人行善。耶和华从天上垂看世人,要看有明白的没有,有寻求神的没有。他们都偏离正路,一同变为污秽;并没有行善的,连一个也没有。"他自问:"'我是行善的吗?''不是!'我的良心从里面回答我。'我没有做过可恶的事

第九章 法官、天路客和诗人——吴经熊
Wu Jingxiong: Judge, Pilgrim, and Poet

吗?'"我做过!'"

他也读到《神曲》中但丁对被压抑折磨灵魂的描述,觉得那就是自己灵魂的真实写照:

> 就在我们终有一死的人生中途,
> 我发觉自己迷失于幽暗的丛林,
> 偏离了正道。
>
> ——但丁《神曲·地狱篇》

后来吴经熊暗示说他甚至考虑过自杀,他评论这些诗句时说:"我的灵魂如此之痛,甚至死亡本身也不过是种安慰。"[16]

当读到耶稣和行淫妇人的对话时,吴经熊的悔改时刻到来了。那妇人后来用膏油洗耶稣的脚,并用头发擦干。她悔改的眼泪使吴经熊内心的哀伤与痛悔倾泄而出:

> 还没有读完这最后一段,我就止不住号啕大哭了。我说:"耶稣啊,我也是一个妓女。神赋予了我美好的灵魂和理智,我却将它们浪费在寻求世俗荣誉和物质财富上。在政治圈和社会生活里,我被迫装出自己并未体会到的快乐表情,对那些我所蔑视的人曲意逢迎。在这些时候,我都忽视了你,我的救主与伴侣!原谅我,主耶稣,让我用眼泪来膏你!原谅我所有的姐妹,那些可怜的卖唱女吧,她们比我好很多。让她们因你而成圣!"……在我吐出这些祷告词后,我的灵魂被喜乐和安慰所充满,感恩的泪水从心底喷涌而出,与忏悔的泪水合在了一起。在那一刻,我感到基督再次张开双臂接受了我。我体验到如此的狂喜,永生难忘。[17]

1937年11月，由于吴经熊写过并说过一些反对日本军国主义者的言论，日本军方到处搜捕他。一个天主教朋友请吴经熊到他家里避难。在这位朋友家中，吴经熊被他们全家一起诵念玫瑰经的场景所感动。在那里，吴经熊也了解了法国修女圣德兰的人生故事。在她的自传《灵心小史》（也译《灵魂的故事》）中，吴经熊看到了她真实善良的灵魂。一个年轻的圣徒，带着孩童般纯真的情感全心地爱着耶稣，同时，她也是多种对立面的中和：

> 它给我的印象如此深刻，我对自己说："如果这本书代表了天主教思想，我看不出自己有什么理由不成为一个天主教徒。"因为在那里，我发现了所有对立面的活生生的中和，比如谦卑与大胆、自由与纪律、快乐与悲伤、责任与爱、力量与温柔、恩典与本性、愚痴与智慧、富足与贫穷、集体与个人。在我看来，她综合了佛的心肠、孔子的美德、老子的明智超脱。这位年轻的修女死时只有24岁，但她却达到了这样的至善至美。秘密在哪儿？如果她不是基督肢体的一个成员，她又怎能如此完全地认识到自己的个性呢？[18]

于是，吴经熊决定成为一名天主教徒，他告诉这位朋友自己的决定，朋友惊讶得说不出话来："神的恩典多么奇妙！过去10年来，我们一直在为你祈祷！"1937年12月18日，吴经熊在一个天主教堂接受了"有条件的圣洗"，第二天早上，他第一次接受了圣餐。[19]吴经熊回忆起几年前，他还计划着在妻子的允准下纳一房妾，他这样回忆自己的归信时刻："应许之地隐隐在望，但慈爱天父另有计划。就在1938年前不久，他将我从恶魔掌中抢了过来，从我自己的手中救了我。我在1937年12月18日被天主教会

第九章　法官、天路客和诗人——吴经熊
Wu Jingxiong: Judge, Pilgrim, and Poet

接受，结束了一场长达 7 年的噩梦。"[20]

后来吴经熊回忆起自己最初的基督教经历以及他的跌倒与离开时，曾将部分原因归咎于他所看到的新教缺点，就是没能满足他内心深处的饥渴："我的个人主义，与我的非理性主义和感伤主义一起，达到了这样的程度，以至于我似乎变成了一个孤独的无体之魂，一个幽灵，在空荡荡的宇宙里漂荡，痛苦地想为自己找到一个新的身体。我完全赤裸着，唯有神的恩典能再次为我披上基督之衣，披上完全的基督，他是真神真人。"[21]

天主教会除了为他孤独的灵魂找到了一个"新的身体"外，吴经熊内心对母爱的饥渴也同时得到了满足。他 15 岁失去母亲后，一直有那样的渴望。"我一生都在寻找一位母亲，最后在天主教会里找到了她。这是在三种意义上说的：神是我的母亲，教会是我的母亲，圣母是我的母亲……当初我还是循道宗基督徒时，就常常疑虑为何神的母亲马利亚很少被提及。我对她有一种模糊但却强烈的渴望，但那时我并不知道她在天主教会里的地位。"[22]

更新的生命

吴经熊信仰基督后，人生开始改变，虽然渐次发生，但却彻底不可逆转。之后，他一直是虔诚的天主教徒，很多年里，每天望弥撒、领圣餐。因着基督的爱，他写下了探究人灵魂深处历程的书，如《内心乐园——爱的三部曲》(*The Interior Carmel : the Threefold Way of Love*)。他将中国古代圣贤、神秘主义者的心灵生活和作品与基督教圣人、神秘主义者如小德兰圣女（Thérèse of Lisieux）、圣十字若望（John of the Cross）和圣女大德兰（Teresa

of Ávila）的人生和作品进行了对比，并就此发表文章。

有这样一个例子。吴经熊强调，德兰圣女和老子都与基督对童年的赞美有相似之处，只有那些成为小孩子的人，或"重生"的人，才可能得见天国。基督热情地怀抱孩子们，责备那些不想让孩子们来打扰他的门徒，小德兰圣女也被称为"婴孩耶稣的圣女小德兰"（St. Thérèse of the Child Jesus），因为她曾深深默想耶稣卑微地作孩童的境况。

吴经熊还有一项特别恩赐，就是有出色的才能辨识并描绘出所有真理的同一性，无论那真理源自东方还是来自西方。他曾雄辩说，儒学、道学、佛学的最好精华被神圣的启示提升或更新，都能在基督里得到完美呈现。中西方古代伟大哲学家，如苏格拉底、柏拉图、亚里士多德、佛祖、孔子、老子以及孟子等人的智慧，在吴经熊看来，都是在为基督的来临作准备。

> 打个比方，我们的神在世界的任何角落都有使者先锋，神道成肉身之前，已经在人心中播种了"道的种子"。与施洗的圣约翰不同，那些使者并不知道他们的使命，但是我们的神仍赐予他们智慧和勇气来教导世人各种法则，而这些法则，似乎都带着乡愁、指向那个即将道成肉身来到世界的永恒之道，救赎者和人类的夫子……他们教导的法则，并非没有失误，即便是那些不失误的教导，也仍是不足，使人陷入迷茫的僵局中。这种僵局，正强调了神的启示之必要性。那些真理的谷子包含着众所周知的真理，是微弱的福音暗示，只有藉着福音的光照，我们才能洞悉他们真正的意义。换句话说，非基督徒哲学家说的那种渴望似乎在基督本人身上得到了实现。[23]

第九章　法官、天路客和诗人——吴经熊
Wu Jingxiong: Judge, Pilgrim, and Poet

困难时期

1937 至 1944 年抗战时期，吴经熊以写作支持抗战，他和家人之间的联络时常被中断。这段时期里，他与一个耶稣会修士交好，那修士对神的爱深深打动了他，后来成了他的心灵导师。[24]

20 世纪 30 年代后期，吴经熊一家迁到了香港。1940 年，他们的女儿兰仙患了严重的热病，吴经熊的妻子那时还不是基督徒，她为女儿的康复祈求，她把孩子的生命交在神的手中，孩子最终恢复了健康。医生都说这是奇迹，于是，吴经熊的妻子也信了基督，受了洗，并取德兰为自己的教名。随后的年月里，他们以天主教信仰养育了自己的 13 个孩子。[25]

吴经熊归信后，生命结出了很多果子，其中之一就是，他逐渐看到了妻子内在真实的美丽，意识到妻子是神赐给的礼物，这礼物带给他很多惊喜：

> 神开了我的眼，使我逐渐看到了我太太的内在品德，以前我认为她配不上我，现在则是我配不上她了。基督成了我们之间的活纽带……每当我与妻子一道跪在领圣体的围栏边时，我心里都涌过一阵阵喜乐和赞叹……我们感到这婚姻好像每天早上都得到了更新，而每次更新又加深了我们的爱。基督啊，我在内心说，这一切怎么可能呢？……你使我们的生活成了一场绵延不断的蜜月，而我们现世的生活不过是它的序曲。基督啊，我们的心在你的爱里得到了连合，只要我们未与你分离，我们又怎会分离呢？[26]

1944 年春，吴经熊去战时的陪都重庆做短期访问，他将自己

翻译的《新约》带给蒋介石看。他在重庆时获知,一队日本军正向桂林逼近,而他的家人就住在那里。吴经熊不能回去,也没法安排他们乘飞机离开,只好给他们发电报,让他们马上逃离。接到电报后,他们立即行动,由其长子托马斯(Thomas)带领,在很恐怖的情况下,被一个一个扔进最后一列离开的火车,逃离了桂林。抵达贵阳后,全家团聚。吴经熊说,这次出逃是"神美妙的旨意",因为后来他听妻子说,如果他当时回去的话,全家恐怕就再也逃不出来了。那年冬天,他们搬到了重庆,吴经熊和蒋介石有了频繁的联系,并成了好朋友,后来,蒋介石在吴经熊的圣经翻译稿上,亲笔做了很多评论。[27]

中国高级外交官

1945年春,吴经熊在旧金山参加了三个月的联合国大会,致力于联合国宪章的制定,回来后,向当时的立法院做了汇报。12月,孙科博士通知吴经熊说,蒋大总统希望他出任梵蒂冈公使。吴经熊为此十分高兴,但随后不久,国内一些人强烈反对这项任命,因为吴经熊本人就是天主教徒。不过吴经熊向他们保证说,天主教徒在公共服务中的首要义务就是忠于祖国,对祖国尽义务。[28]

1947年2月16日,吴经熊在罗马向教皇庇护十二世(Pope Pius XII)呈递了他的任命书,这是梵蒂冈外交史上第一次由一位天主教徒代表一个非天主教国家。吴经熊在教皇面前发表了讲话,对教会为中国所做的一切表示感谢,包括罗马教会向中国派遣了很多伟大的宣教士,如耶稣会的利玛窦。[29] 作为回应,教皇向吴经熊及其使团发表了演讲,将那些在中国殉道的宣教士封为圣徒,

第九章　法官、天路客和诗人——吴经熊
Wu Jingxiong: Judge, Pilgrim, and Poet

并宣布梵蒂冈教廷与中国建立了历史性的外交关系。[30]

吴经熊和他的家人在罗马住了两年。1949年2月，时任中国行政院院长的孙科博士将他召回，邀请他出任司法部部长。吴经熊的朋友们劝他不要接受这个职位，因为当时的政府很不稳固。经过深思熟虑，加上当时的代总统向他保证司法独立，吴经熊决定接受委任。但因政治形势发生变化，政府内阁很快就垮台了，他一直没有正式担任过这个职位。最终，吴经熊离开了中国大陆。

图9-2　吴经熊写书卷。

教授和世界级作家

1949年6月，吴经熊在夏威夷大学做访问教授，教授哲学。他在那里写了自传——《超越东西方》。1951年秋，他开始在新泽西州西顿哈尔大学(Seton Hall University)担任法学教授，协助创办了远东研究所。他和妻子以及他们年幼的孩子们在新泽西住了几年，1959年11月，爱妻德兰去世。为了纪念她，吴经熊创作了一卷精美的中文诗歌，取名《怀兰记》，并以其苍劲隽美的字体手书

了全部文字。

图 9-3　吴经熊和妻子德兰 1959 年于新泽西。

20 世纪 60 年代到 80 年代中期，吴经熊写下了大量关于法律、哲学、基督教、中国传统宗教和诗歌的书，他往往将这些主题交织穿插在一部作品中。[31] 他的作品数目众多，他将基督徒生活的喜乐和自身的信仰，以清晰有趣的方式表达了出来。一位仰慕者称他为"中国的切斯特顿"。切斯特顿是一位题材涉猎广泛，文笔隽永的多产英语作家。吴经熊的朋友，一位天主教出版商和护教学家弗兰克·J·希德（Frank J. Sheed）评论说："他是彻底的天主教徒，也是彻底的中国人。他是如此中国化，以至于你看到他将整个的民族和文化遗产都带到了教会，完整无缺。二者如此'相辅相成'地在他的生命里得到了体现，以至于你会觉得，在那个民族和那个宗教之间，一定存在着一种特殊而又相连的关系。"[32] 70

第九章 法官、天路客和诗人——吴经熊
Wu Jingxiong: Judge, Pilgrim, and Poet

年代中期，吴经熊从西顿哈尔大学退休，搬回台湾，与他的家人一起生活，直到1986年去世。

吴经熊在作品里用大量例证说明，为什么他把中国伟大的圣贤哲人视为带领自己走到基督里的老师。对他来说，一切都在道成肉身的神之道与取了人的样式的教导中同归于一。从幼年起，他就受儒、道、佛的影响，心中产生了深深的渴求和追寻，那些渴求将他指向一个方向，却将他留在一种心灵困境中，而道成肉身之说将这些渴求整合在一起。只有基督，通过道成肉身，为所有那些形而上的哲学思想和人类对救赎的呻吟诉求，赋予了一个具体的人像，给他的所需所想提供了一个突破。他写道：

> （老子的）很多思想在道教的运行机制中与福音的某些部分有着惊人的相似，就像孔子的道德说教与其中某些部分相契合一样。至少对我来说，他们是将我引向基督的老师；他们是黑暗中照耀的灯光，直到黎明来到，晨星在我心中升起……我确信孔子和老子关于天、道、仁的教导指向完美的三一神：圣父、圣子、圣灵。就像圣奥古斯丁真实观察到的那样："即使在基督到来之前，已经有归属于天上的耶路撒冷和按着神的法则生活并被神所悦纳的人了。"[33]

吴经熊的遗产

近些年来，中国学术界对吴经熊的兴趣日渐浓厚，开始探究他对中国法律体制的发展所作的贡献，以及他的信仰与思想对其法制观的重要影响。数十年来，大家对吴经熊的认识一直比较模糊，直到2002年，中国社会科学院基督教研究中心在北京出版了

中文版的吴经熊自传《超越东西方》。据该丛书主编卓新平说，此书在中国很受欢迎，几年内销售一空。一些年轻的基督徒想了解基督教如何同时满足个人对生命意义的寻求和中国社会对道德指引的需要，他们热情接纳了这本书。[34]

中国大陆学者李秀清注意到，在过去的10年里，法制历史学家转而关注新中国成立前的法制研究，打开了研究吴经熊的闸门，出版了一些有关吴经熊的文章，并再版了吴经熊的不少文章，出版了至少一本有关吴经熊生平和法律思想的书。[35]

清华大学法学教授许章润，在他的教学和著作中都认为，吴经熊的信仰价值观对中国的伦理道德发展有很重要的贡献。2004年，他在一篇评论吴经熊人生和遗产的文章中写道：吴经熊与许多同时代卓越的学者一样，在接受了西方教育后，胸怀拯救中国的激情和梦想开始了他的事业之旅。然而20世纪40年代的中国，严酷的现实和看似无法解脱的灾难，只能使他计划受挫，梦想破碎，技艺荒废。许章润写道："《吴氏宪草》充满希望，他也的确投注了巨大精力，但那只能是一介书生的理想撰文，打不败毛瑟枪（比如军阀和外国军国主义）。这种境况下，作为法律学者的吴经熊又能如何长久保持他对法律的激情呢？"许章润认为：吴经熊的这种挫败感导致了他的"心灵被撕裂"，加上年近40仍未找到能让他毫无保留相信之真理，从而引发了吴经熊的个人危机，最终将他引向了信仰。因此，许章润说，吴经熊在法律界的受挫，引发了他作为一个活生生的个人思考所得到的至高自由。[36]

吴经熊后半生离开了法律界，某些人质疑他到底为中国文化贡献了多少法律智慧，但许章润教授仍认为，即使吴经熊在历史中的位置尚待确定，他对中国法制发展的贡献具有里程碑的意义：

第九章　法官、天路客和诗人——吴经熊
Wu Jingxiong: Judge, Pilgrim, and Poet

"当时，正是中国的法律研究产生国际影响的时候，无论人们是否喜欢，或是否意识到，吴经熊（以及那些像他一样的人）正是这一影响的起点。最终，如吴经熊自己所说：'当一个伟大灵魂出现于世界舞台之上时，后来者只能步其后尘。'"[37]

结论

几十年来，吴经熊的名字在华语世界少有所闻，那么，我们如今能从这样一种对吴经熊研究的复兴浪潮中得出什么结论呢？一方面，它是最近三十多年来急速增长的中国基督教研究的一部分。中国观察家已经证明，基督教信仰的增长来自各行各业的人们，包括学者、政府官员、娱乐界人士、医生、律师、教师、学生、工人、农民，他们是真正关心在中国推动真理、公义和慈善事业的人。由于历史上基督教在西方思想和社会发展中的重要性，中国致力于基督教研究的机构多达几十个。

另一方面，对吴经熊的新一轮研究热潮可能源自这样一种认识，即认为他提供了一种世界观，并在他的法律思想和信仰中皆有体现，这种世界观本质上是良善、合理和健康的（即真善美），因而仍具吸引力。今天，研究吴经熊的人，在吴的生命中发现了一种带有新能量的声音，这声音不仅理性，也饱含着爱和喜乐。这爱和喜乐颇具感染力，乃是在与基督及邻舍的相交中体现出来的。

最后，我们可以说，吴经熊"拯救"中国的潜在影响，在经过漫长的萧瑟寒冬之后，终于浮出水面，半个世纪后，他的思想和贡献以一种无法预知的方式开枝散叶。吴经熊对中国满含期待，

他在作品中写道:"对于吾国之归信,我心中毫不怀疑。"³⁸

历史上其他一些伟大的基督徒作家,在他们去世数十年或数百年后,其留存的言语仍可发出新的声音——想一想圣奥古斯丁或者圣女德兰,以及更近的切斯特顿(Chesterton)、托尔金(Tolkien)和路易斯(Lewis)。同样,或许吴经熊本人也正通过其人生故事和作品,成就着自己的预言。约翰·赫顿神父(Father John Hardon)对他的评论可能最为贴切:"吴经熊在作品中不断吸取东方的传统智慧。他把基督教视为非基督教思想精华的集大成者。"³⁹

第十章
电影教育的先驱——孙明经和吕锦瑷

朱 影

2003年，《中国广播影视报》报道了"中国最早期电影片"的发现，这在中国电影工作者和历史学者中引起了不小的轰动。许多人对此发表文章和专论，有关部门和单位举行会议，以各种形式纪念孙明经的贡献。2004年，中央电视台出资制作了12集系列纪录片，追溯孙明经的电影生涯和他所留下的历史画面。

第十章　电影教育的先驱——孙明经和吕锦瑷
Sun Mingjing and Lv Jin'ai: Pioneers of Educational Films

银幕上出现了村民投票、孩童接种疫苗和农民耕田等情景。这些黑白电影片段均出自一部老纪录片，它记录了河北省一个先锋村的政治改革，展示了中国首次村民选举、地方学校和医院的建立，以及引进科学种田等改革尝试。

这部名为《乡村建设》的影片是由制片先驱孙明经于 1937 年拍摄的。他摄制的影片有上百部之多，其作品在 20 世纪 30、40 年代标志着中国科教影片制作的巅峰。孙明经摄制的影片见证了中国艰难时期的政治、经济、社会和文化建设之进程。但直到 2004 年，他的名字才为当今的中国和国际电影制片人及观众所知晓。

早年印象

孙明经 1911 年出生于南京一个基督徒家庭，自幼就在父母引导下观看静态照片和动态影像。其父母均属于第一代接受西式科学教育的中国知识分子。父亲孙熹圣和母亲隋心慈于 19 世纪 80 年代初次接触了静态影像。那时，他们还在山东老家做学生，他们深深地被一位外籍教师的物理课所吸引。这位教师向他们介绍摄影技术，并通过摄影图片向他们展示异国风光、服饰和民众。[1]

早在 1901 年，孙明经的母亲就拍摄过一张家庭照，后来她又在许多不同场合为各种人拍照。在济南和南京担任小学和中学校长期间，她曾率先使用视觉教具进行授课。

孙明经的父亲则对电影更感兴趣。1903 年，他到一所基督教教会学校（后成为金陵大学）任教。[2] 到校后，他和一位美国技术人员惊喜地发现了一部电影放映机和一些电影胶片，他把这些影片用在了他的课堂教学上，一时引起不小的轰动。

孙明经小小年纪就接触到了照片和电影，也开始像父亲那样对电影着了迷。1915 年，父亲第一次带他到金陵校园看电影，当时他才 4 岁。5 岁时，他拍摄了自己的第一张照片。孙明经的父母鼓励儿子通过影集和电影来认识世界。高中时，他经常步行到附近的金陵大学礼堂，去看进口的无声电影，有故事片也有纪录片。

深爱电影教育

1920 年，金陵大学的三位学生在他们的专业导师———一位美国棉花种植专家的指导下，制作了一部有关棉花种植的科教片。这部影片对提高中国棉花的种植水平和种植效率起了很大作用。这部科教片的成功运用给孙明经留下了深刻印象。[3]

当时，陈裕光还是金陵大学的学生，后来他成了北京师范大学的代理校长，并于 1927–1952 年间担任金陵大学校长。[4] 与其他被选为教会学校首任华人校长的大多数早期精英一样，陈裕光是个很有能力的基督徒领袖。几年后，孙明经为陈裕光和其他男性基督徒在学校教堂前拍了一张合照。

当年蔡元培倡议利用电影达成教学目的，陈裕光是蔡元培这一主张最早和最热心的支持者。蔡元培是 20 世纪早期中国领先的自由主义教育家和北京大学校长。陈蔡二人相识于 1923 年，二人曾共同探讨如何改善中国高等教育和中等教育的教学质量。除引进其他现代西方教育实践之外，美国学校利用电影进行教学的方式也给了他们很大启发。二人因此成为孙明经效法的榜样。同时，金陵大学有名的自然科学课程，尤其是实用农业科学，也十分吸引孙明经。

第十章　电影教育的先驱——孙明经和吕锦瑗
Sun Mingjing and Lv Jin'ai: Pioneers of Educational Films

1926年，孙明经在选择其高等教育的专业方向时，立定志向专研电影。由于当时还没有电影专科，陈裕光就鼓励他学习电影科技，即与之相关的物理、化学和电子工程等学科。[5] 一年后，孙明经入读金陵大学，开始主修这些科目。

1930年，金陵大学成立了电影教育协会（Council for Film Education）。年仅19岁的孙明经以勤工俭学大学生的身份受聘担任该协会的书记员，负责收集电影文献史料并管理电影器材、胶片等。同年，金陵开始译制美国柯达公司出品的科教电影，孙明经成了经常的放映员。值得一提的是，他在金陵做学生时，正赶上蔡元培对金陵电影教育协会的访问。蔡元培是当时的大学院（取代原来的教育部）院长，他在讲演中谈到电影教育在中国现代化运动中的重要性。演讲后，陈裕光将尚显羞怯的孙明经介绍给了这位大人物，并称赞他有成为中国电影教育第一人的潜质。蔡元培以及他所强调的电影作为教育和科学工具的功能，给孙明经留下了不可磨灭的印象。

后来，当孙明经开始执教时，他将电影用于科学、技术与文化等教学实践。他宣称"电影是记录文化和文化交流的媒介；电影是教育和国家建设的有效工具；电影是世界和平的桥梁；电影使全世界人民走到一起。"他对纪录片的偏爱，从他对文字传媒之性质的一段评论中可见一斑。他写道："我们提到书籍时常常联想到文学名著，如《红楼梦》、《水浒传》等。实际上这样的联想是不公平的，因为书籍不局限于小说，也可以是物理、化学和各种教科书和专业书。总之，书籍只是传媒的一种形式。"[6]

与纸质印刷品相比，孙明经更多采用电影教学，这反映了他的技师本性——总是采用最先进的技术方法来达到教育目的。电

影有声有色记录动作的潜力尤其吸引人。他醉心于动态画面抓住观众的能力，醉心于 3D 实验为人们提供的三维空间影像。

在大学中，孙明经用了 7 年时间，学习有关电影的一切知识——从化学到艺术。1934 年，他毕业时，年仅 23 岁。获得学位后，孙明经立刻被理工院院长魏学仁博士聘为特别助理。魏学仁在芝加哥大学获得物理学博士一年后，于 1929 年在金陵大学创建了理工学院。

1934 年，魏学仁和孙明经合作拍摄了电影教育协会的第一部作品——《苏州园林》。这部电影处女作捕捉了一座中国城市——苏州的影像。苏州以美丽的石桥、宝塔和精心设计的园林而闻名。同时，影片也捕捉到了另一种美，而这种美很快成了孙明经热心追求的东西。

生活伴侣

金陵女子文理学院位于金陵大学邻近，是金陵大学的附属学校。在孙明经拍摄的该学院学生的影片中，他惊鸿一瞥——发现了未来的妻子吕锦瑗。吕锦瑗 1912 年 8 月 15 日出生于山西的一个知识分子家庭，与孙家相似。父亲曾答应她说，如果她小学毕业时能在班上名列前茅就带她去长城，结果她做到了。后来，她进入当地著名的教会中学——山西省太古县明贤中学读书。不久，她又获得一项学费加食宿费的美国奖学金，得以进入北京贝满女中这所教会中学读高中。

吕锦瑗的父亲信守诺言，带女儿登上了长城。后来，她遇到一位从美国来的高中英语老师，不会讲中文，但可以用他所拍的

第十章　电影教育的先驱——孙明经和吕锦瑷
Sun Mingjing and Lv Jin'ai: Pioneers of Educational Films

长城照片与人沟通。这位老师有部相机，经常拿来拍照。他常让那些优等生手持成绩单站在校门口，以拍照作为对她们的奖励。

但吕锦瑷并不满足于被拍照，她很想拥有自己的照相机。老师注意到这个小女生对自己的相机极感兴趣，就提出让她用用。吕锦瑷拍第一张照片时刚刚15岁。老师还给了她一些银币去买胶卷。由于当时爱国情绪高涨，吕锦瑷决定买中国自己制造的胶卷，没想到市场上根本没有这种东西，因为中国还没有国产胶卷。

她为此感到丢脸，遂将相机和银币还给英语老师，并立志说要制出中国第一张胶片。老师告诉她说如果要试验制作胶片，就应当主修化学。他还给了她一本关于诺贝尔奖得主居里夫人的书，以鼓励她对科学保持兴趣。10年后，吕锦瑷在未婚夫孙明经的帮助下，终于实现了她的梦想。

孙明经和吕锦瑷的恋爱故事始于1930年。那一年，金陵大学物理系举行研讨会，金陵女子文理学院的学生也应邀参加，二人在会上相遇。吕锦瑷的家庭并不富裕，所以她不得不打工上学。孙明经时常到她打工的图书馆去。拍摄于大学校园里的一卷胶片见证了孙明经对吕锦瑷的深深爱恋。

1936年元旦，孙明经邀请吕锦瑷出去玩。吕锦瑷借此与孙明经分享了她要试制中国自制胶片的愿望。她还说，因为进口胶片太昂贵，无形中抬高了电影制作的成本。她想自制胶片为中国电影事业做贡献。吕锦瑷的雄心壮志深深感动了孙明经。后来，孙明经这样写道："我们是多么般配的一对啊！"[7]

孙明经的影片也捕捉到了金陵女大第一任华人校长、传奇人物吴贻芳博士的珍贵镜头。吴博士毕业于美国密西根大学，获得了生物学博士学位。她是民国时期最著名的教育家之一，也是堪

与蔡元培并驾齐驱的杰出女性。1945年，吴贻芳代表中国出席了在旧金山举行的联合国成立大会。时至今天，南京师范大学的校园里仍可看到她的塑像、纪念馆以及以她的名字命名的礼堂，所有这些，都是吴贻芳的学生们捐资所建。孙明经拍摄的金陵女大的电影片段中，将吴贻芳鲜活地带到了人们面前。[8]

1935年，孙明经和吕锦瑗对一个新发现产生了共同的兴趣。这一年，斯科罗吉（M. G. Scroggie）和肯特·布隆利（Kent Bromley）合著了《电视》一书，宣告了一个新视听媒介的诞生。他们两人一起，夜以继日地将这本书翻译成中文。翻译过程中，他们经常为如何正确使用一个词而争吵。但当1935年8月中文译稿完成时，他们已决定确立长久关系，以心相许，互订终身。

既是科学家又是教育家：将电影运用于教学的先驱

1936年，金陵大学成立了教育摄影系（Department of Educational Cinematography）。年仅26岁的孙明经出任系副主任。教育摄影系后来成为金陵大学全部电影的制作总部，为学生以及其他有抱负的年轻电影制片人提供培训基地。

从1934至1948年间，教育摄影系共摄制了112部电影，其中一半以上是由孙明经拍摄和剪辑的。教育摄影系拍摄的较有影响的科教片包括：《防空》、《防毒》、《女子体育》、《灯泡的制作》、《采煤》，以及《乡村建设》和《首都风光》等旅行见闻片。1940年教育摄影系改名为"电影系"（Motion Picture Department），1947年又改名为"影音中心"（Audio Visual Center）。名称的更改反映出孙明经对影像传媒的理解进程——从静态图像到移动影像，

第十章　电影教育的先驱——孙明经和吕锦瑷
Sun Mingjing and Lv Jin'ai: Pioneers of Educational Films

从移动影像再到有声电影。

1936年，在孙明经的指导下，教育摄影系摄制了中国第一部彩色电影——《日食》。[9]拍摄日食面临着一些技术上的挑战。在准备过程中，孙明经为测试光的温度进行了实验。当试验成功时他兴奋得禁不住给了吕锦瑷一个拥抱，这把她吓了一跳。因为在当时，相爱之人在婚前是不可以有任何身体接触的。同年晚些时候，孙明经远赴华北执行一项重要的拍摄任务。在这期间，他时常给吕锦瑷写信，表达他对探险的热爱以及对她的爱慕之情。[10]

孙明经既是金陵大学所有电影的制片人，同时也参与不少电影制作方面的工作，他集摄影、导演、剪辑于一身，有时甚至还充当解说员。有时他也出现在影片里，在旅行见闻片中充当导游，在科教片中扮演医生或学者。在影片《防空》中，吕锦瑷和孙明经都曾出镜，为大家演示空袭的预防措施。

金陵大学设立的电化教育课程，是中国历史上第一个具有大学水准的电影专业学科。孙明经和吕锦瑷合作开设了各种有关电影制作的课程。他还撰写了教学手册，论述如何在课堂上运用电影。尽管他的一些讲义和翻译的教材从未出版过，但直到今天，北京电影学院还在教学中使用着。

爱国者与人道主义者：将电影运用于公民教育

孙明经将电影的教育功用推广到课堂教学之外。他强调在国难当头之际，运用电影动员民众。孙明经在金陵大学出版的《电影与播音》月刊上撰文称，只有老百姓更多地了解政府各种举措的必要性，他们才能更好地被动员起来，支持政府，共度时艰。[11]

图 10-1　孙明经在金陵大学电影实习课上指教一名学生。

20 世纪 30、40 年代，中国连年战争，先是军阀混战，接着是抗日战争，最后是解放战争。1931 年日本对东三省的侵略，在中国知识分子中激起了强烈的民族主义反响，重新点燃了 20 年前五四运动所引发的反帝爱国情绪。如以往一样，对中国传统方式的批判使中国知识分子转而寻求西方科学，并将科学视为推动西方进步的力量。教育家们探讨如何将科学运用于教学，以拓展教育领域，提高教育的准确性。[12] 激进派思想家蔡元培领导了大学院，孙明经和其他许多人满腔热情地支持蔡元培的这样一种观点：科学培育了人类在观察、实验和推理等方面的知识与技能，而所有这些，都是中国的现代化所必需的。

推动科学技术以拯救中国，成了孙明经电影创作与实践的动力。同时，他也十分关注农村的贫困，这在当时的中国知识分子精英中并不多见。在战时流亡西部边陲期间，许多学校师生都以前所未有的方式投身到难民救济和反贫困的努力中，而这些努力

第十章 电影教育的先驱——孙明经和吕锦瑷
Sun Mingjing and Lv Jin'ai: Pioneers of Educational Films

常常由那些具有人道主义精神的教会学校引领和发起。其中包括设立学校和医院，建立民众参与的基础设施等。在此背景下，影片《乡村建设》应运而生。它展示了河北省的某个先锋村，如何开展中国首次村级选举，建立当地的学校和医院，以及引进科学种植等方面的努力成果。

结婚与逃亡内地

随着日军进犯，孙明经得知金陵大学很快就要和华东、华北大多数的大学一起迁往华西。当时许多情侣在撤退前匆匆订婚，孙明经和吕锦瑷也在日军入侵南京前结婚。学院小教堂平时就以其优雅的格调颇受毕业生和年轻教师的喜爱，现在更成了二人婚礼的首选之地。

金陵女子文理学院主管学生事务的教务长明妮·魏特琳（Minnie Vautrin）为他们主持了婚礼。魏特琳后来在南京大屠杀中，曾冒着生命危险，保护了当地许多中国妇女免遭日军蹂躏。她在其1937年9月20日的日记中，如此记述这场婚礼：

> 我参加了吕锦瑷在特威纳姆教堂举行的婚礼，遗憾的是新娘迟到了。她还没来，第一次空袭警报就响了。仪式快要结束时，紧急警报又响了，我们开始听到远处轰炸机的轰鸣声。我用中文快速地说着"主祷文"，以结束婚礼。我们本可以跑到金陵大学的地下室去，但却决定留在这个小教堂里，尽管这不是个明智的决定。因为它离何应钦将军的防空高射炮很近，那门高射炮就驾在他家房子上。[13]

一周内，这对新人和学校的其他同仁一起迁往四川内地。西

迁途中，孙明经拍摄了日军空袭和轰炸战时陪都重庆的情景，这是唯一用胶片拍摄的此类情景。

流亡成都期间，孙明经参加了由几所教会大学组织的重要科学考察活动。这些大学同处一个校园，共享师资和教育设施。[14] 在去往西藏西康的旅途中，孙明经拍摄到珍贵的当地生活镜头，其中包括当地为数不多的工业之一——开采金矿的情景。他的摄影机也捕捉到了"喇嘛舞"的镜头，那是一种着重观众与表演僧侣之间互动的传统宗教舞蹈。

西康之行也将他带入了一次重要的政治事件——"甘孜事变"中。当时流亡在外12年之久的第九世班禅，在班禅行辕护送下，返回西藏的途中，于1937年12月1日在青海去世。当卫队护送班禅的遗体到达甘孜时，受到了当地僧侣的欢迎，卫队将遗体安放在当地的一座寺庙后，留驻了下来。孙明经当时碰巧正在甘孜，他于1939年摄制完成了《西康》，记录了这支卫队每日操练的情景。

战争时期的生活

在战乱中，孙明经和吕锦瑷开始了他们的夫妻生活。对电影强烈的共同爱好以及对电影潜力的确信，使他们的结合更为牢固。孙明经将吕锦瑷希望研制中国人自制电影胶片的愿望，放在了自己的首要议程上，他在实验室花了无数时间帮助她。终于，她成功了。正如他们的女儿所述：

母亲在1939年流亡重庆时开始了她的实验。由于重

第十章 电影教育的先驱——孙明经和吕锦瑗
Sun Mingjing and Lv Jin'ai: Pioneers of Educational Films

庆遭到轰炸,她的实验曾一度被迫中断,后来她到成都继续实验。战争切断了医用X光胶片的供应,华西医学院向母亲求助。母亲不但成功地研制出X光胶片,而且也研制出了用来制作电影和电化教学的胶片。[15]

吕锦瑗用研制出的胶片为自己和年幼的儿子拍了张合影。后来,金陵大学迁往内地时,吕锦瑗加入了金陵大学,成为其中一名教师。她协助孙明经,开设了摄影化学和电影资料两门课程。整个20世纪40年代,吕、孙二人继续投身于教学与实验室工作,吕锦瑗的母亲郭秀卿帮助他们照看孩子。抗战旷日持久,流亡生活也越来越艰难了。

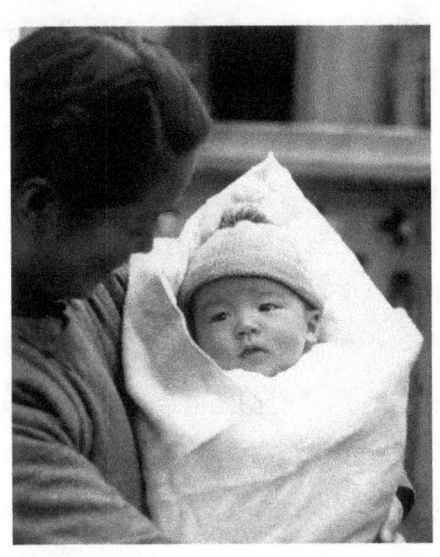

图10-2 1941年,吕锦瑗使用自制照相底片拍了这张题为"母与子"的照片(她与长子),这是中国摄像史上第一张用本国生产的底片拍的照片。

出于抗战需要,孙明经将其先前所拍摄的中国各名胜短片汇制成一部长片,取名《还我河山》。该影片呼吁年轻人积极参军,并号召民众保持爱国斗志,以收复失地。他拍摄制作了一些防卫

性科教片，教育民众如何在空袭和毒气战中保护自己。

孙明经不相信电影只有商业和娱乐的价值，他坚信科教纪录片具有社会教育意义。他派出放映队带着他们的电影远至内地青海省放映，把放映的范围扩展到了城市以外的观众。当各大学暂时在成都安顿下来后，孙明经的放映队便每周一次，为大学周边的民众放映电影。每个星期五的晚上，看电影成了左邻右舍们最为期盼的乐事。

西南联大成了一所"多元化的大学"，4所（后来6所）大学将3000名学生汇集一处，各校一起，共同举办各种学术和课外活动，其中也包括基督徒团契、查经和崇拜活动。大约一半的教师和四分之一的学生经常参加这类活动。同时他们还组织在难民和贫困村民中开展人道主义的救济工作。[16]

在西部贫困乡村旅行期间，孙明经与各方协同努力，将电影带给那些目不识丁的农民。在《电影到农村去》一文中，孙明经与其团队写道，电影不应歧视那些不识字的农民。事实上，电影易于为不识字的群体所接受，同时还具有户外放映和观看的灵活性，这使之成为一个理想的工具，可以深入接触到那些贫困和教育程度低下的农村大众。[17]孙明经也希望利用电影向村民普及基本的卫生常识，以弥补缺医少药之不足；希望借着电影将那些以其他方式无法送达的教育课程普及到农村，以弥补当地教育资源之匮乏。

电影中的科学与艺术

孙明经巡回放映电影的灵感源自英国导演约翰·格里尔

第十章 电影教育的先驱——孙明经和吕锦瑷
Sun Mingjing and Lv Jin'ai: Pioneers of Educational Films

逊（John Grierson）以及英国的纪录片运动（British Documentary Movement）。格里尔逊在剧院之外组织电影展，他努力规避那些敌对英国戏剧的参展商和那些认为故事片比纪录片更赚钱的放映人。[18] 孙明经把格里尔逊的理念做了进一步的发挥，他完全放弃了室内放映的做法。

在美学方面，金陵大学拍摄的纪录片不如英国纪录片那样有特色。虽然每个独立的画面都不错，但孙明经的影片还是缺少深思熟虑的架构，而且他也排斥过多的情感介入。他很少将电影与审美艺术结合起来，他的团队成员都来自科学工程系的学生。对这个团队来说，电影只是科学的媒介，而不是美学的探索。

孙明经经常拍摄从事体力劳动的工人，他常常聚焦于工厂的流程和做工的手。他的镜头中，工人们手的特写多于他们的脸部表情。这与孙明经注重科技教育的理念相一致。一般来说，他对人的面部表情和形体都不感兴趣，这容易使人联想起中国传统山水画中的审美倾向，即画面中的人物只是陪衬。与此相类似，孙明经的摄制组共拍摄了30部画面优美的旅行风光片，反映出他们对大自然的欣赏。他们的摄影机几乎像是在爱抚那些怡人而奇异的风景。

出于其内在的爱国主义需求，孙明经的后期影片开始注意刻画人物形象，展现情感冲突。影片《民主先锋》记录了金陵师生流亡四川时的奋斗与挣扎，留下了日军轰炸重庆的重要历史画面。其解说、结构、速度和声音既传达出一种紧迫感，又表达了人类精神必胜的信念。孙明经同时还撰文探讨如何欣赏电影，除了探讨电影主题与电影技巧外，他也谈到了电影艺术。[19]

孙明经纪录片的主要资助者是当时的政府。在国家危亡时期，

这些纪录片成为动员民众的主要手段。受国家和地方两级政府各个部门的支持，孙明经纪录片的实际制作与发行，几乎完全独立于当时已商业化的电影圈。他的主要资助者包括当时的国家教育部、工业部、农业部、教育电影协会以及学校所在区域内的各类地方机构。金陵大学只为其中的10个项目提供了制作经费。孙明经的电影大多由国家教育局（国教局）发行。战争期间，关于国防教育的影片，如《防空》和《防毒》曾在各政府机关广泛放映，而免费露天放映，更是填补了国教局发行渠道的不足。金陵大学也建立了一所电影图书馆，免费对外开放，在某种程度上如同一个电影发行单位。

孙明经与美国的关系

孙明经对美国的纪录片行业非常熟悉。作为美国资助的大学，金陵大学有许多美籍教师。早在1930年，金陵大学就开始放映美国科教片。孙明经是正式放映员，后来他协助将99部美国科教片翻译成中文。1940年6月至1941年间，孙明经由金陵大学资助，前往美国，开始为期一年的纪录片考察活动。他以纽约的"美国电影中心"为基地，访问了美国的主要电影机构，并采访了一些领先的电影公司，其中包括沃特·迪斯尼公司，在那里，他拜会了沃特·迪斯尼（Walt Disney）。[20]在明尼苏达大学视觉教育系为期三个月的访问中，他学习了如何建立一门视觉教育课程。1941年1月他撰写了赴美考察报告，总结了明尼苏达大学的教育成果。该报告成了中国电影教育发展史上的里程碑。

第十章 电影教育的先驱——孙明经和吕锦瑗
Sun Mingjing and Lv Jin'ai: Pioneers of Educational Films

为了分享他从美国收集的大量影音资料，1942年，孙明经创办了中国第一本电影学术杂志——《电影与播音》。随着有声电影的出现，该杂志后更名为《影音》月刊。孙明经翻译了纪录片《大河》（Pare Lorentz's）的全部解说词，并全文刊登在该杂志上。这是一部美国大萧条时期关于密西西比河的纪录片，曾在中国广泛放映。

孙明经在美国期间，与美国电影业的几个关键人物建立了长期的关系。包括迪斯尼在内的一些电影公司，将他们经典老片的版权无偿赠送给孙明经。这些影片对中国电影教育而言，价值无法衡量。在各类组织（其中包括亨利·鲁斯基金会［Henry Luce Foundation］）的资助下，孙明经动用了他所有的积蓄，在美国购买了最先进的摄影器材带回中国。这批器材后来成为北京国家电影学校创办初期的主要教具。二战期间，孙明经为美军人员教授电影摄制速成班长达两年，这使他与美国的关系得到了进一步发展。1944年6月，美国副总统亨利·华莱士（Henry Wallace）在成都访问了金陵大学，为了感谢孙明经战时所做的贡献，华莱士向孙明经的电影系捐赠了14部科教片。

返回南京

1945年日本战败后，金陵大学和金陵女子文理学院迁回了南京。这期间，孙明经制作出了更多的影片，其中包括《交通》、《南京》和《民主先锋》等。《交通》一片记录了古老和现代并存的交通系统，影片拍摄的建于1937年的钱塘江大桥雄姿，成了中国进步与现代化的象征。

图 10-3 吕锦瑗于 1947 年返回金陵大学后第一次光化学课上自拍照。

孙明经第二次拍摄关于南京的影片是在 1948 年。也许是为了跟踪变更，或许是缅怀过去，这部电影中的场景与战前出现在他第一部影片中的几乎一模一样，包括他妻子的镜头。12 年前那对年轻的恋人，现在已是五个孩子的父母。1948 年 12 月全家人参加圣诞夜崇拜时，孙明经拍了一张合家欢。那年他 37 岁，当时他丝毫没有意识到，1948 年将是他电影生涯的终结。

那年早春，返回南京后，孙明经拍摄了金陵女子文理学院首次举办的五月花柱舞。学生们同样没意识到，这一年一度的传统节日将会是他们的最后一次。他们改编了欧洲风格的春天舞蹈，用以讲述一个赞美青春的中国神话传说，展示了世界文化的多样性。孙明经拍摄了"嫦娥"舞：天宫里的一名少女因打破花瓶被玉帝贬到人间，嫁给了一个名叫后羿的猎人。后来，这位英雄命人制成长生不死之药。嫦娥偷服之后，远遁月宫。

这个相当自私的嫦娥形象显然不能反映金陵女大现代女性的特有形象。学生们接受的教育，是要做自力更生、独立自主、对人类有贡献的人。所以，在"金女大"的版本里，嫦娥成了女英

第十章 电影教育的先驱——孙明经和吕锦瑗
Sun Mingjing and Lv Jin'ai: Pioneers of Educational Films

雄,她因把药带到月球而成为月亮女神,从而找到了生命的意义。此外,在"金女大"的五月花柱舞中,也有一棵月桂树象征着生命和自由。

1948年的那个春天,"金女大"正处于其发展的高峰。注册学生超过470名,拥有有史以来最强大的师资队伍。主楼、科学楼、人文学科楼、图书馆、音乐厅和4幢宿舍楼皆已重新修建。师生们都在努力筹划课程,为自己有份参与建设美丽的校园感到十分自豪。那些跳舞的学生并没有意识到,这所学校很快将成为历史。

1951年,金陵大学和"金女大"暂时合并,一年后,各院校系科进行了大调整,两校在这次调整中被撤销。两校的校园、教师和教学器材分别并入南京大学和新建的南京师范大学。[21]

艰难的中年

1949年,国民党撤往台湾,孙明经没有像金陵许多同事那样到美国去,而是选择了留在中国大陆。1952年,孙明经和他的整个影音系合并到新成立的北京电影学校(后来成为北京电影学院)。像同时代的许多人那样,孙明经很快被卷入政治漩涡。在反右斗争中,他被定为"右派分子",禁止参与任何与电影有关的活动。"文革"期间,电影学院本身也遭关闭。

"文革"后,孙明经恢复了教学。晚年,尽管他患有很严重的视力问题,但仍继续不断地完善教材和讲义。尽管如此,他依然未能出版一本书,也没能再制作出一部影片。政治浩劫之后,一位以前的同事这样讲述孙明经的一次造访:

一天傍晚,他突然来了。看到他,我有些紧张,因为20年前我曾在党组织的一次会上指控他为"右派分子"。我在想,他是不是来兴师问罪的。但他坐下后,首先问我的是,能不能让他看些科教片,因为很长一段时间都不允许他看科教片了。我那时在北京科教电影制片厂工作。他并没要我帮忙任何其他事,而仅仅是要看看科教片。多么伟大的灵魂!多么好的一个人!我被深深感动了![22]

寂寂无闻的晚年

学校复课后,历史赐予了著名的文革后第一届北影学生一个机会,与老一辈大师重续前缘。在孙明经电影制作课的新学生中,日后成名者大有其人,其中包括大名鼎鼎的张艺谋。同时,在复苏的中国电影业里,许多处于领先地位的技术工作者都是吕锦瑗以前光化学班的学生。

后来北京电影学院的一位院长回忆道:

> 我印象最深的一件事,就是孙教授讲课时在黑板上所写的提要,全都是用英文,这使我和张艺谋等人都感到困难。下课后我们不得不格外努力转抄笔记。孙教授是中国电影教育的先驱,也是中国电影制作的奠基之父。与我同龄的第五代电影人皆从他的教诲中受益匪浅。

1991年,有一批孙明经在金陵大学时期教过的学生聚在一起,为他庆贺八十寿辰,这批学生中包括孙明经在南京的最后一位学生,当时的北京电影学院院长。在寄给老师的生日贺信里,他写道:"作为一位令人敬重的电影教育家,您对北京电影学院的奠基和发展作出了贡献。中国科教电影的每一个篇章都烙下了您辛劳

第十章　电影教育的先驱——孙明经和吕锦瑷
Sun Mingjing and Lv Jin'ai: Pioneers of Educational Films

的印记。"[23]

1992年孙明经悄然谢世，终年81岁。10年后，他的妻子也随他而去。他们留下二女三子。长女孙建怡，电影实验室技术员，2007年去世。次女孙建秋，英语教授，莎士比亚学者；儿子，孙建三，摄影师，北京电影学院教授；儿子孙建和，对外经贸大学讲师；儿子孙建同，艺术家。他们现在都已经退休。

图10—4　孙明经夫妇结婚十周年纪念日，聚集家人在他们举办婚礼的教堂前。第一排从左数是大女儿孙建怡，孙的母亲孙隋心慈抱着次子建和，长子孙建三，吕的母亲郭庥清怀抱着他们第三个儿子建同，和次女建秋。

迟来的赞誉

孙明经在1937年和1939年长途考察中写给吕锦瑷的情书，以及所附的新闻和照片，于1966年皆被红卫兵没收。原以为这些珍

贵资料连同成千上万的其他物品一起已被焚毁，幸运的是，1982年的一天，北京电影学院的一个工人在清理库房时，不期然在门后发现了一个标着"黑材料"的口袋，袋上的标签写着"孙明经的材料"，里面是成百上千的底片和信件。2004年，这些照片和信件由孙建秋编辑后，交由山东画报社出版。²⁴

2002年，孙明经拍摄的影片被幸运地重新发现。中国电影档案馆的一位电影学者，意外地发现了一些16毫米的电影胶片盒，盒子外面除了"金陵"印章外，没有任何可供辨别的资讯。孙建三鉴别出，这些神秘胶片正是他父亲所拍摄的影片。2003年，《中国广播影视报》报道了"中国最早期电影片"的发现，这在中国电影工作者和历史学者中引起了不小的轰动。许多人对此发表文章和专论，有关部门和单位举行会议，以各种形式纪念孙明经的贡献。2004年，中央电视台出资制作了12集系列纪录片，追溯孙明经的电影生涯和他所留下的历史画面。²⁵

孙明经共摄制了119部纪录片，主题涵盖从旅游到科学、教育、工业、农业、公务、民族民俗文化以及宗教活动等。他的电影一半以上存档在前国民政府教育部。这些存档的电影当初都曾在全国各地广泛放映。除了孙明经博士拍摄的大量纪录片外，还有少数关于孙中山先生和1925-1926年北伐战争的纪录片，由当时的资深电影制作人黎民伟执导与制作。黎民伟是当时电影纪录片业唯一与孙明经齐名的人。²⁶

在孙明经的全部电影作品中，有中国第一部彩色影片《日食》（1936）和第一部彩色有声电影《民主先锋》（1947）。这两部影片连同他拍摄的日军轰炸重庆的胶片，都得以保存了下来。孙明经还创办了中国第一个电影专业课程以及第一本电影刊物。

第十章　电影教育的先驱——孙明经和吕锦瑗
Sun Mingjing and Lv Jin'ai: Pioneers of Educational Films

孙明经与其同仁所拍摄的纪录片，也为世界纪录片的历史作出了重大贡献。在 20 世纪战事频发的三四十年代，英美纪录片风靡中国，金陵摄影组单枪匹马地代表中国，参与到全球的纪录片运动中。可惜的是，后来中国纪录片的发展受到了阻碍，留下很大的发展断层。

金陵科教片是时代的产物。金陵大学本身、它的领导者和它当时所拥有的设备，都是美国福音派基督徒在中国努力的结果。金陵大学是当时中国 14 所最好的教会大学之一，学校校长和理工学院的院长皆受过美国教育，并在后来的岁月中，得到了美国的大力支持。孙明经夫妇和他们对纪录片的贡献，也成为这段值得铭记的历史的一部分。

部分纪录片索引

孙明经和魏学仁拍摄《苏州风光／园林》（1934，南京金陵大学）

《女子体育》（1936，南京金陵大学）

《防毒》(1936，南京金陵大学）

《首都风光》（1936，南京金陵大学）

孙明经拍摄《日食》（1936，南京金陵大学）

《灯泡制造》（1936，南京金陵大学）

孙明经拍摄《乡村建设》（1937，南京金陵大学）

《防空》（1937，南京金陵大学）

《开采煤矿》（1937，南京金陵大学）

孙明经拍摄《西康》（1939，成都金陵大学）

孙明经拍摄《民主先锋》（1947，南京金陵大学）

孙明经拍摄《交通》（1947，南京金陵大学）

孙明经拍摄《南京》（1948，南京金陵大学）

鸣谢

　　特别感谢孙明经的儿子孙建三、孙女孙宇静分享他们的家庭故事和提供照片。

第十一章
促进愿景的中国当代女性——王立明

包克强

王立明取得了很多重要成就，也留下了丰富的精神遗产。她的努力使中华妇女节制会成为当时中国最大的妇女组织之一，有效地激励了成千上万妇女与娼妓、吸烟等社会问题做斗争，提高了妇女在社会中的地位。

第十一章 促进愿景的中国当代女性——王立明
Wang Liming: Promoting a Protestant Vision of the Modern Chinese Woman

王立明是中国20世纪上半期最有影响力的女社会活动家。她领导中华妇女节制会长达30年，为妇女赢得参政权，并与身为校长的先生刘湛恩一起抚养大三个儿女。

王立明（刘王立明）重任在肩：30出头就担任了当时中国最大的妇女组织之一中华妇女节制会（节制会）的总干事。当时，她丈夫是上海一家基督教大学的校长，他们还有三个年幼的孩子需要照顾。弟弟看她太忙了，就对她说："姐姐，别做了！你在这儿忙个不休，连车马费都不拿，人家倒说你若不是受金钱的驱使，一定不会这样操心。何苦来！"

但是，王立明致力于改善中国妇女的命运，不愿放弃节制会的工作。另外，她也因基督教信仰，得以在这劳苦中坚持。她后来说："我是个基督徒，所信的是耶稣的人格与精神。为着信仰自由，我也曾经受到亲友们的逼迫。我佩服基督教的入世主义，我更信仰基督教的真谛——真、善、美——是救世的工具。当我倦怠的时候，我只要想到基督的生命典范，就重新获得力量。"这些信念成了王立明成就非凡人生的力量源泉。[1]

童年和基督教教育

1896年1月1日，王立明出生在中国安徽省美丽的太湖县，[2]她父亲王朗中是一名中医，出自当地有名的中医世家。[3]王立明有两个哥哥，一个弟弟，她是家中唯一的女儿，深受父母宠爱，童年过得无忧无虑。在她大约六岁时，母亲按照当时很多中国家庭的传统做法，开始给她缠脚。当哥哥们去上学时，她恳求父亲教她识字，因此父亲有空就教她看医学书里面的字。王立明9岁时，

父亲死于突发疾病。遭遇这突然的打击，王家顿时陷入窘境，生活开始捉襟见肘。然而，王立明10岁时，又幸运地得到继续受教育的机会。美国宣教士在太湖创办的福音教会，为当地贫困家庭的女孩子们开办了一所学校，叫做"成美女学"。王立明的母亲决定送她去读这所学校。学校有二十几个学生，老师是一位新近守寡的年轻女性。[4]

这所基督教小学对王立明思想的塑造产生了重大影响。在校第二年，她听宣教士说缠脚不对，就勇敢地解开裹脚布，12岁时，她拒绝再缠足。母亲为此责打她，乡人讪笑她，她依旧坚定拒绝缠脚。松开束缚后，她的脚逐渐开始恢复，虽然后来一直有部分变形，但终究她又能自由行走了。[5]

同时，王立明也产生了一个愿望：自己要投身于促进中国妇女权益的事业中。之所以有这样的想法，是因为她看到自己的很多同学被迫成了婢女或者小妾，这一生活现实与她在学校接触的基督教思想极不相符。正如她后来所说："当时，她们遭受的痛苦，她们流下的眼泪，她们的惨死，都激起了我最深切的同情。我的第一个志愿，就是长大成人后，投身妇女运动，为她们伸张正义。"[6]

经过三年的学习，王立明在所有学生参加的毕业前综合考试中名列第一。这一成绩和她的正直品格，为她赢得了全额奖学金，因此她获得了去儒励学院继续深造的机会。儒励学院是九江市的一所基督教女中，离她家有三十英里路。1909年，王立明13岁时入读儒励学院（也称诺立学院），当时，这所卫理公会宣教士创办的学校已有两百多名学生。学校的女校长是一位优秀的中国女医生石美玉（参《光与盐》第一卷）。石美玉和一个叫康成的中国女医生，还在九江成功地开办了一家妇孺医疗诊所。对王立明来说，

第十一章　促进愿景的中国当代女性——王立明
Wang Liming: Promoting a Protestant Vision of the Modern Chinese Woman

在儒励读书是极难得的机会，她下决心充分利用在那里的时间。入学第一年，学校的化学物理老师突然要离开，王立明就和同学一起到附近的卫理公会男中同文学院去学理科。王立明由此结识了一位新同学，名叫刘湛恩，二人后来结为夫妇。[7]

与中华基督教妇女节制会的关系

1914年是王立明在儒励学习的最后一年，这一年她接触到一个基督教机构。这机构不仅影响了她的人生轨迹，还为她之后提高中国妇女的权益提供了有效平台。基督教妇女节制会是美国新教女性于1874年所建立的一个宗教组织，旨在反对酗酒及其对家庭和社会的破坏。19世纪80年代，该组织在颇具魄力的教育家和传道者弗朗西斯·维拉德（Frances Willard）的强力领导下，迅速发展壮大。维拉德动员了数十万女性支持她的禁酒目标，带领节制会努力争取宪法修正案以禁止喝酒。同时，她也为妇女的参政权不倦努力，认为女性选举权能更有效地推动她们的各项工作。

从19世纪80年代开始，节制会逐步地走向世界，于1886年建立了节制会在中国的第一个分会。那些在中国的宣教士们的妻子对中国基督教妇女节制会的工作给予了很大帮助。她们为适应中国国情，将节制会的工作范围作了扩大和调整，不只反对抽烟喝酒，还反对鸦片。1909年，美国宣教士撒拉·古德里奇（Sarah Goodrich）正式在北京成立了节制会全国性组织，但很多地方分会仍在独立运行。1916年，古德里奇将中华妇女节制会的管理权交还给中国人。当时分布在全国几个省份中已经有近40个节制会分会，其中大多数位于中部地区。[8]

王立明与节制会的关系间接地源于石美玉。石美玉是当时九江儒励学院的执行女校长，1916年古德里奇卸任后，石美玉被选为中华基督教妇女节制会的负责人，将全部精力投入到在中国女学生中推广中华妇女节制会的工作中。[9] 在当选为节制会的负责人以前，她已经在儒励学院努力推广节制会的工作。比如，1915年，石美玉邀请一位基督教妇女节制会的嘉宾向儒励学院的学生们做讲座。那位讲员以图表的形式具体描述了鸦片和酗酒对中国社会的破坏。学生们了解到这些危害后极为震惊，决定在学校成立一个基督教节制会学生分会。王立明因出色的领导才能和一贯对恶势力的坚决反对，被选为该分会的主席。[10]

海外留学和恋情

1915年，王立明从儒励学院毕业。在毕业典礼上，她作为学生代表发表了毕业演讲。毕业后，她在该校教了一年的书，并同时向节制会申请留学奖学金，由石美玉帮她写推荐信。很快，她高兴地得知奖学金申请到了，可以支付她去芝加哥西北大学读书所有的费用。美国西北大学是一所卫理公会创办的教会大学，与节制会联系紧密。节制会的著名领袖弗朗西斯·维拉德曾一度负责西北大学的女子学校，而世界基督教妇女节制会的总部就设在西北大学所在的城市，名叫埃文斯顿 (Evanston)。当时中国女性几乎没有机会接受高等教育，王立明是寥寥无几有机会到海外读书的幸运女子之一。[11]

1916年春，王立明坐船到了温哥华，又从那里乘火车再到芝

第十一章 促进愿景的中国当代女性——王立明
Wang Liming: Promoting a Protestant Vision of the Modern Chinese Woman

加哥。在芝加哥,她住进了弗朗西斯·维拉德之前所住的"安息小屋"(Rest Cottage)。她在新同学中交了很多朋友,不久就克服了思乡之情。1918年,她意外收到了一封中学老同学刘湛恩寄来的信。信中说他在芝加哥大学读硕士,想到西北大学来看看她。那个周六,他们见了面,畅谈数小时。

他们的共同点很多:幼年丧父,贫苦出身,年轻时都在基督教学校读书,同为基督徒,都将海外求学看为获取知识的机会,为将来拯救中国服务。接下来的两年里,爱情之花吐蕊绽放,1920年他们正式订婚。[12]

1920年春,王立明从西北大学毕业,获得生物学本科和硕士学位。在校读书期间,她耳闻了弗朗西斯·维拉德的生平,给自己取了个英文名字 Frances Willard Wong,这体现了她对节制会和妇女权益事业的承诺。而她毕业后不久被任命为世界节制会宣教士兼远东地区干事,就更表明她的决心坚定不移。[13]

图 11-1　王立明,可能拍摄于伊利诺伊州埃文斯顿城西北大学读书期间。

王立明回到上海后,拒绝了很多诱人的工作机会,专心于节制会的社会改革工作。后来她说,自己决定投身于妇女事业,主

要源于朋友们的鼓励、童年的心愿和她在美国亲眼所见女性享有的不断增加的权利。与此同时，她的未婚夫刘湛恩在哥伦比亚大学读哲学博士，师从著名的教育哲学家约翰·杜威（John Dewey）。刘湛恩回国后，于1922年9月与王立明结为夫妇。[14]

在基督教妇女节制会的早期活动

1920年，当王立明开始做基督教妇女节制会干事时，该机构还缺少有恩赐的领导人，因此她就创立了学生部，希望把节制会的主旨传达给受过教育的年轻中国女性。她到过中国14个省份（还有中国香港和菲律宾），在学校和公共场所演讲，不知疲倦地为节制会做宣传。她在内陆省份演讲时，因为人们很少甚至从来没有听到女性的公开演讲，所以会所常常挤满了好奇的听众。有时王立明一天要做五六场演讲。一次在汉口，她因身体太过劳累得了肺炎。虽然任务艰巨，但她仍带着极大的热忱参与。每次讲座，她都能激发很多听众，组成当地新的节制会分会，支持节制事业。经过两年的努力，各地节制会的学生数量从2000增加到5000。据她自己粗略估计，她对超过10万的年轻人做过演讲，其中约有一万多人签名立誓遵守节制会的原则。[15]

1920年冬天，节制会总部从九江迁到上海，1922年1月在上海召开了第一次全国大会，全国各地二十多个代表出席。[16]大会建立了中央结构，将各地方分会有力地连接在一起，以便更有效地达成节制会的目标。代表们制定了组织章程，选举了领导人。[17]石美玉被选为主席，王立明被选为青少年工作负责人。另有两人被选为成人部负责人，编辑新成立的节制会官方杂志《节制季刊》。

第十一章 促进愿景的中国当代女性——王立明
Wang Liming: Promoting a Protestant Vision of the Modern Chinese Woman

截至1923年年中，节制会会员增长至七千多人，口号是"为主、为家、为国"。[18]

王立明成为中华妇女节制会领袖

1925年秋，石美玉以个人医疗事务繁忙为由辞退了所担任的节制会主席一职，她的主要助手也一起辞职。节制会因此经历了意识形态与跨代的交接。重组后，王立明被选为新的节制会主席，该组织的使命也变得更加广泛。最初，节制会反酗酒、反抽烟、反鸦片、反赌博，而如今这些已被看为太过狭窄，于是引入了一项新的目标："促进家庭幸福"。这口号不但重视宣传拒绝烟酒赌邪，同时也提倡慈孝贞俭。王立明积极支持这些目标。早在1923年，她就表达了这一想法："贫穷和没有文化像酗酒、吸烟、赌博一样，是国家的敌人。因此宣传和普及教育、儿童福利和女性经济独立是节制会必须开展的工作。"这次更新后，节制会决定将《节制季刊》改为月刊。[19]

节制会在王立明的领导下继续成长，发展成为民国时期最大的基督教妇女组织。到1927年，节制会学生部有大约一万名成员，儿童部一千名成员。成年女性会员数目没有报导，但应该约为两千。1933年，王立明指出节制会已有一万多名成员，遍布全国十五个省份，大部分成员集中在城市地区。这样，节制会的成员人数已超过了1937年才达万人规模的基督教女青年会。不过，由于基督教女青年会的组织更强有力，在城区拥有自己的会所，还有超过3000名的成人会员，影响力仍然最大。王政在他的《启蒙时代的中国妇女》一书中写道："作为一个无

党派的妇女组织,中华妇女节制会的影响和成就仅次于中华基督教女青年会。"[20]

幸福的家庭生活

节制会和其他的妇女工作使王立明非常忙碌,但她仍旧抽出时间抚养三个孩子,支持自己的丈夫。她的丈夫刘湛恩从1928年起出任有浸信会背景的上海沪江大学校长。1924年,王立明生下了长子光生;1926年有了次子光华;1928年又生下幼女光坤。王立明不愿让别人照顾自己的孩子,她很享受做母亲的生活。家庭是她不断进取的力量源泉。她与刘湛恩的婚姻很幸福,她很感谢丈夫支持和鼓励自己的事业与家庭,让她在养育三个孩子的同时能积极投身到妇女事业中。[21]

图11-2 王立明与丈夫刘湛恩及三个孩子,1929年于上海。

第十一章 促进愿景的中国当代女性——王立明
Wang Liming: Promoting a Protestant Vision of the Modern Chinese Woman

王立明与婆婆的关系非常融洽。1923年,婆婆来到上海,与他们同住,对王立明的工作和家务提供帮助。婆婆一直与他们住在一起,直到1926年去世。王立明的孩子们也都主动帮助妈妈。20世纪30年代初,王立明需要写一些有关妇女工作的文章。每当她拿起笔开始写作,孩子们就自觉地到另一个房间或屋外,安静地玩耍。就这样,王立明写出了三本书:1930年的《快乐家庭》,1932年的《自强之路》和1934年的《中国妇女运动》。《中国妇女运动》是第一本由中国女性撰写的关于妇女运动的书。[22]

基督教和基督教妇女节制会

基督教妇女节制会,正如它的名称所表明的那样,有着很深的基督教根基。在其世界范围的组织中,领导层与成员都是新教基督徒。卡罗琳·吉福德(Carolyn Gifford)在《基督教妇女节制会提倡的"新女性"理想》(The Ideal of "The New Woman" According to the Woman's Christian Temperance Union)一书中,强调了这一点:"宗教信仰是妇女节制会女性对自我定义的很根本的部分:节制会的成员都是基督徒女性,她们以19世纪福音派基督教的语言模式和框架思考问题。"[23]正是这信仰的力量,激励着这些女性努力反对酗酒和罪恶,以保护家庭。

中国的妇女节制会同样根植于宣教士和他们在中国的教徒中所努力建立起来的群体和机构。但在某些方面,中国妇女节制会与基督教的深层联系并不明显。例如,基督教妇女节制会在中国的名字是"中华妇女节制会",省略了英语中"基督教"一词。

另外，妇女节制会出版的《节制月刊》并不经常或深入谈论基督教教义。不过，尽管如此，基督教新教精神仍深深贯穿于节制会的结构、事务和活动中，并且节制会与中国许多新教教会都有着紧密联系。

改变中国婚姻习俗

王立明积极倡导恋爱自由和一夫一妻制的婚姻生活，并以此为她在节制会工作很重要的部分。她认为中国传统的包办婚姻制度很不好，经常把个性、人生方向、教育水平不相合的人搭配在一起，导致很多家庭破裂，也给社会增加了负担。她相信父母可以帮助孩子选定一个合适的伴侣，她也建议孩子们在选择终身伴侣时尽可能取得父母的同意；但她坚持认为，最后的决定权在年轻人手里，因为他们才是要结婚的人。她觉得，允许个人选择爱情与结婚对象，可实现家庭幸福与社会稳定。

除了强调自由选择外，王立明也相信婚姻应以爱为基础，此爱她定义为夫妻之间肉体和情感的双重亲密关系，并以完全接纳和尊重配偶的人格为特征。王立明认为，爱的强度可以决定一个民族的兴衰，因为如果没有爱的激励，不可能建立一个高贵的、有自我保护力量的社会。她认为基督教教义中的"神就是爱"正是当代中国青年所需要的对爱的神圣理解。这种爱能使婚姻超越简单的性欲和物质需求，升华为崇高的友谊和更深的灵性合一。[24]

王立明坚持认为，婚姻不仅要自由，还必须一夫一妻，因

第十一章　促进愿景的中国当代女性——王立明
Wang Liming: Promoting a Protestant Vision of the Modern Chinese Woman

为这是"唯一蒙祝福的婚姻模式"。一夫一妻制之所以蒙祝福，是因为避免了一夫多妻制带来的众多问题，减少了家庭纷争。此外，这也符合男女平等的原则，尤其是在"贞"这一关键的层面上，而"贞"是妇女节制会提倡的四种美德之一。王立明觉得，中国传统社会的秩序在性关系上明显偏向男性，她用一夫一妻和忠贞的概念来挑战这一习俗，提倡无论男女，婚前都应该保持贞洁，立了婚约之后应该做到忠诚。她认为这么做对于保护婚姻和家庭十分紧要，因为她把家庭看为是社会稳定的基础。[25]

为了保护婚姻，王立明强烈反对娼妓现象。她指出："妓女也是人，男子为什么要把她们当做泄欲工具及玩物呢？这太无人道了！"在节制会的帮助下，王立明在上海开展了对卖淫嫖娼者的详细调查，发现很多妓女都是由于经济困难而被迫为娼。于是，她制定实际策略来帮助妓女经济自立，并积极劝说国民党政府帮助解决娼妓问题。她认为这将有助于消除性别歧视，提高妇女权利，并间接提高人们的道德水平。[26]

为改革中国家庭模式而斗争

王立明立志要提高女性在中国社会中的地位，这使她进而寻求改革中国的家庭模式，因为女性是家庭的柱石。她相信中国社会需要以小家庭结构来代替传统模式中所强调的延伸家族。1926年，她成为节制会主席后所采用的新口号"促进家庭幸福"表现了她对此的关注。王立明认为，这样的政策对国家的健康发展至关重要。她说："家庭是国家的基础。基础稳固，国家自然会强

盛起来。所以,节制会虽是直接谋家庭幸福,间接也是为国家服务。"她甚至写了一首颂扬家庭的短诗,来描述自己理想中的小家庭:

> 世界有什么能比我们的家?
> 无论它是卑贱,
> 无论它是丽华,
> 妻子丈夫的温柔,
> 小儿小女的活泼,
> 竟把人们的世界天国化,
> 我们还希望什么?倘能永远地在它的翅膀之下! [27]

虽然王立明赞成小家庭模式,但她也承认,中国传统的理想家庭模式——几代人住在同一屋檐下——也有它的可取之处:父母与孩子互相依靠,家庭成员之间无私地互相帮助,等等。她也希望保存中国家庭中老年父母和家人同住的传统,因为她觉得这样能更好地照顾老人。但据她判断,传统模式的优点远不如它所产生的问题多,例如家庭成员间矛盾不断以及大家族中比较软弱的成员往往倚赖比较能干的成员等。[28]

王立明确信,改革中国家庭能帮助女性将事业和家庭成功地结合在一起,这也是她努力要在自己生活中做到的。她认为,第一步应让受过教育的女性恢复对母亲价值的认识,使她们意识到,已婚女性最大的贡献就是能为国家养育出优秀的公民。王立明建议女性婚后继续工作,孩子们刚出生时,她们可以全职照顾孩子,等到孩子们上学后,就可以重新做兼职或志愿工作。她相信女性应融入社会,知道世界的变化,这样才能做好母亲。她还相信,

第十一章　促进愿景的中国当代女性——王立明
Wang Liming: Promoting a Protestant Vision of the Modern Chinese Woman

自由选择的婚姻和小家庭模式有助于减轻女性繁重的家务负担。因为自主的婚姻丈夫更爱妻子，更愿意帮忙做家务；而小家庭模式使得家庭结构简化，家务也相对减少。这些因素加起来使女性参与家庭以外的活动更为可能。[29]

中华妇女节制会及其对女性服务的呼吁

在民国时期的中国，王立明与节制会对公民社会的发展有实在的贡献。比如，她们积极招募女性服务社会，而这一群体以往很难有机会进入公共领域。服务社会的精神深深植根于节制会的基督教文化，也植根在王立明的思想中，为她不断帮助有需要的人提供了强大的动力。王立明如此论述耶稣的教导："耶稣基督想根本地把每个人的自私病治好，叫人要爱人如己，亲如弟兄。"对王立明来说，女性是服务社会不可忽略的群体。"女子占人类的半数，"她说，"除了家庭责任外，在社会上也应有一番贡献，与男子共肩国事，为全人类谋幸福。"[30]

节制会在 1922 年 6 月于宁波所组织的反烟运动就体现了该组织对民国时期公民社会的发展所起的作用。宁波的节制会分会是在三个月前，因王立明做了一次颇具影响的演讲而成立。反烟运动第一天，节制会的成员在宁波街头游行，当地基督教学校的五百多名女学生跟她们一起参与。大家都拿着反烟标语，到处分发警告吸烟有害健康的单张。在此之前，宁波从未有过女性的公开游行。反烟运动第二天，宁波许多地方都展开了生动的街道演讲，描述吸烟对健康的危害。同一天，王立明分别在两个地方向群众演讲，督促听众通过停止吸烟改进自己的健康、经济状况以

及道德水平，使中国成为更强盛的国家。第三天，也是运动的最后一天，节制会举办了一场公民大会，与会者超过五百人，并且致电省长，督促他征收烟草税。³¹

建立上海妇孺教养院

节制会对中国公民社会的发展最重要、开拓性的贡献是在上海为贫穷和有需要的人建立福利机构，其中最大的工程是上海妇孺教养院。此机构尝试解决上海大量乞丐的问题，不只向流浪者发救济品，还提供技术训练帮助他们找工作，当时采用如此救济方式的组织很少。上海妇孺教养院也是中国女性开办的最早的福利机构之一。1924年，王立明收到了一笔不大的捐款，以及可以免费使用的两处房屋，就以此建起了教养院。1928年，节制会用支持者的捐款在上海江湾区盖了自己的教养院设施。除了一个会堂和多个活动室之外，该教养院还为五十多人提供住处。³²

节制会除了为无家可归者提供住处以外，也帮助那些虽有住处但收入拮据、衣食无着的穷苦人。最初，教养院救济的对象不分男女，但一段时间后，她们决定把关注的重心放在妇女儿童方面，因此遇到男乞丐就转给其他的救济机构了。³³

节制会照顾的乞丐中，大约四分之一有身体或精神缺陷。节制会员工就教残障和年老体衰的乞丐如何做绳子，让他们有事干。同时，身心健康的妇女和儿童早上上课，下午做工，学习四种技能：务农、插花、做袜子和缝纫。后来，她们又为孩子们开办主日学，并聘请一名西方的女医生提供基本的医疗服务。据王立明计算，至1931年，节制会已通过各种活动帮助了一千多名乞丐。³⁴

第十一章 促进愿景的中国当代女性——王立明
Wang Liming: Promoting a Protestant Vision of the Modern Chinese Woman

节制会不但透过妇孺教养院加强公民社会的发展，还与上海其他关心乞丐的慈善机构联络，建立起更强大的合作网络。1933年初，王立明邀请上海各主要慈善机构的领导人聚集在一起，讨论成立联合会协调各自的工作，以便更有效地解决上海的乞丐问题。1933年4月，来自上海不同慈善机构的21名代表共同成立了上海救丐协会，其目的在于使上海成为一个无乞丐的城市。王立明担任了联合会干事，并成为对女性乞丐进行经济支持的委员会委员。联合会还制定出计划，将来准备扩展为全国性机构，帮助解决全国的乞丐问题，但这些计划因1937年日本全面侵华而被迫终止。[35]

妇女参政的领先者

王立明不仅在思想上认同现代的女性角色，还努力通过多种渠道倡导这些观点。她积极参与当时在中国刚刚开始的妇女运动，尤其是妇女参政的工作。起初，王立明加入了1922年由北京女学生创办的女子参政协进会。此协会旨在将提高妇女权利纳入国家宪法，为妇女争取继承权，以男女平等代替中国传统的父权家庭结构。女子参政协进会向全国不同省份派遣代表，建立分会。1922年10月，上海分会成立，王立明和另外两名女性成为该协会的主要负责人。同年12月，上海分会发表声明，向北京中央政府递交请愿书，请求在国家宪法中确定妇女的选举权和参政权。[36]

王立明执著努力争取妇女参政权，一直到20世纪30年代初才有了决定性的突破。20年代中期，北京女子参政协进会因斗志下降而解散。1927年，王立明主动将上海分会更名为中华妇女参

政协会，并连续几年担任协会主席。直至30年代她还继续做协会的主要负责人。[37]

1930年11月，国民党宣布将于1931年5月召开公民大会，讨论并推广宪政监督制度，帮助国家为今后的全面民主做准备。中华妇女参政协会和另外二十多个妇女组织于1931年4月派出代表，前往当时的首都南京，参加公民大会。其中十个代表被选为大会的"观察员"。政府之所以允许这特殊的妇女观察员团队参加大会是对议会中应有更多女性代表的呼声的让步，因为当时520位参会代表中，只有6位是女性。最后，大会通过的宪政监督制度给予女性和男性平等的权利。由于这一胜利成果，中华妇女参政协会于1933年更名为中华妇女运动同盟会，目标从争取妇女参政权拓展到为中国女性争取更多政治、教育、经济和文化权益。[38]

抵制日本帝国主义

1931年日军占领东北三省，许多中国人所担心的日本企图控制并侵略中国的事情发生了。王立明和丈夫刘湛恩激烈抨击日本帝国主义的侵略行径。九一八事变四天后，王立明和节制会的其他理事会成员开会商讨如何应对这一危机。讨论结束后，王立明给节制会在欧洲和美国的负责人发了电报，请求她们为中国提供海外支持。同时，节制会和上海其他的妇女组织积极联系，想要联合抵抗日军侵略。后来，为了协调工作，王立明和其他领袖们成立了中华妇女救国同盟会（救国同盟会）。同年10月，王立明主持该机构所召开的第一届同盟会大会，有两千多名妇女出席。之后，同盟会会员增长到三千多人。[39]

第十一章　促进愿景的中国当代女性——王立明
Wang Liming: Promoting a Protestant Vision of the Modern Chinese Woman

1932年日军占领上海，王立明和救国同盟会很快作出反应。节制会和救国同盟会成员一起，积极为政府的抗战募集资金，提供军队所需物资，为伤兵搭建临时医院，为难民搭建帐篷。后来，由于一些原因使得此机构开始有分裂，王立明决定减少她的参与，只派一名年轻助手出席各样集会。不久后，蒋介石为避免日本对华全面战争，向日本妥协，禁止救国同盟会和其他反日组织举办集会。此举激怒了王立明，使她对国民党开始深感失望。[40]

当时，刘湛恩和王立明是反对日本帝国主义的突出人物。作为沪江大学校长，刘湛恩在学生中积极宣传爱国主义和抗日精神。他在很多爱国组织中，如中国红十字会，都担任了领导角色。[41] 1935年12月，一二·九全国反日游行中，刘湛恩和王立明与21位上海著名华人基督徒，在公开声明上签字，呼吁同胞反对日本的侵华要求。声明中说："我们热爱和平，但我们更热爱公义。我们反对任何引起不必要牺牲的行为，但若是为了真理和公义，我们无惧流血。"[42] 后来的局势很快验证了他们的诺言。

悲惨遭遇和战时政治

1937年7月，日军全面侵华。刘湛恩和王立明带着孩子逃往上海的外国租界区，那里仍是西方势力所控制的范围，暂时没有受到日本攻击。很快，他们又投入了反日浪潮。王立明成立了梅园难民救济所，帮助因战事流离失所的难民。与此同时，刘湛恩因领导上海各界救亡协会，成为上海抗日浪潮中最突出的知识分子之一。王立明一直支持丈夫，虽然知道先生这样做很危险。1938年，日本在南京成立伪政府，邀请刘湛恩出任教育部部长，刘湛

恩断然拒绝，激怒了日方，这使他们在上海的处境更加危险了。⁴³

不久后，刘湛恩收到了恐吓信和电话，还有人朝他们的住处扔手榴弹，幸运的是家里没有人受伤。王立明惊吓之余，劝丈夫为了孩子们离开上海。刘湛恩建议她带着孩子们离开，自己坚持留下，继续在教育界进行抵抗，给别人树立一个榜样。他说："我是基督徒，想到十字架上我们的主耶稣基督，我还有什么可怕的呢？"1938年4月，刘湛恩在其家附近的公交车站等车时，惨遭枪击身亡。暗杀者似乎是被日方秘密收买的中国人。王立明在医院太平间里看到了刘湛恩被鲜血浸染的尸体，也看到丈夫脸上仍带着勇敢和得胜的表情。与丈夫生离死别，王立明悲痛难耐，她在极度的心灵苦痛中大哭："万能的上帝，宇宙的造创者，你的道路为什么是这般残酷呢？"⁴⁴

葬礼后，王立明带着三个孩子逃往武汉。国民党政府为躲避日军的进攻，被迫将重要机关暂时转移到那里。在武汉，王立明被任命为国民参政会议员，该组织是国民党政府为推动与集合更多抗日力量而建立的准民主协商机构。1938年6月，国民参政会第一次委员会召开，王立明是当时仅有的十个女性代表之一。会后，由于日军的进一步侵略，国民党政府把战时陪都迁往重庆，国民参政会也一同搬迁。于是，王立明前往重庆，继续在国民参政会任职。⁴⁵

在重庆，王立明很快重拾其服务妇女儿童的热忱。国民党政府追认刘湛恩为烈士，并下发了一笔烈士抚恤金。王立明用这笔抚恤金和一些收到的捐款创办了"湛恩难童教养院"，专门收容那些父母在抗日中死去的孤儿。此外，她还为职业女性创办了"胜利托儿所"，收容职业女性的孩子，那是当时重庆唯

——家 24 小时工作的托儿中心。除此以外，她继续领导缩小的节制会参与抗日。[46]

王立明利用在国民参政会里的职位，表达她对妇女事务和抗战努力的关注。她和国民参政会中的其他的妇女成员一起努力，在国家宪法中为妇女争取了更多的权益。王立明在国民参政会中不辞劳苦，积极宣传抗日，反对向日妥协。另外，她积极寻求国共合作途径。她对国家统一、两党合作十分热心，为此，她将长子光生送进了四川的国民党军校，把次子送去延安。由于经常批判国民党的贪污腐败及其对战事的不当处理，1943 年，她被逐出国民参政会。[47]

王立明 1941 年加入了中国民主同盟（民盟）。民盟主张宪政民主和社会主义，这是她一直支持的主张。[48] 但战争年代，随着她对国民党的日渐不满，王立明的政治立场有所转变，她开始和左派有了更多接触，并与著名的共产党人周恩来及其妻子邓颖超交往密切。王立明被逐出国民参政会后，没有了收入来源，周恩来为她和家人提供了衣食帮助。

服务新中国

1945 年抗战胜利之后，王立明搬回上海，并且开始恢复节制会的工作，继续参与民盟的活动。但是由于左倾的民盟被宣布为非法政党，王立明只好逃往香港。在香港，民盟重新建立，也开始公开与共产党合作。1949 年初，北平和平解放后，当时主要的无党派组织，包括民盟，都受邀参加中国人民政治协商会议。王立明以民盟的正式代表身份出席第一次中国人民政治协商会议。

为了取得党外妇女的支持,共产党成立了中华全国妇女联合会(妇联会),节制会也加入此机构。王立明被选为执行委员会的常务委员,由此可见她在妇女运动中的地位。1949年10月1日,毛泽东主席在天安门广场隆重的官方典礼中正式宣布中华人民共和国成立,当时王立明也欢喜地出席典礼。[49]

20世纪50年代初期,新政权进一步巩固,王立明继续担任节制会总干事。她的办公室位于城中一处广阔的前皇家庭院。节制会在办公地点建了一所私立的幼儿园,又建立了儿童图书馆和一所夜校。1956年,王立明率领四人代表团赴西德,参加世界基督教妇女节制会第十次会议。大会发言时,她见证了社会主义新中国妇女权利以及妇女儿童社会福利项目惊人的进步。她的发言激起了听众热烈的掌声。大会选举她为世界基督教妇女节制会的副总干事。后来,周恩来公开称赞了她的爱国之情。[50]

逼迫和去世

然而,王立明的政治生涯却于1956年戛然而止。1957年她被错划为右派,被剥夺一切政治头衔和职位,包括她担任了三十多年的节制会总干事一职。节制会和所有其他妇女组织由此也都失去了独立的地位,归妇联领导。[51] 王立明住在之前同一栋楼里,但是她的房间只有约十平米,自己也要做饭洗衣。她以前吃过苦,所以她正视苦难,在允许的范围内尽量多参加学习班和体育活动。[52]

1966年初,70岁的王立明在北京挤公交车时折断了胳膊,她决定回上海女儿家中休养。[53] 同年8月,文化大革命开始,9月1

第十一章　促进愿景的中国当代女性——王立明
Wang Liming: Promoting a Protestant Vision of the Modern Chinese Woman

日，王立明在上海被捕。[54] 经过严厉审讯，王立明被送往上海郊外的一个劳改营。此后，她的家人再也没有见过她。在劳改营遭受了 3 年 8 个月的折磨后，她于 1970 年 4 月 15 日去世，享年 74 岁。

直到生命尽头，王立明都保持着清白。她请一位狱友转告孩子们，她一生良心无愧。她还让孩子们联系周恩来的妻子邓颖超，帮助她死后获得平反。1981 年，中国人民政治协商会议、中国民主同盟和中华全国妇女联合会在北京联合举行追悼会，王立明作为一个爱国人士被大家纪念。她的家人被允准在北京八宝山革命公墓将她安葬。由于王立明被捕时所有的东西已被没收，她的骨灰也没有返还给其家人，所以她的女儿能放进坟墓以资纪念的，只有王立明留下来的一把梳子。

不平凡的人生

王立明是位勇敢的女性，基督教信仰激励着她毕生为妇女儿童争取一个更公义的社会。作为民国时期一位很有影响力的妇女领袖和打破常规的改革家，她取得了很多重要成就，也留下了丰富的精神遗产。她的努力使中华妇女节制会成为当时中国最大的妇女组织之一，有效地激励了成千上万的妇女和少女立志与娼妓、吸烟等社会问题做斗争，提高了妇女在社会中的地位。她的著作和在节制会的工作为一夫一妻制在中国的推广做出了贡献，也为小家庭结构的建立获取了广泛的支持。她与其他妇女组织同心合作，在参政问题上为女性赢得了重要权利。在做出这些成就的同时，她还抚养大了三个孩子，这不仅证明她的杰出才能，也表现出她对家庭与母亲这一角色的极端重视。王立明因忠于使命而付

出的代价充分彰显她对女性事业和中国同胞的热爱。从舍弃个人安逸到失去丈夫,再到战乱时期的困苦流离,她做出了很大的牺牲。她的悲惨去世,她所遭遇的不公,反而更加凸显其硕果累累、尽心尽责的一生。

鸣谢

这一章节选自包克强(John Barwick)2011年在加拿大阿尔伯特大学的博士论文《华人新教徒精英分子以及他们对中华民国时期现代化的寻求》(*Chinese Protestant Elites and the Quest for Modernity in Republican China*),第四章。

本书人物大事年表

1838	颜永京在上海出生。
1840	马相伯在江苏出生。
1849	黄乃裳在福建闽清出生。
1852	马相伯入读上海耶稣会学校。
1854	颜永京留学美国。
1861	颜永京从肯扬学院毕业返回上海。
1866	黄乃裳受洗。
1869	邝富灼在广东出生。
1870	马相伯被祝圣为天主教神父。 颜永京被按立为圣公会牧师。
1876	马相伯为推动改革脱离圣职入政府部门工作。
1877	颜惠庆在上海出生。
1879	颜永京是上海圣约翰书院创始人之一，第一任校长。
1885–1887	马相伯出行欧洲，觐见教皇。
1886	颜永京成为上海救主堂主任牧师。
1887	尹任先在湖南出生。
1889	邝富灼加入救世军。 张福良在上海出生。
1892	刘廷芳在浙江温州出生。

1893	曾宝荪在北京出生。
1894	颜永京出行英国、美国，发表演说反对鸦片贸易。
1895–1896	颜惠庆留学弗吉尼亚州，在美国首府华盛顿中国使馆任翻译。 邝富灼在加州 Pomona College 半工半读。
1896	王立明在安徽太湖出生。 黄乃裳在福建创办最早的现代报纸。
1898	颜永京 60 岁生日，同年，在上海去世。 马相伯重入耶稣会。 黄乃裳参与"百日维新"运动，起草奏本要求改革语言汉字。
1899	吴经熊在浙江宁波出生。
1900	颜惠庆从弗吉尼亚大学毕业，返回圣约翰大学任教。
1901	黄乃裳在沙捞越（现马来西亚）的巫诗创立"新福州"垦场。
1902	马相伯创立上海震旦学院。
1905	马相伯创立上海复旦大学。 邝富灼从哥伦比亚大学伯克莱分校毕业，获文学硕士，返回中国。 颜惠庆担任世界学生联盟会董事会首任主席。
1906	邝富灼和颜惠庆通过文官考试，荣获头等博士学位。
1907	颜惠庆开始外交官生涯。
1908	邝富灼开始在商务印书馆工作。
1909–1910	张福良成为庚子赔款赴美留学的第一批学生。
1911	孙明经在南京出生。 黄乃裳在民国胜利之日，率领福建同盟会游行进入福州市。

本书人物大事年表
Time Lime

1912	吕锦瑗在山西出生。 颜惠庆出任外交部长。 马相伯在北京担任袁世凯总理的资深顾问。马相伯筹建中国国家人文科学研究院和天主教辅仁大学。 曾宝荪赴英国留学。
1913	颜惠庆出席在海牙举行的第二届万国禁烟大会。 尹任先留学美国。 马相伯在上海退休。
1915	张福良从耶鲁毕业,与许海丽结婚,迁居长沙,在耶鲁中国的雅礼学院任教。 刘廷芳在纽约与吴卓生结婚。
1918	曾宝荪开办长沙艺芳女校女子中学。
1919	颜惠庆和其他中国代表拒绝在凡尔赛和约上签字。 尹任先从哈佛商学院退学,在上海从事工商业。
1920	刘廷芳从哥伦比亚大学毕业,返回燕京大学任教,主编《生命》季刊。 王立明从西北大学毕业,回国服务于"中华妇女节制会"。
1920–1926	颜惠庆先后担任外交部长、总理和代总统。
1921	吴经熊获美国密西根大学法学院法学博士学位,在《密西根法律评论》上发表首篇文章,论中国古代法典。
1922	邝富灼获荣誉博士,旅行海外,开始参加扶轮社慈善工作。 王立明与刘湛恩结婚,刘湛恩后来成为上海沪江大学校长。
1924	黄乃裳在福建闽清去世。 颜惠庆作为在华基金董事会成员,参与监管庚子赔款教育基金。

1926	王立明做"中华妇女节制会"总干事,任职达30年之久。
1927	孙明经就读南京金陵大学。 张福良任全国基督教协进会农村干事。
1928	邝富灼成立中国麻风救济会。在上海退休之前,成立"中华幼慈协齐会"。
1930	孙明经为金陵大学新成立的电影教育系工作。
1931–1933	颜惠庆重任外交部长。 尹任先成为河南财政官员。
1933	吴经熊开始起草《中华民国宪法第一草案》。
1934	孙明经毕业;合拍金陵大学第一部纪录片。 尹任先的儿子和女儿被日军炸死。
1934–1936	孙明经导演中国第一部彩色电影。
1934–1945	张福良在江西省指挥难民工作。
1935	曾宝荪与基督教青年会组织的杰出学者团队在中国12个城市巡回演讲。
1936	刘廷芳成为立法院成员。
1937	尹任先先后在湖南、重庆担任资深财政官员。 孙明经和吕锦瑗完婚,随金陵大学迁往华西。 邝富灼为被日本侵略募捐。 吴经熊被接纳归信天主教。
1938	邝富灼在上海去世。 王立明丈夫在上海遇刺。
1939	马相伯逃难在越南因病去世,享年100岁。 颜惠庆全家去香港。 孙明经赴美考察美国电影。
1941	刘廷芳和家人从上海逃往纽约。

本书人物大事年表
Time Lime

1943–1945	尹任先的圣光学校在重庆开学，战争结束时迁往苏州。
1945	吴经熊出席首届联合国会议。
1947	孙明经出品中国第一部有声彩色电影。 吴经熊出任中华民国驻梵蒂冈公使。 刘廷芳在新墨西哥阿尔伯克基市去世。
1949	2月，颜惠庆带领非官方代表团与中国共产党领导人在华北见面。
1950	颜惠庆在上海去世。 圣光学校在苏州被关闭，尹任先退休。
1950年代	吴经熊在新泽西西顿哈尔大学任教。
1951	张福良在肯塔基伯里亚学院教学并接待各国来宾。 曾宝荪和堂弟迁居台湾台北。
1952	金陵电影系变更为北京电影学校（后成为北京电影学院），孙明经和吕锦瑗迁居北京。
1957	孙明经被禁止教学和拍电影。
1964	尹任先在杭州去世。
1966	王立明受迫害，在上海附近的劳改监狱去世。
1978	曾宝荪在台北去世。
1980	孙明经恢复电影教学，他的一些幸存的电影胶片被发现。
1984	张福良在纽约石溪镇去世。
1986	吴经熊在台湾去世。
1992	孙明经在北京去世。
1998–2002	尹任先的回忆录在香港出版。 孙明经的一些幸存的电影胶片被找到。 吕锦瑗于2002年在北京去世。

作者简介

包克强博士（John Barwick）

康奈尔大学历史系博士后，世华中国研究中心（Global China Center）研究员，其研究专长是中国基督教。他在芝加哥大学获学士学位，在阿尔伯塔大学获博士学位。包博士在 2010 年出版的英文版《光与盐》一书中撰写了关于张伯苓、刘廷芳和王立明生平的三个章节。他 2011 年撰写的博士论文《华人新教徒精英分子以及他们对中华民国时期现代化的寻求》（*Chinese Protestant Elites and the Quest for Modernity in Republican China*）将由香港中文大学出版。

毕乐思（Stacey Bieler）

《"爱国者"还是"卖国者"？——中国留美学生史》（*Patriots or Traitors? A History of American-Educated Chinese Students*）的作者。作为《光与盐》（Salt & Light, 2009、2010 和 2011 版）的合编者，她撰写了关于容闳、梅贻琦、晏阳初以及徐氏家族的数篇文章。毕女士 1994 年获得密歇根州立大学历史学硕士学位。作为独立学者，她与人合著了《中国就在你门前》（*China at Your Doorstep*）以及《中国知识分子和福音》（*Chinese Intellectuals and the Gospel*）两本书。她在密歇根州立大学的国际节目社区志愿者董事会担任董事。

张志伟

香港中文大学中国研究所的学术与文化杂志《二十一世纪》副主编。他先后在香港理工大学获得人文学硕士学位，在英国纽卡斯特大学获得博物馆、美术馆与传统管理学硕士学位。他的中文近作《徘徊于基督化与世俗化之间：关于 1900-1922 年间上海基督教青年会的研究》于 2010 年由国立台湾大学出版。

作者简介
Contributors

李可柔博士（Carol Lee Hamrin）

乔治梅森大学的研究教授和世华研究中心的资深研究员，这两个机构都位于美国弗吉尼亚州。她在威斯康星大学获得中文和比较世界史博士，之后任美国国务院研究专家达 25 年。2003 年，李博士因其杰出的公务活动获得公共正义中心的"领导奖"。她在华盛顿地区的几所学院教授研究生课程，并有若干书籍和文章面世。她的著作包括《光与盐》（2009、2010 和 2011 版），《上帝和凯撒在中国：政教张力的政策含义》（*God and Caesar in China: Policy Implications of Church-State Tensions*），《邓小平时代中国的决策过程》（*Decision Making in Deng's China*）和《中国与未来的挑战》（*China and the Challenge of the Future*）。

林仰嵩（John Lindblom）

在华盛顿大学亨利杰克逊国际研究学院取得中国研究的硕士学位。他作为一名教师和作家，专注于中国基督教的发展、中国天主教和吴经熊思想等方面的研究。他的译文发表于《神州交流》季刊。

黄碧瑶博士

教育工作者，澳大利亚墨尔本莫那什大学语言文化学院亚洲学博士。作为黄乃裳的重孙女，黄碧瑶博士所著论文《黄乃裳：晚清及民国初年的一位中国基督徒改革者》将以英文出版，其中文版书名为《黄乃裳》（马来西亚诗巫福州公会 2011 年出版）。

王文宗

教育工作者，在云南业支创办柏格理学校，为贫困的少数民族提供教育和健康服务，使用多媒体方式介绍在英国和中国的道德改革。他先后在北京大学和中国人民大学学习图书馆学和新闻学，并在美国取得教育学硕士学位。曾在百奥拉大学图书馆和亨廷敦图书馆工作。

魏扬波博士（Jean-Paul Wiest）

曾担任北京语言文化研究中心主任 7 年，目前仍担任该中心的高级研究员，同时也是香港中文大学宗教与中国社会研究中心的研究员。他的主要

研究领域是基督教在近现代中国的历史,并侧重于中西文化和宗教互动。他在英语、法语和中文方面多有著作,包括《玛利诺会在中国:1918—1955的历史纪录》,《历史遗踪:正福寺天主教墓地》(中文版,2007)以及《口述历史方法》(中文版,2010)。魏扬波博士担任玛利诺外方传教会在中国的历史研究项目协调员、玛利诺会口述历史研究主任长达20年,他还是玛利诺会宣教研究与学习中心的创办者和研究主任。

朱影博士

纽约市立大学史泰登岛学院媒体文化系教授和系主任。曾经获得美国国家人文基金会以及美国学术团体理事会奖学金,创作或编辑了7部著作,包括《二十亿只眼睛:中国中央电视台的故事》,联合制作了一些时事纪录片,包括《谷歌对中国》和《中国:从卡地亚到孔夫子》。目前定居于纽约。

注　释

导论

1. 如要查找带文献参考的对新教徒社会精英的领先分析研究，请参考包克强（John Barwick）博士论文《华人新教徒精英分子以及他们对中华民国时期现代化的寻求》(*Chinese Protestant Elites and the Quest for Modernity in Republican China*) (PhD diss., University of Alberta, Canada, 2011)。如要查找天主教及新教中国基督徒及外国宣教士的资料和简短传记，请参考里奇中西文化史研究所网页 http://usf.usfca.edu/ricci/christianity/index.htm, 和 http://www.bdcconline.net/en/ 网页的中国基督教人物词典，以及 Howard L. Boorman 等人的作品 *Biographical Dictionary of Republican China* Vols. 1–4 (New York: Columbia University Press, 1967–1970)。

    如要查找20世纪60年代对这些人还没有完成的历史的资料汇总概述，参 M. Searle Bates, 以及 Melville O. Williams, Cynthia McLean, and Martha Lund Smalley 等人的 *Gleanings from the manuscripts of M. Searle Bates: the Protestant Endeavor in Chinese Society, 1890–1950* (New York: The China Program, National Council of churches of Christ in the U.S.A., 1984) 以及 Martha Lund Smalley, comp. "Guide to the Miner Searle Bates Papers (Record Group No. 10)," Yale University Library, Divinity Library Special Collections (New Haven: Yale University Library, August 1983), 链接 http://webtext.library.yale.edu/xml2html/divinity.010.con.html。

2. Lyon Sharmon, *Sun Yat-sen: His Life and its Meaning* (Stanford: Stanford University Press, 1934), 108–109, 谈论1911年3月29日的广州起义，以及那里对"七十烈士之牺牲"的纪念。

3. Lloyd E. Eastman, *The Abortive Revolution: China under Nationalist Rule 1927–1937* (Cambridge, MA: Harvard University Press, 1974), 166–172, 详细介绍了从给予立法最大权力的吴经熊草案到1936年定稿之间的政治情况，反映出对蒋介石独裁专政的压力，结束了宪政制度的可能性。

4. Ryan Dunch, "Locating China in the World: Space and Time in Late Imperial

Protestant Missionary Texts"(paper, Association for Asian Studies annual meeting, Boston, March 22-25, 2007), 在第 10 页。Dunch 引用 Alexander Williamson19 世纪 80 年代 著作 *Jidu shilu*（Life of Christ,《基督实录》）一书的序中所写，来证明其观点。

100 年前，基督教文化进入中国，成为更大范围的"进步"运动的影响的一部分，"进步"运动反映了人类创造性和新科技的使用可以推动全球范围内稳定的社会进步之乐观精神。宗教复兴激励了社会改革，也激发了促进跨国际使命的勇气。

5   Tu Weiming, "The Quest for Meaning: Religion in the Peoples' Republic of China," Peter L. Berger et. al., eds. *The Descularization of the World: Resurgent Religion and World Politics* (Wm. B. Eerdmans Publishing, 1999), 91–92; Wang Gungwu, *Anglo-Chinese Encounters since 1800: War, Trade, Science and Governance* (Cambridget: Cambridge University Press, 2003); You Xilin, "Modernity and Secularity: the dual significance of Christianity for China s modernization," *China Study Journal* 18:1 & 2 (August 2003): 10–11. 下面的几段选自包克强书中第一章，48-63 页。

6   Dana L. Roberts, *Christian Mission: How Christianity Became a World Religion* (Malden, MA: Wiley-Blackwell, 2009), 49–50 页，讨论基督教对不同社会群体的吸引力；64-67 页，国际主义的发展和"普世基督教"的概念；以及第 72-72 页，宣教士运动向国际基督教非政府组织跨文化网络系统的转变。

7   Jeffrey N. Wasserstrom, *Global Shanghai, 1850–2010: A History in Fragments* (New York: Routledge, 2009), 66–67.

8   Dan Cui, *The Cultural Contribution of British Protestant Missionaries and British-American Cooperation to China's National Development During the 1920s* (New York: University Press of America, 1998), 348–349.

9   Jeffrey N. Wasserstrom, *Global Shanghai, 1850–2010: A History in Fragments* (New York: Routledge, 2009), 66–67.

10 Hamrin, personal communication with a PRC ambassador who has represented China in leading international organizations.

11 Barwick, chap. 1, 57–58; chap. 3, 144–146.

第一章

1   颜永京给儿子的书信，1898 年 2 月 28 日。"Y.K.Yen"文档，肯扬学院特殊收藏档案馆（Greenslade Special Collections and Archives, Kenyon College，以

下简称：肯扬档案馆）。这是颜永京最后写给在弗吉尼亚大学读书的两个儿子的书信之一。

2　颜惠庆，《已故牧师颜永京简述》副本（由颜牧师三子颜惠庆所写，未发表），肯扬档案馆，编号 15。

3　颜惠庆自传，《东西方万花筒 1877—1944》（*East-West Kaleidoscope 1877-1944: An Autobiography*），1974 年纽约出版，第 3 页。除非另有说明，颜家的履历资料均来源于此。在英文出版物中，颜惠庆署名为 Wei-ching Williams Yen。

4　长子颜思庆（音译，Siqing Points Yan）于 19 世纪 80 年代末入学肯扬学院，但未毕业就返回上海。次子颜子庆（音译，Ziqing Nelson Yan）就读哥伦比亚大学，19 世纪 90 年代初从纽约法学院毕业。两个小儿子就读弗吉尼亚大学。颜惠庆（Huiqing Williams Yan）于 1901 年毕业，颜德庆（Deqing Strong Yan）转入里海大学，完成工程学学位。最小的也是唯一的女儿颜庆莲（Qinglian Julia Yan）在弗吉尼亚 Stuart Hall 预科学校学钢琴。

5　在美期间，颜永京依照上海方言拼读他的名字 Ngan Young Kiung，人们大多称他"Kiung"。The Kiung League of Ascension Church 从 1880 年开始募款以支持他在中国的事工。

6　肯扬档案馆纪录他在 1869 年获文学硕士学位，这不是荣誉学位。他必定是在工作期间完成远程课程，因为直到 1894 年都没有他返回美国的记录。颜永京和他弟弟，还有他的长子在肯扬时都是 Alpha Delta Phi 弟兄会的成员。

7　C. Y. Shu, -Rev. Mr. Y. K. Yen, M.A.（1985 年，私人传阅件）肯扬档案馆，编号 18。

8　《中国妇女与基督教，1860—1927》（*Chinese Women and Christianity, 1860-1927*），作者郭佩兰，1992 年纽约出版，18、127 页。不过，笔者未能找到有关颜太太的资料。

9　《颜永京牧师的生平——将西方心理学介绍到中国的第一人》（Seiji Kodama, *Life and Works of Rev. Y. K. Yen, the first to introduce Western psychology into China*），肯扬档案馆。颜永京边教学边翻译 Joseph Haven 的著作《心灵哲学：智、情、意》（*Mental Philosophy: Including the intellect, sensibilities and will*，1861 年纽约出版）。当时所用"心灵哲学"（mental philosophy）一词后来成为心理学领域用语。1898 年颜出版了他的中文译本，几年后才有同类的中文书出版。

10　颜惠庆在《简述》中说该信登载在《纽约晚报》（*New York Evening Post*）上，随后跟着一篇应《纽约论坛》（*New York Forum*）约稿的类似文章。

11　同上。

12 Kathleen Lodwick, *Crusaders Against Opium : Protestant Missionaries in China 1874–1917*, Lexington: The University Press of Kentucky, 1996, 34–40, 52, 66–67; Norman Cliff, *A Flame of Sacred Love: The Life of Benjamin Broomhall 1829–1911*, Carlisle, Cumbria, U. K.: OM Publishing, 1998, 78–79. 其中提到 1890 年 6 月中国教会领袖给英国教会的一封呼吁信，刊登在基督教联盟杂志 *National Righteousness*。既是创始人也是编辑的海班明（Benjamin Broomhall），写信给英国 45000 名教牧人员，也写给国会的每一个议员，并附上鸦片的使用与贸易统计表，以引起他们的关注。海班明也是《中国之友》(*Friend of China*) 杂志的编辑，又是 1895 年之前内地会出版的《亿万华民》(*China's Millions*) 的编辑，这个刊物是他的舆论阵地。

13 《中国之友》(*Friend of China*) 第 15 期（1895 年 10 月），56—63 页。

14 有关黄的传记，参"华人基督教史人物辞典"网站（http://www.bdcconline.net/en）。

15 Muriel Boone, *The Seed of the Church in China*, (Philadelphia: Pilgrim Press Book, United Church Press, 1973).

16 颜永京的汇报载于《宣教的精神》(*The Spirit of Missions*) 60:5（1895 年 5 月），176-177 页。弗吉尼亚神学院佩恩主教（Bishop Payne）图书馆，缩微胶片。

17 C. Y. Shu, —Rev. Mr. Y. K. Yen, M.A. 肯扬档案馆，编号 18。

18 颜永京的打印信件，1898 年 1 月 29 日。肯扬档案馆。

19 手稿复印件，1898 年 5 月 9 日。肯扬档案馆，编号 10。

20 Mrs. Daniel M. Bates, 引自 Mary Lamberton, *United Board for Christian Colleges in China* (New York, 1955), 14—15 页。

21 摘自《中国之友》(*Friend of China*)，1898 年 10 月，82—83 页。

22 圣公会中学档案管理员 Laura Vetter 与作者的个人交谈，2009 年 2 月 10 日（Personal communication to the author from Laura Vetter, Archivist at Episcopal High School, February 10, 2009）。

23 *University of Virginia Catalogue 1898–1899, 1899–1900, 1900–1901*. Roanoke, VA: The Stone Printing and Manufacturing Co., 1899 and 1900; Charlottesville, VA: The University of Virginia Press, 1901.

24 颜惠庆，《东西方万花筒》，83、96 页。

25 引自 Lamberton, *St. John's University*, 62 页。

26 颜惠庆的学生包括顾维钧，后来的外交部长和外交官；宋子文，财政部长和中华民国总理；周贻春，后来在外交部工作并成为清华学堂的校长；还有基督教青年会的领袖余日章。

27 在 1919 年，其他名人包括颜的朋友、复旦大学校长李登辉博士，和不定期的讲员张伯苓博士。张是南开大学创始人和首任校长，他的事迹也在这卷书中。Lamberton，*St. John's University*，211 页。

28 关于李登辉的传记，参在线《华人基督教人物辞典》。

29 参李可柔著《唐国安："清华"第一任校长》（*Tang Guo'an: Pioneering China's Rights Recovery Movement*），载于 *Salt & Light* 卷1。不过，这两人何时见面，以及如何见面都不确定。

30 颜惠庆，《东西方万花筒》，（W. W. Yen, East-West Kaleidoscope, 35—36 页，Zhongxi hebian [Inter-association debate], Shanghai Qingnian Huibao [Shanghai YMCA Newsletter] 1: 10 (November 27, 1903)。

31 《颜德庆记录，C.E.（1901年），工程学博士（1906年）》，打字文件第75盒，RG—24/11/12.061收藏。已故校友档，弗吉尼亚大学图书馆特藏室。

32 《"爱国者"还是"卖国者"？——中国留美学生史》（*Patriots or Traitors? A History of American-Educated Chinese Students*），毕乐思著，2004年纽约出版，49—51 页。颜和他的朋友唐国安都有份于清华的建立，使其作为选派庚款学生的预备学校。参李可柔：《唐国安》，46—48 页。

33 CSM, December 1909，87 页。

34 颜惠庆，《东西方万花筒》，59—60 页。颜没有提及他妻子的名字，笔者在其他资料中也没发现。

35 《中国的国际化：民国时期中外关系》（William C. Kirby，*The Internationalization of China: Foreign Relations at Home and Abroad in the Republican Era*），载《中国季刊》（*The China Quarterly*），第150期（1997年6月），436—458 页。《中国的不平等条约——叙述民族历史》（*China's Unequal Treaties: Narrating National History*），王栋著，2005 年美国出版，36—41 页。颜惠庆、顾维钧、王正廷和陆征祥也都被称为政府内的"外交官"派。陆征祥是首任外长，后来共任此职14次，顾维钧8次，颜惠庆和王正廷各5次，施肇基2次。

36 有关巴黎和华盛顿会议的详情参 Bruce A. Elleman，*Wilson and China: A Revised History of the Shandong Question*，2002，New York，37-48，160-162 页。

37 《中华民国人物辞典》第4卷，50—52 页（Howard L. Boorman，*Biographical Dictionary of Republican China*，New York: Columbia University Press, 1967）。颜惠庆为之工作的政府首脑包括民国总统袁世凯、黎元洪，还有曹锟，以及军阀吴佩孚、张作霖、冯玉祥、阎锡山和段祺瑞（*Salt & Light*，卷2，第一章，35 页）

38 颜惠庆，《东西方万花筒》，164—165 页。

39 《中国的国际化》（Kirby，*The Internationalization of China*），438、443 页。

40 颜惠庆，《东西方万花筒》，213 页。

41　Mrs. Pingsheng Yen Chin 于 1943 年从康奈尔大学毕业获数学学士学位，在通用电气公司工作 3 年以后，由该公司主席推荐加入 MEM 在纽约的中美委员会。此后她将其余生 56 年都奉献给乡村建设。

42　《传记注释》(*Biographical Notes*)，作者：颜惠庆，打字文件第 75 盒，RG—24/11/12.061 收藏，已故校友档，弗吉尼亚大学图书馆特藏室。

43　《民国元老颜惠庆晚年的"敲门之旅"》，作者：屈胜飞，载《钟山风雨》2（2007 年），9—12 页。和平代表团的其他成员有章士钊、江庸和邵力子等人。

44　《上海和平代表团与 1949 年国共和谈》，作者：陈雁，载《档案与史学》3（1999 年 3 月），64—68 页，引用《颜惠庆日记》和《解放日报》（1949 年 10 月 2 日）；Lamberton 著《圣约翰大学》，231 页。另参陈雁：《颜惠庆传》，1999 年中国石家庄出版。

45　New York Times，1950 年 5 月 25 日版，上面列出他女儿的名字分别为 Mrs. Robert Yee, Mrs. I. T. Sun and Mrs. P. H. Chin（皆在纽约）；儿子的名字分别为 Pusheng Yen（在纽约）以及在上海的 Tusheng Yen，和颜植生（Chihsheng Yen）。颜惠庆在《东西方万花筒》213 页，提到他的长子毕业于 Sandhurst Royal Military College；次子就读于西点军校（West Point Military Academy）。

46　Jeffrey N. Wasserstrom, *Global Shanghai, 1850–2010 : A History in Fragments*, London: Routledge, 2009，66-67。

47　《前言》1973 年 2 月 17 日，作者：V. K. Wellington Koo，载于颜惠庆著《东西方万花筒》。

48　同上，285—302 页。这段和最后一段的引言都摘自该书后记。

第二章

1　马相伯，《上教宗为中国兴学术》，选自方豪等编《马相伯先生文集》(北京：上智编译馆，1947 年)，22 页。欲查找此信的英文翻译，请参考 Ruth Hayhoe 和 Lu Yongling 等人写的《马相伯和近代中国思想（1840-1939）》(*Ma Xiangbo and the Mind of Modern China, 1840–1939*)，221 页。

2　王瑞林等，《一日一天》(上海，复兴书局，1936 年)，136 页。

3　张若谷，《马相伯先生年谱》(上海：商务印书馆，1939 年)，1 页及之后。《复旦大学志，第一卷，1905-1949》(上海：复旦大学出版社，1985 年)，218 页。在晚年期间，马相伯具体谈过他在家乡受过的中国传统教育，参王瑞林《一日一天》，112-114 页、138 页。

4　*College Saint Ignace* 是学校的正名，中文叫做圣依纳爵公学，对很多当地人

注释
Notes

来说非常拗口，所以不久后耶稣会就将学校名字改为徐汇公学，因为它坐落在上海徐家汇区，在明朝最有名的中国基督徒徐光启的祖宅基地上。

5 张若谷，《马相伯先生年谱》（上海：商务印书馆，1939年），42页、109页。
6 张天松，《马相伯先生读书生活》，（香港：公教真理学会，1950年），17-23页，34-36页；《一日一天》，27-33页；J. de la Servière, *Histoire de la mission du Kiang-nan* (Shanghai: T'ou-se-wei, 1914)，第一卷，173-174页，329-330页；第二卷，92-94页。利玛窦（Ricci）最著名的中文著作是《天主释义》。
7 张若谷，《马相伯先生年谱》（上海：商务印书馆，1939年），109页、115页。
8 《一日一天》，27-33页；Ruth Hayhoe, "Towards the Forging of a Chinese University Ethos: Zhendan and Fudan, 1903-1919," *The China Quarterly* 94 (June 1983): 327页。马相伯，*Compendium of Mathematics*，中文名为《读书大全》。
9 方豪，《马相伯先生的生平及其思想》，（《天下月刊》，香港，1940年5月。）李天刚，《马相伯人生中基督教和文化的冲突》，Hayhoe and Lu 书中第119-122页。同年（1876年），马建中去法国学习国际法，他是第一个得到学士学位的中国人，1879年他也得到了法律学位。
10 张若谷，《马相伯先生年谱》（上海：商务印书馆，1939年），159页，162-178页，185-186页，200页，204-205页；《复旦大学志》220-221页；Howard L. Boorman, ed., *Biographical Dictionary of Republican China* (New York: Columbia University Press, 1968) 2: 470b-472b。
11 顾裕禄，《187年文集》之《宗教问题探索》之《震旦大学创建和变迁》，（上海社会科学院，1988年），140页。
12 张若谷，《马相伯先生年谱》（上海：商务印书馆，1939年），197-198页；顾裕禄，140-141页；《复旦大学志》，27页；"Ecoles françaises en Chine," carton 72, J. de la Servière, Légationà Pékin, French Foreign Office Archives；"Une Université fran?aise en Chine," *Relations de Chine* 2 (April 1925):3-4.
13 翰林大学院是为政府高官人才选拔作预备的，其成员为宫廷文书和文学职任效力，职任之一就是为帝国的科举考试出题、改卷，有志之士必须通过考试才能晋升高职。
14 《复旦大学志》，41-42页；张若谷，《马相伯先生年谱》（上海：商务印书馆，1939年），208-209页。
15 Mary Backus Rankin, *Early Chinese Revolutionaries: Radical Intellectuals in Shanghai and Chekiang, 1902-1911* (Cambridge, MA: Harvard University Press, 1971), 50-52, 56-57.

16 张若谷,《马相伯先生年谱》(上海：商务印书馆,1939 年),209 页;《复旦大学志》,27-28 页;Boorman, *Biographical Dictionary* 2 页：473a-b;Servière, "Une université, 5-6 页; Rankin, *Early Chinese Revolutionaries*, 61-64 页。参本卷书第一章。

17 Joseph Dehergne, "Notes sur la brève histoire de l'Aurore (1903–1951)," *Etudes* 350 (May 1979): 613–14; Alexandre Brou, "Le premier jubilé de l'université 'L Aurore'," *Etudes* 197 (November 1928): 284–85.

18 《复旦大学志》,28 页。张若谷,《马相伯先生年谱》(上海：商务印书馆,1939 年),211 页；顾裕禄,《中国天主教的过去和现在》(上海社会科学院),84 页。

19 《复旦大学志》,28-29 页,36-39 页,56 页,222 页；张若谷,《马相伯先生年谱》(上海：商务印书馆,1939 年),212 页, *Translation World* 中文是《翻译世界》。

20 张若谷,《马相伯先生年谱》(上海：商务印书馆,1939 年),210 页,212 页；《复旦大学志》,43 页；Hayhoe "Towards the Forging", 331 页。

21 张若谷,《马相伯先生年谱》(上海：商务印书馆,1939 年),212 页；《复旦大学志》,41、44 页。

22 《复旦大学志》,29 页；*Nouvelles de Chine* 137 (October 30, 1903): 1–2 and 146 (June 27, 1904): 2. 欲查考《苏报》(《江苏日报》)和《新民丛报》的文章,参《复旦大学志》,40-41 页,46-47 页。

23 1902 年 12 月 30 日发行的《翻译世界》中建议的这门学科是有据可查的最早记录,这比 1938 年 5 月 16 日发行的《中央日报》上和张若谷书中选的马相伯文集更为可靠。参《复旦大学志》,36-39 页；《震旦大学二十五年》(上海,土山湾,1928 年)。

24 《复旦大学志》,30、43 页。张若谷,《马相伯先生年谱》(上海：商务印书馆,1939 年),212 页。

25 《一日一天》,76、83 页。

26 *Nouvelles de Chine* 142 (April 14, 1904): 1; Hayhoe "Towards the Forging...," 330–331.

27 《复旦大学志》,36、41-42、44 页。

28 顾裕禄,《震旦大学志》,141-142 页。Boorman, *Biographical Dictionary* 3: 91a and 4: 74b-78b；《复旦大学志》,39 页；张若谷,《马相伯先生年谱》(上海：商务印书馆,1939 年),213 页。

29 张若谷,《马相伯先生年谱》(上海：商务印书馆,1939 年),212-214 页, "Les 25 ans de l'Aurore, 1903-1928," (《震旦大学二十五年, 1903-1928》) box 3, "Université l Aurore," Jesuit Archives of Vanves, France [hereafter cited

as Jesuit Archives]. 另两个创办人是项微尘、郑子渔。

30 Louis Ducathay, "la vie tenace d'une université en Chine, 1903–1928," *Revue d'Histoire des Missions* 6 (1929): 64; François Perrin, "La fondation de l'Aurore" in *Diaries of the superiors of Zikawei* (1907), Jesuit Archives.

31 《震旦大学二十五年》，2 页；Servière, "Une Université," 6；Alexandre Brou, "Le premier jubilé de l'Université 'L'Aurore'," 288 页；顾裕禄，《震旦大学志》，142 页。欲看更好分析，请参 Hayhoe, "Zhendan Towards the Forging," 331–332.

32 《大陆报》（上海），1905 年 3 月 20 日；《时报》（上海），1905 年 6 月 30 日；《复旦大学志》，43–44 页，47–50 页；张若谷，214 页；顾裕禄，《震旦大学志》，142–143 页；《震旦大学二十五年》，2–3 页；Servière, "Une Université," 7；Brou, "Le premier jubilé," 289.

33 《复旦大学》，64–69 页。欲查李登辉的传记，请参在线中国基督教传记词典：http://www.bdcconline.net/en/stories/l/li-denghui.php.

34 1919 年五四运动中，复旦成为学生中爱国和革命精神的温床，直至今日，复旦大学仍骄傲地秉持这一精神。复旦大学也是现在中国最好的综合性大学之一。

35 方豪，《马相伯先生文集》，27–32 页，409–412 页。这三个朋友是章太炎、严复、梁启超。

36 方豪等，《马相伯先生文集续编》，（北京：上智编译馆，1948 年），10–11 页。

37 方豪，《马相伯先生文集》，27、409 页。

38 Ruth Hayhoe and Lu Yongling, 190–191 页。京师大学堂是 1898 年百日维新时在北京创办的第一所综合性中国大学，后来成为北京大学。

39 马相伯，《宗教与文化》；方豪，《马相伯先生文集》，382 页。参李天刚，127–129 页。

40 Jean Charbonnier, *Histoire des Chrétiens de Chine* (Tournai and Paris: Desclée, 1992), 288; Jacques Leclercq, *Vie du Père Lebbe* (Tournai: Casterman, 1955), 158; Boorman, *Biographical Dictionary* 4: 56a–57b. 英敛之在天津发行的报纸叫《大公报》。

41 欲查 Vincent Lebbe 的传记，参在线中国基督教传记词典：http://www.bdcconline.net/en/stories/l/lebbe-fredericvincent.php.

42 这封信在方豪的《马相伯先生文集》21–23 页有备份。

43 参 Donald Paragon, "Ying Lien-chih and the Rise of Fu Jen–The Catholic University of Peking," master's thesis, Columbia University, 1957.

44 Ruth Hayhoe, "A Chinese Catholic Philosophy of Higher Education in

Republican China," *Tripod*, December 1988, 7-8.

45 Boorman, *Biographical Dictionary* 4: 58a; "Tribute to the Catholic University (Peiping)," *Collectanea Commissionis Synodalis* 5 (1932): 925-926. 主教光若翰, 梵蒂冈派到中国的访问使徒, 与马相伯和英敛之讨论了天主教教育的事, 把他们的计划汇报到罗马。教皇庇护十一世请美国本笃会与马和英谈。辅仁大学最初用了北京公教大学的名字, 但马相伯因为年事已高拒绝了大学校长职位的邀请。同时英继续带领辅仁社, 为新大学的建立做预备学校, 英文名为 McManus Academy of Chinese Studies。

46 马相伯, 方豪,《马相伯先生文集续编》, 70-75 页。

第三章

1 黄乃裳,《绂丞七十自述》(以下简称《绂丞》), 再版于诗巫福州垦场五十周年纪念刊 (1901-1905), (诗巫: 诗巫福州公会, 1951), 100 页。虽然这次再版仍是中文繁体字, 却有了分段和标点断句, 所以比 1925 年黄去世一年后在上海出版的原版更易读。

2 黄乃裳,《宗教观 9-12》,《左海公道报》(福州), 1911 年 8 月 9 日—10 月 22 日。这一系列中的最后四篇文章谈论"公道"。

3 小村庄是福建闽清县虎峰村。

4 黄乃裳,《宗教观 6》, 1911 年 6 月 26 日。

5 黄乃裳在其自传中说他染了"血疾", 字面意义就是和血有关的病。2004 年, 这篇文章的作者在北京电话采访了黄乃裳的小女儿黄伍琼, 她说此病导致他咳血, 像是一种呼吸道疾病(如肺结核)。

6 《郇山使者报》(福州) 第 5 页 (1875 年 3 月 8 日)。这是唯一存留下来的一期《郇山使者报》, 现存唯一的副本在纽黑文 (New Haven), 耶鲁大学神学院 (Yale Divinity School) 图书馆特藏室 23 号记录组, 11 号箱子, 213 号文件夹, 由 Martha Lund Smalley 整理的 Franklin and Bertha Schweinfurth Ohlinger 论文集。此文获得其使用权。

7 Ryan Dunch, *Fuzhou Protestants and the Making of a Modern China 1857-1927* (New Haven: Yale University Press, 2001), 33.

8 Paul A. Cohen, "The new coastal reformers," in *Reform in Nineteenth-Century China*, eds., Paul A Cohen and John E. Schrecker, 257 (London: Harvard University Press, 1976).

9 黄乃裳,《绂丞》, 97 页。

10 Dunch, *Fuzhou Protestants*, 88.

11 詹冠群,《黄乃裳传》(福建: 福建人民出版社, 1992 年), 28 页。张在第

注释
Notes

202 页中说请愿书中没有写上所有支持者和参与者的名字，因为由于事情紧迫，请愿书早递交了，致使一些请愿的主要领导者也没来得及在上面签字。所以，虽然黄乃裳的名字不在列表中，但有足够的证据显示他也是这次纪念的热烈支持者。

12　黄乃裳，《绂丞》，98 页。

13　詹冠群，《黄乃裳传》，29 页。

14　黄乃裳，《绂丞》，100、102、107、108 页。

15　同上，98 页。黄坚定的立场可由下面的小故事略见一斑：他劝弟弟黄乃英从一份每月 30 美元报酬的工作中辞职，去接受一份在卫理公会教会教授英语、每月 6 美元的工作。内森·普拉姆（Nathan Plumb）是学校中反对黄乃裳那派思想的领袖。

16　《福报》自 1896 年 4 月 28 日到 1897 年 1 月 1 日的所有备份在福建省图书馆有存。

17　他是新加坡《日新报》主编（1899-1900），《福建日报》编辑（1905），《左海公道报》（1911）和《申报》主编（1916）。詹冠群的《黄乃裳传》（131 页）中节选了 1905 年 5 月 26 日《福建日报》上的一篇文章。1899 年 11 月 7 日到 1900 年 8 月 1 日所有的《日新报》在新加坡国立大学可查。1911 年 3 月 30 日到 1912 年 3 月 3 日的《左海公道报》在福建师范大学历史系档案馆中可查。《申报》没有现存备份。

18　《宗教观 9、10》，1911 年 8 月 9 日和 8 月 24 日版。

19　黄乃裳，《绂丞》，108 页。

20　同上，99 页。

21　林络存，《请行切音新字折》，（意即：汉字罗马拼音化请愿书），北京：故宫博物馆，中国第一历史档案馆，第十一号，9452 号文件，目录号 3739，第三章。

22　宋柏尧，《建国前的语文工作》，2004 年 7 月 29 日光明日报网上登的文章，在"文化"一栏里：http://www.gmw.cn/content/2004-07/29/content_67727.htm, (2005 年 7 月).

23　黄培熙，《论黄乃裳在汉字改革历史中的成就》，选自《黄乃裳学术研讨会论文集》，（福建医学院印刷厂，1992 年），69-73 页。

24　黄乃裳，《绂丞》，99 页。

25　梁元生（腓力，Philip Yuen-sang Leung），《中国的摩西：黄乃裳和诗巫的中国基督徒社区》，引自廖建裕等人著的《新加坡、马来西亚的华人》（Leo Suryadinata, *Ethnic Chinese in Singapore and Malaysia*, 339-340 页。新加坡：时代学术出版社，2002 年）

26　Frank Cartwright, *Tuan Hoover of Borneo*（New York: The Abingdon

27 欲对黄乃裳引渡的具体情况进行详细了解，请参考 Ann Pang "*Huang Naishang: A Chinese Christian reformer in late Qing and early Republican China,*" (PhD diss., Monash University, 2009), chapter 6.

28 R. A. Cramb and R. H. W. Reece, eds. *Development in Sarawak: Historical and Contemporary Perspective* (Melbourne: Centre of Southeast Asian Studies Monash University, 1988), 179.

29 Mary Clabaugh Wright, *China in Revolution: The First Phase 1900–1913* (New Haven and London: Yale University Press, 1968), 3–4.

30 黄乃裳，《宗教观10》，1911年8月24日；《新国家主义：（省）通讯部及福州基督教青年会主席黄乃裳在福州使命年会上发表的讲话》，《福州信使报》，1912年5月，14–15页。

31 黄乃裳（使用笔名"梅湖半农者"），《广南洋华人宜大私以自保说》，《日新报》（新加坡），1899年11月7–14日。

32 Dikotter, *The Discourse of race in Modern China* (London: Hurst & Company, 1992), 72.

33 黄乃裳，《绂丞》，98页。

34 Margaret Field, "The Chinese Boycott of 1905," Vol. 11 (Cambridge: Harvard University East Asia Regional Studies Program, 1958), 66.

35 黄乃裳，《阅筹拒美禁华工公殷系之以论》，《福建日日新闻》（厦门），1905年5月26日。这是现存的唯一一篇与此相关的报上文章。文章摘录在詹冠群的《黄乃裳传》131页再版。

36 Bryna Goodman, "The Locality as Microcosm of the Nation: Native Place Network and Early Nationalism in China," *Modern China* 21:4 (October1995), 398; Field, "The Chinese Boycott of 1905," 88.

37 黄乃裳，《绂丞》，99页。与林乐知的谈话记录刊在最初上海出版的黄乃裳自传的第13页。黄乃裳在只有28页的自传中花了半页谈及他与 Allen 的磋商，可见这谈话对其决定影响之大。

38 詹冠群，《黄乃裳传》，247、134页。

39 颜清湟《星马华人》，40页。

40 詹冠群，《黄乃裳传》，135–136页、144–148页；《南洋与创立民国》中张永福所著《黄乃裳君传》（上海：上海中华书局出版，1933年），109–115页。

41 黄乃裳，《绂丞》，104页。三所学校是英华，福音，培元学校。詹，《黄乃裳传》，155–156页；堂池，《福州基督徒》，105页；黄乃裳，《绂丞》，104页。

42 同上，104 页。黄乃裳高举的早期民国国旗在《福州基督徒》134 页中有详细描述。

43 同上，104 页。

44 John Fincher, "Political Provincialism and the National Revolution," in *China in Revolution: The First Phase 1900–1913*, Mary Clabaugh Wright, ed., (New Haven and London: Yale University Press, 1968), 210.

45 《福建咨议局议事速记录》，福州，1909–1910 年，福建省图书馆。

46 Dunch,《福州基督徒》，88 页，87–91 页详细谈论了黄乃裳的提案；Frank D. Ohlinger, "Some Chinese Republicans," *Christian Advocate*, October 3, 1912, 参纽黑文耶鲁大学神学院图书馆特藏室 23 号记录组，11 号箱子，230 号文件夹，Martha Lund Smalley 整理的 Franklin and Bertha Schweinfurth Ohlinger 论文集中收录之 Frank Ohlinger 的剪贴簿。此文获得其使用权。

47 黄乃裳，《绂丞》，106–107 页。

48 同上，105–106 页。黄在其自传中写道，1912 年冬，他在基督教青年会任职四年后辞职，但并未详细记述那几年发生的事。

49 黄乃裳，《新国家主义》，不清楚演讲是用英文还是中文，但是《福州使者报》上刊的是英文。

50 Dunch,《福州基督徒》，148–177 页。

51 黄乃裳，《宗教观 7》，1911 年 7 月 10 日。

52 黄乃裳，《绂丞》，96 页。

53 黄乃裳说"利他主义"是他的人生目的，并将之定义为基督教的准则，且在 99、101、107、108 页中将之与其改良计划相联系。

54 丁绍武，《道德教育之必须》（福州：福州英华学院，1911 年）

55 黄伍琼，采访。

56 黄乃裳，《绂丞》，107 页。

57 同上，110 页。

58 黄伍琼，采访。

59 作者注：黄乃裳是我的曾祖父，我从 1958 年出生后，就和黄乃裳的第二任妻子（钱氏）一起在台湾生活，直到她 1970 年去世，后来我移民澳洲。我曾祖母的脚有点变形，因为 18 岁之前被缠足，所以不是正常大小，但比传统理想的"金莲足"（大概 8.8 厘米长）要大。我小时候她曾和我谈起过。下面关于黄育倪和斯蒂文的信息也是我回忆的。

第四章

1 邝富灼，信件，1910 年 8 月 22 日，《邝富灼的信》，出自邝均永等，《邝富

灼博士纪念集》(以下称为《纪念集》)(香港：私人印刷，1966年)，105-106页。这一卷有中英两个版本，内容有些许不同。

2 "From Coolie Boy to LL.D.," *The New York Times*, September 24, 1922.

3 邝富灼出生在新宁（后为台山）县，除非另行说明，生平资料均引自邝富灼的《六十年之回顾》。出自邝均永《邝富灼博士纪念集》，(香港：私人印刷，1966)，第7-32页。

这一自传性的文章结合了两个已经失传了的英文原本资源：(1) 邝富灼，《余在美国二十四年奋斗之阅历》，谢宏来翻译，《青年》6：1-2(1911年2、3月) 1-4页、33-36页。这本书后来又被翻译为英文，为邝富灼《给新青年的榜样：我在美国24年为教育之奋斗》，《纪念集》，1-17页。(2) 邝富灼，《返国后之工作》，吴连德和梁得所翻译。

两篇文章结合到一起，最初出版在《良友人物》47 (1930年5月)，12-13、22、30-31、36页，重新印制在程德培，邮元宝，杨扬等编写的《1926-1945良友人物》(上海：上海社会科学院出版社，2004年) 中。这些翻译内容有异。

4 欲知华人会众制教会的背景，参 Thomas W. Chinn, *Bridging the Pacific: San Francisco Chinatown and Its People* (San Francisco: Chinese Historical Society of America, 1989), 30-31.

5 邝富灼，《六十年之回顾》，11页。

6 同上，11页。

7 同上，13-14页。

8 根据救世军全国档案馆提供的邝中尉的履历表，邝富灼1889年2月26日在20岁的时候离开加州沙加缅度进入救世军训练学院，学习演讲、唱歌、乐器、领导会议。后来，他开始在加州中部区（1889年2月），加州南部区（1889年6月），俄勒冈州（Oregon）和华盛顿（Washington）区（1890年4月），以及太平洋岸区（1891年1月）服侍。

9 邝富灼，《榜样》8-9；也参 James A. Blaisdell, "The Rise of Fong Foo Sec: A Chinese Immigrant Boy and What the Years Have Wrought,"《纪念集》，28页。

10 Edward H. McKinley, *Marching to Glory: The History of The Salvation Army in The United States, 1880-1992* (Grand Rapids, MI: W. B. Eerdmans, 1995), 63。也参 Check-Hung Yee, *For My Kinsmen's Sake: A Salvation Army officer's Quarter Century of Service in San Francisco Chinatown* (Rancho Palos Verdes, CA: Salvation Army Western Territory, 1986), 51-78.

11 James A. Blaisdell, *The Rise of Fong Foo Sec*, 28；邝富灼，《榜样》13页，Rev. C. L. Boynton 注解；Lee C. McDonald, "A History of Contradiction,"

Pomona College Magazine (Winter 2003), http://www.pomona.edu/Magazine/PCMWIN03/DEYears.shtml (Accessed November 21, 2008); Howard L. Boorman, ed., *Biographical Dictionary of Republican China*, vol. 2 (New York: Columbia University Press, 1968), 262.

12　邝富灼，《二十五年后》，《中国青年》3∶2（1908年5月），34页。

13　黄访书，《我敬爱的老师》，《纪念集》，49页。

14　《中国第一历史档案馆》，《光绪三十三年留学士史料》，《历史档案》1（1998），63–64页。

15　邝富灼，1907年8月10日信件，103–104页中说他的妻子出生在旧金山，但是宋以朗有其外祖母的出生证明，说她出生在沙加缅度。宋以朗于2008年11月24日在香港被作者采访。

16　邝富灼，《六十年之回顾》，23页。也参严复《致端方的信，第2封》，王栻等《严复集》，第3卷。（北京∶中华书局，1986年），584页。

17　W. W. Yen, *East-West Kaleidoscope, 1877–1946: An Autobiography* (New York: St. John's University Press, 1974), 38–39. 参卷中关于严及其父亲的一章。

18　邝富灼，《商务印书馆∶近代中国的奇迹》，《中国青年》10∶4（1914年12月）138–45页。欲知详情，请参李家驹，《商务印书馆与近代知识文化的传播》，（香港）

19　张颖，"Looking out for Elites and Promotion of Talents: Brief Discussion on *Zhang Yuanji and Kuang Fuzhuo,*" *Shinmatsu Shōsetsu Kara* 88 (January 2008), 17–19。至于邝富灼对中国图书馆运动的评论，请参 Katharine H. Wead, "Impressions of Chinese Libraries," *Bulletin of The American Library Association* 16 (January-November 1922), 附录B, 45页，电子书。

20　黄乃裳，《我敬爱的老师》，《纪念集》，50页；《念恩师邝富灼博士》，《邝富灼博士纪念集》，52页；周悦然，《我与商务印书馆》，《商务印书馆九十五年》，173–181页。详情请参张颖，《邝富灼及其编译的商务印书馆出版的书》（2005年4月），15–17页。

21　《我们的书桌》，《教务杂志》45∶3（1914年3月），178页。欲知更多读者来的积极反馈，参《我们的书桌》，《教务杂志》41∶9（1910年9月），619–620页；42∶1（1911年1月），52页；42∶12（1911年12月），718页。

22　邝富灼，《六十年之回顾》，22–23页。

23　唐鸣时，《我在商务编译所的七年》，《商务印书馆九十五年》，282页。

24　C. W. Petitt,《中国最好的公民之一》，《纪念集》，69页；Alice H. Gregg, *China and Educational Autonomy: The Changing Role of The Protestant Educational Missionary in China, 1807–1937* (Syracuse, N.Y.: Syracuse

University Press, 1946), 43；邝富灼，《中西教育者在联合会的工作中的合作》,《教育评论》2：7（1909年7月）；引用来自《教务杂志40：6》（1909年6月），302页。

25 Gregg, *China and Educational Autonomy*, 89-90；邝富灼,《中国的官方教育和宣教士教育》,《教务杂志》46：3（1915年3月），158-163页。至于其他文章，请参邝富灼,《中国教育者怎么看华东教育联合会的研究学科》,《教育评论》7：3（1915年7月），243-247页；《中国官方教育现状》,《中国宣教年鉴1916》（上海：基督教文社，1917），262-267页；《官方教育的新计划》,《教务杂志》49：1（1918年1月）20-22；《中国官方教育最近发展》,《中国宣教年鉴1926》（上海：基督教文社，1927），236-241页。

26 邝富灼,《在沪广东协和教会》1-3,《主席发言》15-16页,《旅沪广东中华基督教会月报》7（1917年11月）。详情请参宋钻友,《广东人在上海（1843-1949）》,（上海：上海人民出版社，2007年），176-181页。

27 邝富灼，信件，1930年10月6日，128页；1937年1月25日，135页。救世军开始在中国活动前，他写了一篇文章介绍其创立人,"*A Character Sketch of General Booth*",《中国青年》8：12（1913年12月），281-284页。

28 邝富灼,《六十年之回顾》，第25页；邝富灼,"基督教青年会对我和我同胞的影响",《纪念集》，77-82页；Charles L. Boynton,《我所认识的邝》,《纪念集》39页；邝富灼，信件，1907年3月10日，101页。

29 社论,《中国青年》3：4（1908年11月），1页。对中国基督教青年会的评价，参 Shirley S. Garrett, Social Reformers in Urban China; the Chinese YMCA, 1895-1926 (Cambridge, MA: Harvard University Press, 1970)；至于对上海YMCA的特别分析，请参张志伟,《青年会是什么？——上海基督教青年会研究（1900-1922）》（香港科技大学博士论文，2007年）。

30 Eugene E. Barnett,《邝富灼和基督青年会》,《纪念集》，63页。

31 引自 Blaisdell," The Rise of Fong Foo Sec",30。

32 同上,31页；《法学博士邝富灼》,《庞摩纳大学季刊》10：4（1922年6月），163页，引自《纪念集》，47-48页。

33 邝富灼，信件，1923年11月3日，109页。

34 根据国际扶轮社档案室提供的信息，1932-1933年邝富灼是扶轮社决策委员会的一员；1933-1934年他是国际扶轮社的总管；1936年-1937年6月在第81区任长官；1937-1938年任第96、97、98区长官，1938-1939年任97区长官。Robin K. Dillow（国际扶轮社资料馆藏员）2008年11月13日给张志伟的邮件。至于对上海分社的简单讨论，参 Connie Fan and April Ma, *A Brief Look at The Rotary Club of Shanghai form 1919 to 1949*。

http://www.rotaryshanghai.org/pages/history.html（2008年12月8日参考）。

35 《中国人为根除麻风病在做什么》，《教务杂志》58：4（1927年4月），536页。邝富灼、李荫生（William Yinson Lee）、刁信德（E. S. Tyau）是创立人。欲知关于此话题的专文，参 Angela Ki Che Leung, *Leprosy in China: A History* (New York: Columbia University Press, 2008)。

36 Christine I Tinling, *Hope for The Leper: The Present-day Solution of An Ancient Problem* (New York, Fleming H. Revell, 1932), 48; Lee S. Huizenga, "Development of Leprosy Clinics in the Control of Leprosy," *American Journal of Public Health* 26: 9 (September 1936), 887.

37 许建屏，《中国家庭教育的进步》，《教务杂志》66：9（1935年9月），536页。《中华慈幼协济会》，《教务杂志》65：3（1934年3月），206-207页。创办人包括邝富灼、孔祥熙、高凤池和郭炳文夫人。欲知详情，请参黄莉莉，《中华慈幼协会研究 1928-1938》（杭州师范大学硕士论文，2008年）。

38 《邝富灼博士纪念集》，《良友人物》（1926年2月）4。理事会包括山东基督教（齐鲁）大学，寻光学校和上海南洋商业专门学校，还有泛太平洋联合会。他也对中国盲童学校、中国咨询俱乐部、林业基金委员会和美国初级红十字会作了很大贡献。

39 陈颖年，《英文专家邝富灼》，《商务印书馆馆史资料》，http://www.cp.com.cn/ht/newsdetail.cfm?iCntNo=5699（2008年12月9日参考）；邝富灼，信件，1929年10月19日，119页；1930年5月8日，122页；Richard C. Smith, "Introduction," Richard C. Smith, ed., *Teaching English as A Foreign Language*, 1912-1936: Pioneers of ELT, vol. 4 (London; New York: Routledge, 2003), xii-xiii.

40 邝富灼，信件，1937年11月21日，136页。

41 Harold J. Timperley comp. and ed., *Japanese Terror in China* (Freeport, N.Y.: Books for Libraries Press, 1969), 41.

42 邝富灼，信件，1936年3月24日，134页。

43 《新华日报》，1938年10月4日；《中国每周评论》，1938年10月8日。欲知其外甥记录的他最后时日的细节，参 Wing W. Kwong，《我的叔叔邝富灼》，《纪念集》，89-92页；《邝博士儿女的生活及其摄影的艺术》（良友人物）（1926年2月），5页；宋以郎，2008年11月24日在香港接受作者采访。宋先生保存了很多家庭的老照片，其中只有一部分发表在《纪念集》和《邝富灼博士纪念集》中。

44 S. C. Leung（梁小初），《我认识的邝富灼博士》，《纪念集》，57页。Barnett，《邝富灼和基督教青年会》，61页；Blaisdell，《邝富灼的升高》，28页。

45 参《"爱国者"还是"卖国者"？——中国留美学生史》（*Patriots or*

Traitors? A History of American-Educated Chinese Students），毕乐思著，2004 年纽约出版，338-341 页。

46　Barnett，《邝富灼和基督教青年会》63 页。YMCA 总务秘书 S. C. Leung（梁小初）在《我认识的邝富灼博士》58-59 页中说了他被邝富灼的奋斗故事和成就深深感动，决志效法他。

47　欲知对中国这一时期战争文化的讨论，参 Linda Wong, *Marginalization and Social Welfare in China* (London; New York: Routledge, 1998), 24-42.

48　Boynton,《我认识的邝富灼》, 37、39 页。

49　Gregg, *China and Educational Autonomy*, 182-183; 引言出自邝富灼,《榜样》16-17 页。

第五章

1　Alice Hayes Taylor. *Rescued from the Dragon* (London: M. & S. Marshalls, 1984), 227-241.

2　《圣光指引》，尹任先原著，尹道明编辑，（香港：天道书楼，1998 年初版）。尹任先的生平资料，除特别注明出处的地方，均来自尹任先的这本自传。该自传由其儿子尹道明根据尹任先的日记整理而成；补充资料来自笔者 2005 年在北京与尹任先的女儿尹德馨医生和女婿王湘衡的个人谈话记录。

3　尹任先哈佛大学入学申请，1915 年 8 月 15 日，学生档案，"Yin, Earnest Rensien A.B. 1917 (19), formerly: Yin, Huanchu Rensien." Call number UA 3 15.88.10; box 5548 [HA295E]. 有关尹任先在中国和美国所受教育之情况均来自这个档案。学校记录显示尹任先也曾用名 "Huanchu" 与 "任先" 并用。一个人不止有一个名字的现象，在中国人中是很普遍的。

4　引自尹任先的信。载《哈佛学院 1917 级六周年报告》(*Harvard College Class of 1917 Sexennial Report*), 344 页。

5　《哈佛 1917 级专辑》(*Harvard Class Album 1917*)，第 28 卷，第 21 页。(哈佛大学出版社，剑桥，MA.，1917 年)。

6　Stephen Fortosis, based on archives compiled by Mary Graham Reid, *Boxers to Bandits: The Extraordinary Story of Jimmy and Sophie Graham, Pioneer Missionaries in China, 1889-1940* (Charlotte, N.C.: BGEA Billy Graham Library Selection Special Edition 18, 2006), 249 页。书中指出尹任先归信基督教信仰，并加入南京长老会教会，但没有注明日期。

7　有关丁立美的传记，参在线《华人基督教史人物辞典》http://www.bdcconline.net/en/stories/d/ding-limei.php.

8 Fortosis, 252–255 页。Fortosis 讲述的尹氏家庭的生活趣事源自尹家好友 James R. Graham, Jr., *Incense Bearers of Han: Stories of Twice Born Chinese* (Glendale, Ca.: private printing, n.d.)。
9 尹任先：《圣光指引》，17 页。
10 同上，234 页。
11 同上，19 页。
12 Fortosis, 251–267.
13 同上，266 页。
14 同上，268 页。
15 Alice Hayes Taylor. *Rescued from the Dragon*, 238.
16 同上，268 页。
17 Fortosis, 269–275.
18 尹任先：《圣光指引》，43 页。
19 笔者于 2005 年在北京采访尹任先的女儿尹德馨医生。以下关于学校的部分依据她以及她所认识的校友的回忆。
20 详细的传记参参在线《华人基督教史人物辞典》http://www.bdcconline.net/en/.
21 他们第一个孩子去世后，又添了照片中的 6 个孩子，出生先后次序为：德毅、道明、道乐、道声、道先、德馨。位于中间后排的是尹任先的长子公毅和他的妻子碧宁，他们的两个孩子站在前排。

第六章

1 "Youth and Religion Movement-1935-Call to Prayer,"《教务杂志》(*The Chinese Recorder*) 66 (1935 年 10 月刊), 635–636 页。
2 E. H. Munson, "Youth and Religion Movement",《教务杂志》67 (1936 年 2 月刊): 99–106 页。
3 同上，102–104 页.
4 曾宝荪, "Religious Situation Among Chinese Youth",《教务杂志》67 (1936 年 4 月刊): 199–204 页。
5 曾纪泽, http://en.wikipedia.org/wiki/Zeng_Jize. Accessed February 24, 2010。
6 Howard L. Boorman, *Biographical Dictionary of Republican China*, Vol. 1 (New York: Columbia University Press, 1967), 85–87.
7 Winifred Galbraith, "An Experiment in Christian Education,"《教务杂志》58 (1927 年 7 月刊), 426 页。
8 Robyn Hamilton,《尽职的女儿们：著名的曾氏家族女性后代的观点》,

("Dutiful Daughters: Views of Chinese Women descended from the Famous Zeng Clan"),在国际妇女历史研究联合会（International Federation for Research in Women's History）年度会议上的论文，2005年7月8-9日。

9 E. M. Delf Smith, "Reminiscences of Westfield College, 1906–1914," 1970, Note 6. Queen Mary Archives.

10 参考 http://www.dushu123.com/read/guoqudedaxue/168. 2010年3月22日。

11 Galbraith, "An Experiment," 427.

12 "Needs of Chinese Women", *The Chinese Recorder*《教务杂志》48 (1917年12月刊): 812. 页。

13 曾宝荪给校长的信，1972年11月4日。玛丽女王学院档案。

14 《曾宝荪，伟大的妇女教育家：艺芳女中创立人兼校长》《美丽中国：图画月刊》22（1970年8月），华康出版印刷公司，台湾，11。玛丽女王学院档案。

15 Thomas L. Kennedy, Trans. and adapted, *Confucian Feminist: Memoirs of Zeng Baosun* (1893–1978) (Philadelphia: American Philosophical Society, 2002), 133.

16 Galbraith, "An Experiment," 428–429.

17 Anson Phelps Stokes, *A Visit to Yale-in-China, June 1920* (New Haven, CT: Yale Foreign Missionary Society, 1920), 29.

18 《曾宝荪，伟大的妇女教育家》8。玛丽女王学院档案。

19 Reuben Holden，*Yale in China: The Mainland 1915–1951* (New Haven, The Yale in China Association, 1964), 117.

20 Kwok Pui-Lan, *Chinese Women and Christianity, 1860–1927* (Atlanta, GA: Scholars Press, 1992), 90.

21 同上，427页。

22 同上，429–430页。

23 同上，428页。

24 曾宝荪，《在耶路撒冷大会上看基督教和女性》，《教务杂志》59,（1928年7月）：443页。

25 Angela Jung Palandri, "The 'Seven Lakes Canto' Revisited," *Paideuma* 3:1 (1974), 51–54; Zhaoming Qian, "Painting into Poetry: Pound's Seven Lakes Canto," in *Ezra Pound & China*, Zhaoming Qian. ed. (Ann Arbor: University of Michigan Press, 2004), 72–79.

26 曾宝荪，《中国女性，过去和现在》，选自《中国文化专题论文集》，（上海：中国太平洋国际学会 [China Institute of Pacific Relations]，1931年），281–344页。

27　D. Willard Lyon,"Conference of Chinese Christian Writers",《教务杂志》（1934年10月），660-661页。

28　曾宝荪,《基督教和战争》,《教务杂志》66（1935年5月）：265-272页。

29　曾宝荪,《中国年轻人的信仰状况》,《教务杂志》67（1936年4月），199-204页。

30　《备忘录》(In Memorium),《中国新闻更新》(China News Update), 1997年1月，第4页。

31　http://en.wikipedia.org/wiki/Guangzhouwan。

32　Hamilton, *Dutiful Daughters*.

33　"Paid Notice: Deaths Moore, Elisabeth Luce," New York Times, February 14, 2002.http://www.nytimes.com/2002/02/14/classified/paid-notice-deaths-moore-elisabeth-luce.html?pagewanted=1&pagewanted=print.

34　曾宝荪给Dr. B. Thwaites的信，台北市，1971年12月13日。玛丽女王学院档案。

35　曾宝荪给张福良的信，台北，1965年7月31日。伯里亚学院档案1/5。

36　曾宝荪给Dr. B. Thwaites的信，台北市，1971年12月13日。玛丽女王学院档案。

37　《曾宝荪》, 中国基督教传记词典：www.bdcconline.net/en/stories/z/zeng-baosun.php。

38　Delia Davin, "British Women Missionaries in Nineteenth-century China," *Women's History* Review 1:2 (1992), 266; Hunter, *Gospel of Gentility*, 248-50.

39　刘新初, 许遂龙,《终身未嫁的知名女教育家曾宝荪》, 湖南文史出版社, 2002年：52-54页。

40　《教务杂志》8（1927年8月）：475页。

41　郭佩兰,《20世纪过渡期的中国女性和新教基督教》, 选自Daniel Bays编写的 *Christianity in China: From the Eighteenth Century to the Present* (Stanford, CA: Stanford University Press, 1996), 197页。

42　http://www.cstjb.com/BigClass.asp?typeid=12&bigclassid=12　以及http://www.cstjb.com/ReadNews.asp?NewsID=2124

43　龚安琪, 长沙艺芳校友会, 电话采访, 2010年12月18日。

44　曾宪芳, 曾宝荪的侄女, 邮件通信, 2010年11月26日及2010年12月9日。

45.　http://www.women.qmul.ac.uk/virtual/women/atoz/tseng.htm http://www.women.qmul.ac.uk/virtual/themes/1902-1913/page4.htm。

第七章

1 Timothy Tingfang Lew（Liu Tingfang）, "China's Renaissance—The Christian Opportunity," *The Chinese Recorder*（《教务杂志》）52.5 (1921): 301.

2 Timothy Tingfang Lew Papers, Box 2, Missionary Research Library, New York.（以下称为刘论文）。关于刘廷芳的出生年份，有些争论，有的学者说是1891年，也有的说是1892年。

3 刘廷芳，《中国基督徒家庭中的宗教教育》，刘论文，第6号箱，1-3页；查时杰，《刘廷芳：多才多艺的教会杰出领袖》，《中国基督教人物小传》，（台北：中华福音神学院出版社，1983年），240页。吴昶兴，《刘廷芳宗教教育理念之实践与中国社会变迁，1891-1947》，（香港中文大学博士论文，2001），第31页引用了一封刘廷芳的孙子的信，其中称他的曾祖母为李碧；也可参刘廷芳《就战后世界问题致美国基督徒牧者们的信》，刘论文，第5-14号箱；刘廷尉，《燕京大学宗教学院》，丁冬等人的《学府纪闻：私立燕京大学》（台北：南京出版有限公司，1982年），48页。刘廷尉是刘廷芳的弟弟，在燕京大学读书，并在康奈尔大学攻读研究生，之后成为基督教大学之一的上海浸信会大学生物系系主任。

4 Dr. Rowland M. Cross，《刘廷芳博士：致礼》1947年11月20日，刘论文，概括性资料：追悼会仪式，4页；查，《刘廷芳……》，240页；刘廷芳，《就战后世界问题致美国基督徒牧者们的信》，4页。刘廷芳在该校结业前也教了一段时间书（可能在1907-1908学年）；参 Mary Backus Rankin《早期基督徒革命家》（剑桥，麻省：哈佛大学出版社，1971年），198页中写了铁路冲突；刘廷芳，《中国基督徒爱国问题的评议》，《生命月刊》8.4（1924年），3-4页。

5 司徒雷登，《在华五十年》（*Fifty Years in China*, New York, Random House, 1954），77页；刘廷芳，《燕京大学宗教学院》，48-49页；Philip West, *Yenching University and Sino-Western Relations*, 1916–1952, Cambridge, MA: Harvard University Press, 1976, 60-61.

6 《中国名人志》（修订本），1928年，刘论文，第7-11号箱。

7 West, *Yenching University and Sino-Western Relations*, 59; 北美中华学生基督教联合会第一次中心执行委员会议纪实，1915年，RG13，北美中华学生基督教联合会，耶鲁神学院图书馆，特藏室，1，刘廷芳，《校长的信息》，《留美青年》，华人学生基督教杂志12.1.（1916）：6-7页。

8 Howard L. Boorman, ed., *Biographical Dictionary of Republican China*, vol. 2 (New York: Columbia University Press, 1968), 416.

9 吴昶兴，《刘廷芳宗教教育》，37页；刘廷芳《山雨》（上海：北新书局，

1930）122–123 页。

10　Susan Chan Egan, *A Latterday Confucian: Reminiscences of William Hung (1893–1980)* (Cambridge: Harvard University Press, 1987), 59–60；吴香香，《民国史纵横谈》（台北：时报文化出版社，1980），147 页。

11　在外交圈里，陈友仁成为中国外交大使，蒋廷黻先后在苏联、美国担任大使；在教育界，张伯苓在天津创立南开大学，周诒春被任命为清华大学校长；在商界，聂其杰是以上海为基地的大上海纺织业公司的创立人。欲知更多这一秘密社团的信息，请参考 Egan, *A Latterday Confucian*, 59–60 页。

12　例如，王正廷率领中国代表团参加一战后的巴黎和会；郭秉文成为南京的华南大学校长；余日章长期担任中国 YMCA 的负责人；孔祥熙任国民政府财政部长。

13　吴香香，《民国史纵横谈》，148–159 页。有关这一队伍的信息在保密制度于 1946 年被废除后才可以得知。

14　Katherine Y. T. Lew, RG 11, United Board Papers, Box 339, Folder 5192, Yale Divinity School Library, Special Collections, 1; 司徒雷登，《在华五十年》，77 页。

15　这些亲戚包括陆志伟（心理系的主任，后来成为燕京大学第一任中国校长）、徐淑希（曾经一度是政治科学院的主任），他们二人娶了刘廷芳的两个妹妹。参吴昶兴，《刘廷芳宗教教育》，32 页。

16　司徒雷登，《在华五十年》，77 页；West, *Yenching University and Sino-Western Relations*, 61.

17　《刘廷芳：传记》，选自 Howard L. Boorman, ed., *Men and Politics in Modern China: Preliminary 50 Biographies* (New York: Columbia University Press, 1960), 102 页，也可参刘廷芳，《燕京大学》，《北平各大学的状况》，（北平：新晨报营业部，1929 年），170 页；West, *Yenching University and Sino-Western Relations*, 61.

18　赵紫宸，《对一个中国基督徒工人的一瞥》，《教务杂志》54.12（1923 年 12 月）：744 页；司徒雷登致刘廷芳的信，1929 年 10 月 26 日，刘论文，第 2 号箱；West,《*Yenching University and Sino-Western Relations*》，62 页.

19　徐宝谦，《北京证道团的宗旨与计划》，出自中华续型委办会，《中华基督教会年鉴 1921》，（台北：中国教会研究中心和橄榄文化基金会，1983 年），133 页；赵紫宸翻译，《中国的基督教文艺复兴：北京护教团的目的宣言》，《教务杂志》51.9 (1920): 636 页。刘廷芳，《本刊二十周年首语》，《真理与生命》13.1（1940），1 页；查世杰，《燕京大学基督教团契初探》，出自林志平等人的《中国基督教大学论文集》，（台北：宇宙光出版社，1992），246 页。查只找到并列出 26 个创始人的名字，包括刘廷芳，但别处有提到 29 个名字（参上面《本刊二十周年首语》）；Samuel D.

Ling,《又一个"五四运动":中国的"基督教复兴"(1919—1937)》(Temple University,博士论文,1980)。

20 徐宝谦,《二十年信道经验自述》,《真理与生命》8.2(1934),81 页;Samuel D. Ling,《又一个"五四运动":中国的"基督教复兴"(1919—1937)》,70 页;《新文化中几位学者对于基督教的态度》,《生命月刊》2.6(1922):3-10 页。

21 陶飞亚,《共产国际代表与中国非基督教运动》,《边缘的历史:基督教与近代中国》,(上海:上海古籍出版社,2005),70-73 页。

22 West, *Yenching University and Sino-Western Relations*, 59; Sumiko Yamamoto, *History of Protestantism in China: The Indigenization of Christianity* (Tokyo: Toko Gokkai, 2000), 81–82.

23 参刘廷芳,《新文化运动中基督教宣教士的责任》,《生命月刊》1.9(1921):29-30 页。刘廷芳是对全国基督教委员会中华续进委办会说的,此会新近成立,包括中西方教会领袖。这一发言与刘在 1921 年 3 月 7 日用英文给天津宣教士联合会讲的、于 1921 年 5 月在领先的宣教士期刊《教务杂志》上发表的《中国的文艺复兴——基督教机会》关系紧密。《真理与生命》最多有两千多个订阅者,但截至 1936 年又降到一千。但事实上读者群要大得多,因为单订一份会在所有基督教机构整个联系网中流通。而且,与世俗期刊比起来,它的优势在于吸引到一群虽然在华人社会中比例很小、但影响却很大的文学精英们。比起其他低质量或者文学水平不高的新教出版物,这期刊每份有 120-140 页的高质量内容。

24 这一遗产与 Jurgen Habermas 在他就西方社会政治领域的发展所写的经典作品中注意到的近代文学公共领域各方面中的一些特征相符合。参 Jurgen Habermas, *The Structural Transformation of the Public Sphere: An Inquiry into a Category of Bourgeois Society*, (Cambridge, MA: MIT Press, 1989)。因真理得自由的陈述与耶稣的话相照应,也被 Yamamoto 在其 *History of Protestantism in China* 第 82 页引用。吴雷川,《真理与生命半月刊发刊词》,《真理与生命》1.1(1926),第 1 页。

25 刘廷芳,《华盛顿第五大道卫理公会宋嘉树纪念馆献堂礼上的演讲,1942 年 11 月 1 日》。
刘论文,第 2、8 号箱。其实还有别的原因使刘廷芳成为主持这一仪式的理想人选:他是中国新教团体中的领袖人物,在北平受的洗,也是会众制教会按立牧师,而孙中山也是年轻时期在香港学医时在会众制教会受的洗。

26 William H. Gleysteen,《刘廷芳》,1947 年,刘论文,综合材料,27 页;刘,《献堂礼上的演讲》,7 页;Sterling Seagrave, *The Soong Dynasty* (New York: Harper and Row, 1985), 25-27 页,其中说宋嘉树,即孙中山第二任

妻子的父亲，也是中国权贵的宋氏家族的首领人物，少年时在此教会受洗。Marie-Claire Bergere,《孙中山》(斯坦福：斯坦福大学出版社，1998)，第407页中说孙中山的妻子宋庆龄以及其儿子孙福，都是倾向于为孙中山举办基督教葬礼的。反对他们的是那些国民党中将革命及其反帝目标等同于反基督教的一些人。这一群体一想到他们"所向披靡的领袖"被描绘为"一个谦卑悔改的基督徒"，就很气愤。

27 刘廷芳，《中华基督徒与孙中山》，《生命月刊》5.6（1925）：91-93页。

28 Cross,《刘廷芳博士：致礼》，3-4页；刘廷芳，《中国基督徒爱国问题的评议》，4页。

29 Cross,《刘廷芳博士：致礼》1页。 参 Boorman, ed., *Biographical Dictionary of Republican China*, vol. 2, 416.

30 《刘廷芳博士》，刘论文，第1、2号箱。

31 《刘廷芳博士》，1页；Cross,《刘廷芳博士：致礼》，1页；《基督教文学社季刊》，《教务杂志》，(1938)，519页。

32 刘廷芳，《中国的基督教与中国的国际问题》，《真理与生命》2.11（1927），291页。

33 同上，292-295页。

34 刘廷芳，《家庭》，选自 William Hung, ed., *As It Looks to Young China* (New York: Friendship Press, 1932), 17-20.

35 刘廷芳夫人，《基督教和中国家庭生活》，《基督教中国》2（1920年），187页。

36 刘廷芳，《宗教教育与家庭》，《真理与生命》6.6（1931年），9页。

37 同上，9页；刘廷芳夫人，《基督教和中国家庭生活》，189-190页。

38 刘廷芳，《神国里的万国之家：在基督里的合一》，8页。

39 刘廷芳，《就战后世界问题致美国基督徒牧者们的信》，14页；刘廷芳，《致燕京团契的演讲，1925年》，刘论文，第6号箱，3页。

40 刘廷芳，《致燕京团契的演讲，1925年》，13-14页。

41 Ling, "The Other May Fourth Movement," 第70页，报道了赵的反应；吴昶兴，《刘廷芳宗教教育》，61页，解释了刘的观点；立法院秘书处，《立法院公报八十七期》，(上海：立法院秘书处，1937年)，第5页记录了刘廷芳在立法院的会员身份。孙中山的儿子孙福在1932-1948年领导此机构，给刘廷芳提供了这个职位。

42 《刘廷芳》，《从马德拉斯会议返回后做的工作》，1939年，刘论文，第1号箱，1-3页。

43 同上，3-4页。刘廷芳，《就战后世界问题致美国基督徒牧者们的信》，7页。和这个家庭生活很多年的刘母，1940年在上海因中风去世。

44 《刘廷芳博士》，1 页；吴昶兴，《刘廷芳宗教教育理念之实践与中国社会变迁，1891–1947》63 页。West, *Yenching University and Sino-Western Relations*, 62; Gleysteen,《刘廷芳》，26 页。

第八章

1. 张福良，"Those Who Help Themselves"，《教务杂志》(*The Chinese Recorder*) 71（1940 年 9 月），543、546 页。

2. 同上，546 页。

3. 故事引自张福良自传，《当东方遇到西方》*When East Met West, A Personal Story of Rural Reconstruction in China*，(New Haven, CT, 雅礼协会 [Yale Association]，1972 年) 75–76 页，及张福良，*A Faith to Live by*，) 第一页 (Fuliang Chang Collection, Berea College Archives, Berea, Kentucky)。

4. 除非特别说明，关于张福良的传记资料均来自其自传《当东方遇到西方》，或张福良的"Innocents Abroad"，CSM，1914 年 2 月，300–305 页。

5. Commencement Exercises, St. John's College,《教务杂志》38，1907 年 3 月，149 页。

6. 《西方来讯》，CSM,（1909 年 12 月，第 100 页）；Thomas LaFargue, *China's First Hundred: Educational Mission Students in the United States, 1872–1881* (Pullman: Washington State University Press, 1942, reprint, 1987), 45–46, 140; L.C.Y. Kao, "The First Group of Students for Indemnity Fund Scholarships," *CSM*, January 1910, 184–85.

7. 张福良，"A Faith to Live by"，第一页。

8. Brooks Mather Kelly, Yale: *A History* (New Haven, CT: Yale University Press, 1974), 341–42.
   Theodore Roosevelt, "Lessons From China," *National Geographic* (January 1909), 18–29.

9. "Athletic Activities of the Princeton Conference," *CSM*, November 1911, 33–34.

10. 张福良，"The Chinese Foresters' Club"，CSM，1911 年，144–145 页。

11. 张福良，"China and Conservation"，CSM，1913 年 6 月，第 531–534 页。

12. 张福良，"The Yale-in-China Spirit," June 8, 1950, in China Project, Group 8, Chang Fuliang Papers, Box 40, Folder "Writing, 1948–50," 5, Special Collections, Yale Divinity School Library, New Haven, Connecticut. [Hereafter cited as Chang Fuliang Papers].

13. 张福良，"Innocents Abroad"，*CSM*, February 1914, 305.

14　Personal Notes, *CSM*, December 1915, 144.

15　Reuben Holden, *Yale in China: The Mainland 1901–1952* (New Haven, CT: Yale in China Association, 1964), 102; 张福良,《当东方遇到西方》27 页.

16　Anson Phelps Stokes, *A Visit to Yale-in-China: June 1920* (New Haven, CT: Yale Foreign Missionary Society, 1920), 14, 32–33.

17　"Paul Chi-Ting Kwei," in *History of the Class of 1917 Yale College, Vol. III Decennial Record*, edited by J. Callender Hemingway Class Secretary (New Haven, Connecticut, 1928), 133. Yale University Archives.

18　Jonathan Spence, *To Change China:Western Advisers in China, 1620–1960*,(New York: Penguin,1980),172. 本书中文译本《改变中国》史景迁著, 由台湾时报出版社出版。

19　张福良, "Students' Social Problems", *Chinese Recorder*（教务杂志）1921 年 5 月, 52, 329–335 页。

20　Ann William, "Chang Fu-Liang: The Quiet Hero," China Project, Group 8, Chang Fuliang papers, 2–3.

21　Stokes, *Visit to Yale-in-China*, 22.

22　William, "Chang Fuliang," 2.

23　史景迁,《改变中国》, 178–180 页。

24　张福良,《当东方遇到西方》, 第 29 页。

25　张福良, "The Challenge of China's Rural Life",《教务杂志》,1928 年 4 月, 205–210 页。

26　张福良, "Go to the Country",《教务杂志》, 1930 年 1 月, 15–18 页。

27　"Butterfield, Kenyon Leech",《美国传记字典》补充卷 1（*Dictionary of American Biograph* supplement 1, New York：Charles Scribner's Sons, 1944), 144–145 页。巴特菲尔德是麻省农业大学（Massachusetts Agricultural College，now University of Massachusetts, Amherst) 和密西根农业大学（Michigan Agricultural College，now Michigan State University）退休校长。

28　James Thompson, *While China Faced West: American Reformers in Nationalist China, 1928–1937* (Cambridge, MA: Harvard University Press, 1969), 51–53.

29　Thompson, *While China Faced West*, 55–58.

30　张福良, "Christian Leaven in Rural China",《教务杂志》, 1933 年 5 月, 273–283 页。

31　张福良, "Uplift China's Dwarfed Giants!",《教务杂志》, 1934 年 1 月, 14 页。

32　张福良, "What Must Rural Christian Leaders 'Know'?",《教务杂志》,

1934 年 9 月,65:558–560 页。

33　Stephen C. Averill, "The New Life in Action,",《中国季刊》(1981 年 12 月),597–598、606 页。

34　张福良,《当东方遇到西方》,49 页。

35　张福良论文("Roundup After 50 Years," *Yale Forest School News* (April 1968) 17, China Project, Group 8, Chang Fuliang papers)。

36　张福良, "Christian Faith and China's Crisis",《教务杂志》, 67 (1936 年 3 月), 142–145 页。

37　William, "Chang Fuliang," 6–7.

38　"Roundup After 50 Years," 17.

39　William, "Chang Fuliang," 8.

40　张福良致 Dwight W. Edwards 的信,1947 年 3 月 16 日。(International for Institute for Rural Reconstruction archives, Columbia University; William, "Chang Fuliang", 8 页。)

41　张福良致 Vera Durham 的信,1959 年 3 月 14 日 (Box 1, file 3, FCC, BC Archives)。

42　42 "Roundup After 50 Years," 17.

43　张福良,《当东方遇到西方》,103 页。

44　张福良, "The Yale in China Spirit", 6–7 页。

45　晏阳初 (Y. C. James Yen) 致张福良的信,1950 年 3 月 22 日。John Vorys 致 Rusk 院长的信,1950 年 9 月 1 日。张福良论文 (China Project, Group 8, Chang Fuliang Papers)。

46　Francis S. Hutchins, *Berea College; The Telescope and the Spade* (New York: The Newcomen Society in North America, 1963) 12,16; Francis S. Hutchins 致张福良的信,1951 年 5 月 14 日。张福良论文 (China Project, Group 8, Chang Fuliang papers)。

47　Hutchins, *Berea College*, 8, 11.

48　Hutchins, *Berea College*, 7.

49　Vera C. Durham 致张福良的信,1959 年 3 月 11 日 (Box 1, file 3, FCC, BC Archives)。她是国际合作总署 (International Cooperation Administration) 一名项目主管,国际发展机构的先锋。

50　张福良致 Francis S. Hutchins 的信,备忘录,1958 年 12 月 8 日 (Box 1, file 3, FCC, BC Archives)。

51　张福良, "The Significance of Berea College for Foreign Students", 1, 7 页 (Box 3, folder 5, FCC, BC Archives)。

52　张福良, "The Abundant Life", 第 2 页。(Box 3, file 6, FCC, BC Archives)。

53　张福良，"A Faith to Live By"，第 1–4 页。

54　张福良给晏阳初的信，1959 年 10 月 11 日，（Box 4，file 6）；R. M. Andharia 致张福良夫妇的信，1960 年 3 月 22 日（Box 1，file 4，FCC，BC Archives）。

55　张福良，"Report to President Francis S. Hutchins"，1963 年 6 月 15 日（Box 3，file 1，FCC，BC Archives）。

56　F. S. Hutchins 致张福良的信，1964 年 5 月 21 日（Box 1，file 4，FCC，BC Archives）。

57　James E. Stermer 致 M. H. Tytten 博士的信，1964 年 11 月 30 日，张福良论文（China Project, Group 8，Chang Fuliang Papers）。

58　"Roundup After Fifty Years," 17.

59　张福良，《当西方遇到东方》，16 页。

60　张福良和徐海丽，"Christmas letter"，1963 年 12 月（Box 1，file 4），张福良和徐海丽致 Francis S. Hutchins 校长先生的信，1965 8 月 3 日，（Box 1，RG9，FCC，BC Archives）。

61　Bob Young 致作者的电话，1999 年 2 月 24 日。

62　Bob Young 致作者的邮件，2010 年 6 月 21 日。

63　赛珍珠为《当东方遇到西方》所做"序言"，第 8 页。

64　张福良，《当东方遇到西方》，15 页。

65　William, "Chang Fuliang," 10.

66　"Roundup After Fifty Years," 17.

第九章

1　吴经熊，《超越东西方》（*Beyond East and West*），（伦敦，Sheed and Ward 出版社，1952 年）301 页。除非特别说明，其传记资料皆来自此书。欲查找吴经熊翻译的《新约》，包括其历史背景以及与别的版本的比较，参 Lloyd Haft, "Perspectives on John C.H. Wu's Translation of the New Testament," 在 ChloëStarr 等著的 *Reading Christian Scriptures in China*（纽约 T&T Clark 出版社，2008 年）。

2　同上，58 页。

3　同上，67 页。

4　同上，77 页。

5　吴经熊（John Wu），"Readings from Ancient Chinese Codes and Other Sources of Chinese Law and Legal Ideas"，*Michigan Law Review* 19. 5 (1921 年)，502–536 页。

6　吴经熊，《超越东西方》，91 页。

7　同上，123 页。
8　同上，102 页。
9　同上，106 页。
10　同上，107 页。
11　同上，113 页。
12　同上，119-120 页。
13　同上，114 页。
14　同上，115 页。
15　吴经熊，《超越东西方》，189-191 页。欲更多了解"吴氏草案"的历史重要性，请参 William P。 Alford 及 Shen Yuanyuan，"'Law is My Idol'：John C. H. Wu and the Role of Legality and Spirituality in the Effort to 'Modernise' China," in R. St. J. Macdonald, ed, *Essays in Honor of Wang Tieya* (Boston：M. Nijhoff Publishers，1994)，43-53 页。
16　吴经熊，《超越东西方》，239-240 页。
17　同上，233-236 页。此书是巴比尼（Giovanni Papini）所著：*Life of Christ*。
18　圣女小德兰（Thérèse of Lisieux, 1873-1897），亦被称为"耶稣的小花"，因为她期待成为上主花园中最小的花朵。她很小就感到过宗教生活的呼召，15 岁做修女。在迦密修会（Carmelite）9 年后的 1897 年 7 月 17 日，她死于肺结核，年仅 24 岁。她的回忆录使她成为 20 世纪大家最喜爱的圣徒之一。参《灵心小史》。
19　吴经熊，《超越东西方》，242-243 页。有条件的圣洗（Conditional baptism）针对那些加入天主教，却不确定自己之前是否受过洗或受过的洗是否有效的教徒。大多数情况下，在新教教派中的洗礼是有效的，但由于未知原因，他又选择了有条件的圣洗。
20　同上，136-137 页。
21　同上，81-82 页。
22　同上，244 页。
23　John C. H. Wu, "St. Thérèse and Lao Tzu: A Study in Comparative Mysticism," 95, and other essays in Paul K. T. Sih, ed., *Chinese Humanism and Christian Spirituality: Essays of John C. H. Wu* (Jamaica, N.Y.: St. John's University Press, 1965).
24　吴经熊，《超越东西方》，253 页。神父是师人杰（Fr. Nicholas Maestrini），给过吴经熊一些书，如 St. Francis DeSales：*Introduction to the Devout Life and Treatise on the Love of God*，以及马弥昂神父（Blessed Columba Marmion）的 *Christ：the Life of the Soul*。
25　同上，260 页。

26 同上，140-141 页。

27 Lloyd Haft 说，后来吴经熊和蒋的密切关系可能的负面影响之一，"可能就是这个……对吴和蒋介石合作的强调，导致翻译因蒋的名声变坏而成为文化牺牲品。"参 Haft，《观吴经熊之新约翻译》（Perspectives on John C.H. Wu's Translation of the New Testament），190 页。

28 吴经熊，《超越东西方》，316 页。

29 利玛窦（Matteo Ricci，1552 年 10 月 6 日——1610 年 5 月 11 日）是意大利耶稣会神父，中国耶稣会事工的奠基人物之一，得到皇帝的敬爱，将欧洲数学和天文知识带进皇宫，学会了用汉语写文章，创造了教汉语的罗马拼音系统，并教导别的宣教士。

30 吴经熊，《超越东西方》，330 页。

31 吴经熊的其他一些著作包括：*The Interior Carmel: The Threefold Way of Love* (New York: Sheed and Ward, 1953); *Fountain of Justice: A Study in Natural Law* (New York: Sheed and Ward, 1955); *Sun Yat-sen: The Man and His Ideas* (Taipei: Published for Sun Yat-sen Cultural Foundation by the Commercial Press, 1971); *The Four Seasons of T'ang Poetry* (Rutland, Vermont: C.E. Tuttle Co., 1972);《禅的黄金时代》(台北：联合出版中心，1975 年）。1961 年，吴经熊完成道学经典《道德经》的翻译，现在仍受到很多好评，且还在印制中。（第一版 1961 年由纽约圣约翰大学出版社出版，1997 年由纽约 Barnes & Noble 再版，2003 年由 Boston 的 Shambhala 出版社发行第三版。）

32 Frank J. Sheed, "A Note of Introduction";（《简介吴经熊的〈超越东西方〉》），第 7 页。

33 吴经熊，St. Thérèse and Lao Tzu，121 页。Haft 在"Perspectives on John C.H. Wu's Translation"中指出，不是所有读者都认可吴经熊将基督教概念与中国古代的概念相比较的程度，但他解释了吴经熊为什么用那些概念，也对吴经熊在翻译《新约》时的几处词汇选择做了分析。

34 吴经熊，《超越东西方》，周伟驰翻译，雷立柏校对编注，卓新平作序。（北京：社会科学文献出版社，2001 年）

35 李秀清，《吴经熊在密西根大学法学院》，（译者注：这篇文章最先发表于《华东政法大学学报》139 页，2008）。文章由密西根大学法学院法律副教授 Nicholas C. Howson 翻译并注解。

近些年出版的由吴经熊写作或关于吴经熊的作品有：许章润，《当法律不能慰藉心灵时——从吴经熊的信仰皈依论及法律、法学的品格》；《法学的智慧——关于法律的知识品格与人文类型》(北京：清华大学出版社，2004 年）；吴经熊，《法学教育与法律头脑》（1935 年第 239 期《法

令周刊》上吴经熊的文章再版）；清华大学《二十世纪汉语文明法学与法学家研究专号（第四辑）》（北京：清华大学出版社，2004年）；田默迪（Matthias Christian），《东西方之间的法律哲学——吴经熊早期法律哲学思想之比较研究》，（北京：中国政法大学出版社，2004年）。

36　许章润，《当法律不足以慰藉心灵时》，90页。

37　同上，101页。

38　吴经熊，"Water and Wine: Chinese Ethics and the Christian Faith", Sih, *Chinese Humanism and Christian Spirituality*，195页。

39　John Hardon, S.J., *The Catholic Lifetime Reading Plan*, 2nd ed. (Royal Oak, MI: Grotto Press, 1998), 232.

第十章

1　除非特别说明，此文中的传记资料来自孙明经的儿子、北京电影学院退休教授孙建三的《摄影和我们家的故事》（2008年8月提供给此文作者的未出版手稿）。孙明经的父母曾入读登州文汇馆。

2　学校几度易名。1888年创立时称为南京大学（汇文书院），1905年改为"金陵大学"。1910年此校从纽约州立大学收到一份许可，允许其颁发联合学位后，英文名中加入"私立"一词。1925年归中国政府管理后去掉了"私立"一词。本章对其使用金陵大学一名，将其姊妹学校称为金陵女子学院，女子学院通过两校统一的理事成员，也有资格颁发联合学位。这两所学校是美国基督教宣教机构建立的13所高等教育机构中的两个，最后受管于中国基督教大学联合董事会（United Board for Christian Colleges in China，现在的亚洲基督教高等教育联合董事会 [United Board for Christian Higher Education in Asia]）。

3　孙明经的追忆，曾告诉其子孙建三，孙建三于2008年8月2日在北京的访谈中相告与本文作者。

4　Philip Yuen-sang Leung, "From Periphery to Core: Chinese Studies at Christian Colleges in Republican China" http://www.cuhk.edu.hk/his/2000/foo/leung/confu_christ/christ02.htm (accessed Nov 22, 2007).

5　孙明经的追忆。

6　孙明经，《什么是电影？》，《电影与广播月刊》5：10（1947），251–252页。

7　孙建秋（孙明经之女）访谈，张同道导演，《世纪长镜头》（北京：中国中央电视台，2004年），电影剧本系列。

8　Fortosis, Boxers to Bandits, 252–55. Fortosis 写了尹氏家庭中生命的主要片段，是由与家庭比较亲密的朋友 James R. Graham, Jr. 告知的。Incense Bearers of Han: Stories of Twice Born Chinese (Glendale, CA.: private printing, n.d.)。

9　官方中国电影历史记载中国第一部彩色电影是 1953 年拍摄的，完全忽略了孙明经的作品。

10　孙明经编写，孙建秋编辑翻译，*Filming as War Clouds Loom in 1937—6000 km with a Cinecamera* (Beijing: Foreign Languages Press, 2006)。

11　孙明经，《电影与大众动员》，《电影与广播月刊》1：5（1942），2-8 页。

12　张力中，《蔡元培》，《视角：比较教育评论季刊》23：1、2，145-157 页。

13　引自孙明经编写，*Filming as War Clouds Loom*，304 页。

14　西南联合大学于 1938 年合并了金陵女子学院、金陵大学和其他几个学校。通过两次科学考察，孙明经拍摄了几部纪录片，还出版了两本书：《1937 年万里猎影记》和《1939 年：走进西康》，包括 140-240 张老照片，还有相应的十几篇文章和 25 封孙明经写给吕锦瑗的信。因为战事和政治原因，在孙明经去世数十年后的 2003 年 2 月 20 日，《中国日报》"剧照和电影捕捉到的中国"一文才对这些历史事实作了报道。http://English.hanban.edu.cn/English/culture/56283.htm。

15　孙建秋，访谈，张同道，《世纪长镜头》。

16　Lewis C. Walmsley, *West China Union University* (New York: United Board for Christian Higher Education in Asia, 1974, 87-103.)

17　孙明经，《电影与大众动员》。

18　格里尔逊的文章"Picture Without Theater"被译为中文。1947 年 5 卷 3 期《电影与广播月刊》刊登了由李铸晋翻译的格里尔逊文章《没有剧场的电影》，题为《明日的纪实电影》。格里尔逊其他的一些电影，如《夜邮》，曾在金陵大学放映。孙明经发表了一些评论格里尔逊纪录片《漂网渔船》的文章。他尤其被格里尔逊用画面表达情感的能力所吸引。

19　孙明经，《如何欣赏电影》，《电影与广播月刊》5：10（1947），253-255 页。他在文章中说欣赏电影艺术包括欣赏创作、编辑、动作、音效、光线和色彩等方面。

20　《剧照和电影捕捉到的中国》，《中国日报》。

21　遵从吴博士死前遗愿，校友于 1993 年在南京师范大学里重新设立了"金陵女子学院"，提供一些学位项目。参 Mary Jo Waelchli, "Wu Yifang: Abundant Life," 170 and note 75, 222。

22　陆明，访谈，张同道，《世纪长镜头》。

23　沈颂绅，信件，张同道，《世纪长镜头》。

24　孙明经、孙建秋等著，《1937：战云边上的猎影》。（济南：山东画报出版社，2004 年）。

25　张同道，《世纪长镜头》。

26 北伐是1926—1928年间,国民党在共产党的帮助下发起的军事行动,建立了新的国民政府。黎民伟(1893-1953)是中国电影业的开创人物之一,他在20世纪早期加入孙中山领导的革命党,于1921年创立民新影片公司,制作了一些关于孙中山及其革命活动的记录片。20世纪20—40年代期间,很多民新的特色电影成了中国电影的经典。

第十一章

1 王立明,《由家庭到社会》,《成功之路:现代名人自述》(上海良友图书印刷公司,《同伴书集》,1931年),119页。

2 王立明,《由家庭到社会》,《成功之路:现代名人自述》(上海良友图书印刷公司,《同伴书集》,1931年),119页。

3 刘绍棠,《民国人物小传:王立明》,第33卷,《传记文学》,(台北:传记文学出版社,1975年),144页。

4 吴晓,《刘王立明的人生之路》,《纵横》10(2005):38页。

5 王立明,《由家庭到社会》,106-109页。

6 刘光华,《我的母亲刘王立明》,《人物》6(1981):144页;*Frances Willard Wong Liu* (New York: Women's American Baptist Foreign Mission Society, 1944), single page;王惠姬,《刘王立明与民初中国的妇女运动》,《国立中正大学历史研究学刊》5(2002):40页。

7 王立明,《由家庭到社会》,108-110页。

8 Pui-lan Kwok, *Chinese Women and Christianity 1860–1927* (Atlanta: Scholars Press, 1992), 120–122.

9 王立明,《六年来的救丐运动》,《节制月刊》7.10(1928):3页。

10 王立明,《由家庭到社会》,110-111页。

11 刘光华,《我的母亲刘王立明》,144页;王立明,《由家庭到社会》,111页;Kwok, 124。中国政府办的大学直到1920年才对女性开放,当时只有两所女子基督教大学:华北协和女子大学(1905年建立)和金陵女子学院(1915年建立)。此外,一些女性在20世纪20年代前获得过清华大学赴美学习奖学金(美国义和团赔偿基金)。

12 Kwok, 112;王惠姬,《刘王立明与民初中国的妇女运动》,40-43页;Ian Tyrrell, *Woman's World, Woman's Empire: The Woman's Christian Temperance Union in International Perspective, 1880–1930* (Chapel Hill: University of North Carolina Press, 1991), 86;王立明,《由家庭到社会》,112-113页;刘湛恩,《我的母亲》,《节制月刊》11.1-3(1932):17-18页;刘光华,《我的母亲刘王立明》,第143页;吴晓,《刘王立明的人生

之路》，40页。

13. 严庄，《刘王立明：一位高举爱国主义大旗的女性》，《党史综览》1994，第六期，28页；*Frances Willard Wong Liu*, single page; 吴晓，《刘王立明的人生之路》，39页；Tyrrell, *Woman's World, Woman's Empire*, 111, 292. 后一页中，Tyrrell说基督教妇女节制会财务记录显明，王立明是基督教妇女节制会全职宣教士。

14. 王立明，《中国妇女运动》之《自序》，（商务印书馆，1934年），第一页；王立明，《由家庭到社会》，115、118页。

15. 《节制月刊》5.4（1926）：第1页；王立明，《四十年来中国妇女节制运动》，《节制年刊》（1934）：2页（参上海市档案文件U133-0/157）；王立明，《由家庭到社会》，115-116页；王立明，《学生部与本会有何关系》，《节制季刊》1.1（1922）：10页。

16. 王立明，《五年来之中华妇女节制协会》，《节制月刊》6.7（1927）：17-18页；Mrs. Herman C. E. Liu, "The Woman's Christian Temperance Union of China," *The China Mission Year Book*, Henry T. Hodgkin, ed., (Shanghai: Christian Literature Society, 1923), 257.

17. 王立明，《五年来之中华妇女节制协会》，18页。

18. 《中华基督教妇女节制协会成立于1921年》，《节制季刊》（1923）：54页（参上海市档案文件U133-0/156）。

19. 王立明，《五年来之中华妇女节制协会》，20页；Kwok，第125页。王立明，《四十年来中国妇女节制运动》，第2页。

20. 《五年来之中华妇女节制协会》，19页；《中国妇女运动》之《自序》，第3页；《中华妇女节制协会》，《中华基督教会年鉴》，（上海：商务印书馆，1933年），173页。Elizabeth A. Littell-Lamb, "Going Public: The YMCA", "New Women, and Social Feminism in Republican China" (PhD diss., Carnegie Mellon University, 2002), 462；Zheng Wang, *Women in the Chinese Enlightenment: Oral and Textual Histories* (Berkeley: University of California Press, 1999), 137.

21. 《个人消息》，《节制月刊》5.4（1926）：26页；《由家庭到社会》，118页；《中国妇女运动》之《自序》，第6页。

22. 刘光华，《我的母亲》，5、118页，《刘王立明与民初中国的妇女运动》，53页。

23. Carolyn De Swarte Gifford, "Introduction," in Frances E. Willard, *The Ideal of the "The New Woman", According to the Woman's Christian Temperance Union* (New York: Garland Publishing, 1987), 3.

24. 王立明。《中国妇女运动》，第92-103页。

25　王立明,《中国妇女运动》,第 103, 109 页;王立明,《妇女节制会事业》,《中国基督教会年鉴》,(上海:商务印书馆,1936 年),141 页;王立明,《自强之路》(上海:良友图书印刷公司,[同伴书集])。

26　王立明,《自强之路》,31 页;王立明,《废娼》,《节制月刊》6.4(1927):第 2 页;王立明。《六年来的救丐运动》,第 3 页。

27　王立明,《四十年来中国妇女节制运动》,第 2 页;王立明,《中国妇女运动》,136-139 页、182 页。

28　王立明,《中国妇女运动》,133-135 页。

29　王立明,《快乐家庭》,12-13 页、85、126 页。

30　王立明,《自强之路》,12、82 页。

31　王立明,《中国妇女运动》,183 页;重九,《妇女教养院纵横观》,《节制月刊》,(1934):22 页;《由家庭到社会》,117 页。

32　《上海乞丐问题》(上海:中华妇女基督教节制运动)第 4 页;重九,《妇女教养院纵横观》,(妇女儿童教养所添设医科),23 页。

33　《个人消息》,《节制月刊》9.7-9(1930):37 页;《妇女教养院添设医科》,《节制月刊》5.9(1926):24 页;《由家庭到社会》,117 页。

34　《救丐协会的一页史》,《节制年刊》,(1934):30-33 页。

35　王立明,《刘王立明与民初中国的妇女运动》,44 页;《中国妇女运动》之《自序》,第 1 页;Louise Edwards, *Gender, Politics, and Democracy* (Stanford: Stanford University Press, 2008), 135。

36　王立明,《刘王立明与民初中国的妇女运动》,45 页;《中国启蒙运动中的女性》,136 页。

37　Edwards, *Gender, Politics, and Democracy*, 176-81;王立明,《刘王立明与民初中国的妇女运动》,45 页。

38　王立明,《刘王立明与民初中国的妇女运动》,54 页。

39　《刘王立明与民初中国的妇女运动》,54-55 页;《中国启蒙运动中的女性》,139, 197 页;《中国妇女运动》,185 页。

40　《中国妇女运动》,55 页。

41　"Chinese Christians and China's Crisis", *The Chinese Recorder* 67.2 (1936), 123.

42　刘光华,《我的母亲刘王立明》,145 页;王立明,《刘王立明与民初中国的妇女运动》,55 页。

43　王立明,《先父刘湛恩先生的死》(香港:妇女节制联合会,1939 年),15、29 页。

44　Edwards *Gender, Politics, and Democracy*,200-215。

45　王立明,《个人档案》,台湾国史馆,台北;王立明,《刘王立明与民初中国的妇女运动》，56 页。王立明坚持抵制国民党的控制，据刘光华的《我的母亲刘王立明》145–147 页说，她的湛恩难童教养院是少数几个不属于蒋介石夫人的孤儿院体系的孤儿院之一，王立明，《中国启蒙运动中的女性》，140 页。

46 Louise Edwards, "Liu-Wang Liming," in Lilly Lee, ed., *Biographical Dictionary of Chinese Women: The Twentieth Century* (New York: M. E. Sharpe, 2003), 375；刘光华，《我的母亲刘王立明》，146 页。王在《中国启蒙运动中的女性》140 页说，王立明将其长子送到共产党在延安的军校，把次子送到国民党军校，但好像事实相反。因为其长子在美国学过神学，后被指为右派分子，参加过劳动改造，文化大革命时抵香港，做大学教授。同时，王立明的小儿子待在国内，在文化部工作。他没有完成军校课程，或许是因为1946年母亲让他退学了。参王立明，《刘王立明与民初中国的妇女运动》，60 页；刘光华，《我的母亲刘王立明》，146 页；Edwards, *Gender, Politics, and Democracy*, 201.

47 《中国妇女运动》159 页，王公开表明了她对这一职位的支持。

48 刘光华，《我的母亲刘王立明》，147 页。

49 《中国启蒙运动中的女性》，141 页；刘光华，《我的母亲刘王立明》，148 页。

50 王立明，《中国启蒙运动中的女性》，142 页。

51 刘光华，《我的母亲刘王立明》，149 页。

52 《我的母亲刘王立明》，149 页。据王立明说，女儿是上海的一名中学英文老师。《刘王立明与民初中国的妇女运动》，60 页。

53 王立明，《中国启蒙运动中的女性》142 页说，王立明的女儿在 1957 年被定为右派分子时，有一次听母亲说过。

54 王立明，《刘王立明与民初中国的妇女运动》，60 页。参王立明，《中国启蒙运动中的女性》，143 页。

封面及正文图片资料来源

图 1-1. 肯扬学院，Greenslade 特藏档案。
图 1-2. 1894 年 10 月《中国之友》(*The Friend of China*) 第 15 期，第 57 页。感谢大英图书馆帮助。
图 1-3. 耶鲁神学院图书馆（Yale Divinity School Library）特藏室。
图 1-4. 上海市档案馆译，《颜惠庆日记之 1908-1919》，第一卷。（北京：中国档案出版社，1996 年）
图 1-5. 上海市档案馆译，《颜惠庆日记之 1908-1919》，第一卷。（北京：中国档案出版社，1996 年）
图 2-1. 感谢魏扬波帮助提供。
图 2-2. 来自辅助传道会的照片资料，布鲁塞尔（比利时）。
图 3-1. 感谢中国福建福州的黄培熙提供帮助。
图 3-2. 耶鲁神学院图书馆特藏室。
图 3-3. 感谢中国福建福州黄培熙提供帮助。
图 4-1. 感谢邝富灼的外孙宋以朗提供帮助。
图 4-2. 感谢邝富灼的外孙宋以朗提供帮助。
图 5-1. 感谢尹道明、尹德馨医生提供帮助。
图 5-2. 感谢尹道明、尹德馨医生提供帮助。
图 5-3. 感谢尹道明、尹德馨医生提供帮助。
图 6-1. 感谢伦敦大学玛丽王后学院档案馆（Queen Mary, University of London Archives）提供帮助。
图 6-2. 感谢伦敦大学玛丽王后学院档案馆提供帮助。
图 6-3. 感谢毕乐思提供帮助。
图 7-1.《中国名人录》（上海：《中国每周评论》，1925 年），1982 年由香港的中国资料中心再版。
图 7-2. 耶鲁神学院图书馆特藏室。
图 8-1. 格罗顿历史协会（Groton Historical Society），格罗顿，马萨诸塞州。
图 8-2. 张福良文集，伯里亚学院档案馆（Berea College Archive），伯里亚，肯

封面及正文图片资料来源
Sources of Illustrations

塔基州。

图 8-3. 张福良文集，伯里亚学院档案馆，伯里亚，肯塔基州。

图 9-1. 来自吴经熊，《超越东西方》（伦敦，Sheed and Ward 出版，1952 年）感谢美国 Continuum 国际出版集团帮助。

图 9-2. 来自吴经熊，《超越东西方》。感谢美国 Continuum 国际出版集团帮助。

图 9-3. 吴经熊，《怀兰集》（台北启光出版社，1963 年）启光文化集团特藏档案，没有版权所有人。

图 10-1. 版权归孙建三所有，经许可后使用。

图 10-2. 版权归孙建三所有，经许可后使用。

图 10-3. 版权归孙建三所有，经许可后使用（裁切后的图）。

图 10-4. 版权归孙建三所有，经许可后使用。

图 11-1. 女子美国浸信会差会 (Women's American Baptist Foreign Mission Society) 出版社，1944 年，宣教士研究图书馆，协和神学院 (Missionary Research Library, Union Theological Seminary)，纽约。

图 11-2. 刘王立明，《快乐家庭》。（上海：商务译书馆，1931 年）

www.ingramcontent.com/pod-product-compliance
Lightning Source LLC
Chambersburg PA
CBHW080605090426
42735CB00017B/3341